中华人民共和国史研究文库

新中国的经济发展与社会转型

李文 著

当代中国出版社
Contemporary China Publishing House
2020年·北京

图书在版编目(CIP)数据

新中国的经济发展与社会转型 / 李文著 . -- 北京 : 当代中国出版社 , 2020.9
ISBN 978-7-5154-1060-9

Ⅰ . ①新… Ⅱ . ①李… Ⅲ . ①中国经济—经济发展—文集②社会转型—中国—文集 Ⅳ . ① F124-53 ② D616-53

中国版本图书馆 CIP 数据核字(2020)第 173195 号

出 版 人　曹宏举
责任编辑　隋　丹
责任校对　康　莹
印刷监制　刘艳平
封面设计　胡椒书衣
出版发行　当代中国出版社
地　　址　北京市地安门西大街旌勇里 8 号
网　　址　http://www.ddzg.net　邮箱：ddzgcbs@sina.com
邮政编码　100009
编 辑 部　(010) 66572264　66572154　66572132　66572180
市 场 部　(010) 66572281　66572161　66572157　83221785
印　　刷　北京润田金辉印刷有限公司
开　　本　720 毫米 × 1020 毫米　1/16
印　　张　19.75 印张　2 插页　294 千字
版　　次　2020 年 9 月第 1 版
印　　次　2020 年 9 月第 1 次印刷
定　　价　62.00 元

《中华人民共和国史研究文库》

总　序

历史研究是一切社会科学的基础，重视历史、研究历史、借鉴历史是中华民族5000多年文明史的优秀文化传统。中国共产党继承了这一优秀文化传统，积极倡导学习历史、研究历史，尤其是学习中共党史、中华人民共和国史（或简称“新中国史”）、改革开放史和社会主义发展史。习近平总书记指出：“重视历史、研究历史、借鉴历史，可以给人类带来很多了解昨天、把握今天、开创明天的智慧。”

党的历史、新中国的历史，是中国共产党为中国人民谋幸福、为中华民族谋复兴的奋斗史，是我们党、国家和民族的宝贵精神财富。中华人民共和国的成立，开启了中华民族发展进步的历史新纪元。从那时起，即有学者开始对中华人民共和国史进行研究。1956年6月，黄炎培在一届全国人大三次会议上提出，应“及时收集和保存建国史料”，并“加以整理”。

党的十一届三中全会后，伴随党的思想路线的重新确立和对中华人民共和国正反两方面历史经验的深刻总结，新中国史研究逐渐引起党和国家以及学术界的高度关注。经过多年的艰辛探索与开拓创新，新中国史研究取得了众多学术成果，成为中国历史研究中一个最年轻的学科。

党的十八大以来，以习近平同志为核心的党中央高度重视历史，特别是党史和新中国史。习近平总书记强调："历史是最好的教科书。学习党史、国史，是坚持和发展中国特色社会主义、把党和国家各项事业继续推向前进的必修课。这门功课不仅必修，而且必须修好。"在开展"不忘初心、牢记使命"的主题教育中，党中央专门印发通知，要求各地区各部门各单位把学习党史、新中国史作为主题教育重要内容，不断增强守初心、担使命的思想自觉和行动自觉。

当代中国研究所于 1990 年 6 月 28 日经中共中央批准成立，研究和编纂中华人民共和国史，收集和编辑国史资料，出版国史研究著作，是当代所的主要职责，也是当代所人的崇高使命。当代中国研究所成立 30 年来，撰写并经中央审定出版了《中华人民共和国史稿》序卷和一至四卷，目前正在撰写五至七卷；编纂出版了每卷 100 万字的《中华人民共和国史编年》，该书为集资料性、研究性和学术性为一体的大型编年史书。在此期间，当代中国研究所和其主管的当代中国出版社，还参与组织编辑出版了 152 卷、210 册、总计 1 亿字的大型史料性丛书——《当代中国》丛书；与中国大百科全书出版社合作编写了《中华人民共和国国史百科全书》。为迎接新中国成立 70 周年，受中央委托，当代中国研究所组织编写出版了《新中国 70 年》《中华人民共和国简史（1949—2019）》《新中国社会主义发展道路 70 年》等新中国史基本著作和六卷本《中华人民共和国史研究丛书》。此外，为了普及国史知识和消除历史虚无主义的影响，还编写出版了大众读物《中华人民共和国史小丛书》，并计划到2022年出版80种，向党的二十大献礼。上述图书均在国内外产生了重要影响，树立了新中国史研究的学术标杆，成为全国干部群众学习新中国史的基础性教材。

今天，我们已经进入中国特色社会主义新时代，正在向着社会主义现代化强国迈进，并日益走近世界舞台的中心，为整个人类社会做出越来越大的贡献。新中国的发展不是一帆风顺的，在探索建设社会主义的过程中，中国共产党遇到许多困难，也遭遇不少挫折。一些别有用心的人抓住新中国史上的曲折失误不放并夸大渲染，使一些领域成为历史虚无主义的重灾区。当代中国正经历着我国历史上最为广泛、深刻而急剧的社会变革，也正进行着人类历史上最为宏大而独特的实践创新。习近平总书记指出："当代中国是历史中国的延续和发展。新时代坚持和发展中国特色社会主义，更加需要系统研究中国历史和文化，更加需要深刻把握人类发展历史规律，在对历史的深入思考中汲取智慧、走向未来。"

历经30年不懈努力，当代中国研究所已经成为以马克思主义为指导、具有一流学术水平、汇聚一流科研人才的国史研究基地。30年来，当代所人始终以为国家写史、为人民立传为己任，牢记党和人民重托，真实记录中国共产党带领全国人民进行社会主义革命、建设和改革的光辉历程，全面反映中华民族从站起来、富起来到强起来的历史性进步，科学总结新中国每个历史阶段各方面建设的经验教训。

今年是当代中国研究所的"而立之年"，为进一步落实中央赋予当代中国研究所"存史、资政、育人、护国"的神圣职责，当代中国研究所决定设立《中华人民共和国史研究文库》（以下简称《文库》），为当代中国研究所以及国内外从事新中国史研究的专家学者提供一个发表学术成果的平台。入选本《文库》的标准为：以毛泽东思想、邓小平理论、“三个代表”重要思想、科学发展观和习近平新时代中国特色社会主义思想为指导，坚持辩证唯物主义和历史唯物主义的立场、观点、方法，坚持实事求是、论从史出的原则，书写和记录中国共产党领导中国人民进行社会主义和新中国建设与发展的理论创新和伟大实践，总结历史经验。《文库》的目标是打造一个能够充分展示中华人民共和国史研究成果，发挥经世致用、资政育人功能的高端权威学术平台。

“装点此关山，今朝更好看。”伴随着新中国前进的步伐，中华人民共和国史研究空间广阔，任重道远。我们希望中华人民共和国史研究工作者继承优良传统，以高度的历史自觉和历史意识、宽广的历史视野和唯物史观、强烈的文化自信和历史担当，总结历史经验，揭示历史规律，把握历史趋势，服务当代，垂鉴后世，承先启后，继往开来。当代中国研究所作为党中央赋予职能、中国社会科学院直接领导的专门研究中华人民共和国史的科研机构，有责任努力构建中华人民共和国史的学科体系、学术体系、话语体系，打造史学研究的中国学派。这一目标的实现，不仅有赖于所内全体人员的不懈奋斗，也需要所外各个方面的支持和参与。本《文库》就是这样一个服务于上述目标的开放的、持久的学术成果基地，我们期待所内外的学者写出无愧于时代和人民的历史著作并列入本《文库》，在存史、资政、育人、护国工作中做出更大贡献。

姜　辉

2020年5月22日

目　录

人口与社会变迁研究

前　言

一

2019年，我们隆重庆祝了新中国成立70周年。正像习近平总书记所指出的那样："无论我们走得多远，都不能忘记来时的路"。新中国成立后至改革开放前夕，中国共产党将马克思主义普遍原理与中国具体实践相结合，领导全国各族人民进行社会主义革命、探索社会主义建设，取得了巨大成就，积累了宝贵经验。特别是这一时期创立的人民代表大会制度、中国共产党领导的多党合作和政治协商制度、民族区域自治制度，建立的独立的、比较完整的工业体系和国民经济体系，显著提高的人口素质，为新中国由落后的农业大国转变为工业大国，为当代中国的一切发展进步提供了根本政治前提，打下了坚实的制度、物质技术、人力资源等基础，值得我们永远铭记。

但是，必须看到，新中国计划经济时期，为了在十分落后的基础上、在如此短的时间内实现建立独立的、比较完整的工业体系和国民经济体系的目标，走了一条重工业优先发展的工业化道路，导致产业结构与就业结构严重错位，城市化长期停滞在比较低的水平。城市化滞后明显加大了农村的人口负担，加剧了人口与土地之间的紧张关系，恶化了农村乃至全社会的生态环境；农业劳动力严重过剩，影响了农业经营的规模化、产业化和劳动生产率的提高；低下的比较收益制约了农民收入的增长和农村市场的开拓，并迫使改革开放以来农民大量涌入城市，给城市管理带来严重的冲击；城市数量不足还减少了第三产业发展的空间，影响了全社会信息化水平的提高。改革开放以来城市化的快速推进不仅是平衡产业结构与就业结构的要求，也是转移农业剩余劳动力的根本途径。

改革开放以前，我国以下放基本核算单位和建立健全农业生产责任制为中心，对农业生产管理体制和经营组织形式进行了长期艰辛的探索。这方面的探索，不管是经验，还是教训，都弥足珍贵，为新时期的农村集体经济制度改革和农业发展留下了一笔丰厚的遗产。应当说，我国的经济体制改革最早是从农村集体经济体制内寻找到突破口的，是存量改革与增量改革同时驱动的，而且是计划经济时期对农村公有制实现形式长期探索的结果。农村经济体制改革同样经历了一段曲折、不平凡的历程，农户家庭重新获得独立的土地经营权利是这一阶段改革的最大成果。改革以来的实践证明，家庭承包经营是最受生产者欢迎、最适合我国现有农业生产力水平的土地经营方式，而且从世界农业发展史和农业发展的内在规律来看，农户家庭经营并不构成农业现代化的障碍。未来的政策取向，当是在坚持土地基本经营制度的前提下，在加速推进城市化和社会保障体系建设的背景下，通过产业化和土地使用权流转实现多种形式的适度规模经营。新时期农村经济体制改革的实践表明，经济政策成功与否关键在于是否符合客观经济规律；社会主义公有制实现形式成功与否关键在于是否符合“三个有利于”；工作方法成功与否关键在于是否坚持了民主和实践的原则；好的形势能否巩固关键在于政策是否具有连续性和可预期性。

近些年来，伴随工业化和城镇化的快速推进与农村劳动力的大规模的产业转移，传统的农业生产方式和乡村聚落形态日趋衰落，农户承包地的流转和适度规模经营，撤村并乡、开展对农村居民点的整理，吸引青壮年劳动力返乡创业、并将其培养成一大批适应农业现代化发展需要的新型农民，这样的三个客观需求和必然趋势是当前和今后一段时期乡村社会治理的主攻课题。需要注意的是，贯彻落实中共十九大的振兴乡村战略，首当其冲的不是简单的盖房修路，而是要着眼于新型工业化、信息化、城镇化、农业和农村现代化同步发展，建立起一整套城市和乡村人、财、物双向交流的机制，也就是说要实现基本公共品城镇和乡村全覆盖、均等化，这些基本的公共品既包括路、水、气、环保、电网、物流、信息、广播电视等基础设施的互联互通，也包括就业、教育、医疗、住房、社会保障体系的完善和统一，然后才是农村人居环境的改善。所以，落实振兴乡村战略要规划在先，要一张蓝图绘到底，做好统筹城乡这篇大文章，尽可能做到以城带乡、整体推进、城乡一体、均衡发展。贯彻落实振兴乡村战略，要吸取以往推进社会主义新农村建设的经验教训，要考虑新农村建设的可持续性。

二

振兴乡村，城乡统筹，是全面建成小康社会的一项重要内容。从总体小康到全面小康，从“三步走”到“新三步走”，是新时期中国共产党领导全国人民建设“中国式”现代化的总体规划。在这样务实、稳健的发展理念的指导下，从中共十四大到十八大，不断提出、更新和充实更为具体明确的阶段性目标，其中，建党100年全面建成小康社会、新中国成立100年全面实现现代化的“两个一百年”的目标是个不变的“魂”，并被以习近平同志为核心的中共新一代领导集体继承下来，构成实现国家富强、民族振兴、人民幸福的“中国梦”的基础性内容。“中国梦”是中国共产党成立以来历史赋予的民族使命，更是改革开放以来国家层面发展战略和发展目标一以贯之的继承和发展，承载的是全民族、全体海内外中华儿女的共同期盼和凝聚力。全面小康，要在“全面”，为此必须着力在补短板上下功夫，所以习近平讲“小康不小康，关键看老乡”，所以要全力推进精准脱贫。除了容易拖后腿的农村和现存贫困人口以外，我们的国民素质和社会文明程度就更是“短板”中的“短板”了，需要坚持不懈地从人民思想道德素质、科学文化素质、健康素质三个方面全力推进，三个素质共同决定着人力资源的质量和全社会的文明程度，亦即“小康社会”在人的方面的实现程度。当然，目前还是一个力求做大蛋糕的阶段，在笔者看来，也许在基本完成工业化、城市化，也就是基本实现现代化以后，提升国民素质和社会文明程度才能上升为头号民生追求。

改革开放以来，我国城乡居民收入稳步提高，消费水平成倍增长，恩格尔系数不断下降，食衣住用行等各方面体现的人民生活水平不断提高，就业、教育、健康、社会保障等基本公共品供给日臻完善，扶贫开发成效卓著。伴随着生产力的发展、经济实力的增强和社会建设的不断推进，民生福祉增进经历了数量满足型、品质追求型、均衡发展型三个前后递进的阶段，这三个阶段完成后还将向更高一级的文明提升型阶段迈进。社会的基本矛盾决定着社会发展的主线，新中国70年的社会发展史也就是围绕民生主线展开的社会建设史。总结新中国的社会发展历程，成就突出，计划经济时期主要体现在人文指数的大幅提升方面，改革开放以来主要体现在国民经济以及居民收入的快速增长方面；问题也不少，但是除了一个时期的工作失误和指导思想出现偏差以外，存在的问题大多是发展不足、不平衡造成的。新中国社会建设和社会发展的主要经验是：一定要以经济建设为中心；一定要以人民为中心；一定要坚持经济社会的协调发展；一定要正确处理人民内部矛盾。

三

中国是世界第一人口大国，人口与经济的可持续发展长期是中国面临的最大课题。1953年第一次人口普查显示的人口高增长态势，曾引起党和国家领导人及一些学界人士的共同关注，这当中就包括陈云和马寅初。马寅初提出的节制生育主张得到陈云一贯的坚决支持。陈云还曾经担任了我国最早成立的计划生育机构的负责人，他在长期主管财政经济工作的实践中形成了人口与经济增长关系的科学认识。然而，在20世纪50年代的中国推行计划生育还面临不少困难。毛泽东虽然支持计划生育，但他的表述前后不尽一致，这表明那个时期他在这个问题上是犹豫的。由于认识上的偏差，新中国在人口政策上走过一段时期的弯路，错过了解决人口问题的最佳时机，20世纪80年代初不得不采取强制性的计划生育政策。强制性的节制生育与改革开放不但是同步实施的，也是互为因果的。计划生育通过降低生育率减缓了人口增长速度，减少了人口压迫生产力的现象特别是人口对资源的压力，减轻了人口抚养负担并提供了一段较长的“人口红利期”，使全体民众都能分享到改革开放的成果，为改革的持续深化提供了不竭的动力；计划生育还通过减少贫困人口，改善医疗、住房、教育和营养等水平，极大地增强了人力资本投资，为我国加快现代化步伐、全面建设小康社会、实现科学发展奠定了坚实的基础。强制性地控制生育率，也使我国提前进入了人口老龄化阶段，并在一定程度上导致了人口出生性别比的提高。

进入 21 世纪以来，中国人口呈平滑下降的惯性增长态势，少儿抚养比减小，老年抚养比相对增大，因而中国很快就成为世界上老年人口最多的国家。但由于家庭户人口规模减小、核心家庭和空巢家庭增多，传统的家庭养老功能大大削弱了。中国已经进入城市化加速时期，以农民工为主体的青壮年劳动力大量由农村流向城市，但城乡二元结构的制度樊篱使他们很难真正融入城市，同时也促成并加速了农村的空心化和人口老龄化、家庭空巢化。从农村劳动力中分化出来的农民工已经是中国新时期产业工人的主体；随着时代的变迁和分工的发展，新的社会阶层不断涌现，以管理人员和知识分子为主体的中间阶层得到成长壮大，但总体上社会流动并不通畅，因而中国的社会阶层还处于一个底层过大、中层过小的结构，距离理想的两头小、中间大的橄榄形结构还相去甚远。这种社会分化现象从差距不断拉大的居民收入分配结构中可以得到很好的印证。这一切表明，伴随着市场经济新体制的形成，中国的社会结构变化深刻，但转型尚未完成，这对国家的社会治理和社会体制的调适是个不小的考验。

城市化与“三农”问题研究

新中国改革开放前打下的坚实基础

从新中国成立后至改革开放前夕，中国共产党在马克思列宁主义、毛泽东思想的指导下，将马克思主义基本原理与中国具体实践相结合，领导全国各族人民进行社会主义革命、探索社会主义建设，取得了巨大成就，积累了宝贵经验。正如 1981 年《关于建国以来党的若干历史问题的决议》所指出的："中国共产党在中华人民共和国成立以后的历史，总的说来，是我们党在马克思列宁主义、毛泽东思想指导下，领导全国各族人民进行社会主义革命和社会主义建设并取得巨大成就的历史。社会主义制度的建立，是我国历史上最深刻最伟大的社会变革，是我国今后一切进步和发展的基础。"[①] 笔者认为，新中国改革开放以前的历史时期，创建的社会主义根本政治制度和基本政治制度，建立的独立的、比较完整的工业体系和国民经济体系，普遍提高的人口素质，为当代中国的一切发展进步提供了根本政治前提，打下了坚实的制度、物质技术、人力资源等基础。

一、创立社会主义根本政治制度和基本政治制度

新中国成立初期，中国共产党领导创立的人民代表大会制度、中国

---

① 《中国共产党中央委员会关于建国以来党的若干历史问题的决议》，人民出版社 2009 年版，第 8 页。

共产党领导的多党合作和政治协商制度、民族区域自治制度，为当代中国的一切发展进步奠定了根本政治前提和制度基础。

中国共产党早在领导全国人民进行新民主主义革命的时期，对未来新政权的国体和政体就有所设想。1940 年 1 月，毛泽东在《新民主主义论》中明确指出："国体——各革命阶级联合专政。政体——民主集中制。这就是新民主主义的政治，这就是新民主主义的共和国。"关于民主集中制，毛泽东也做了清楚的说明："中国现在可以采取全国人民代表大会、省人民代表大会、县人民代表大会、区人民代表大会直到乡人民代表大会的系统，并由各级代表大会选举政府。但必须实行无男女、信仰、财产、教育等差别的真正普遍平等的选举制，才能适合于各革命阶级在国家中的地位，适合于表现民意和指挥革命斗争，适合于新民主主义的精神。这种制度即是民主集中制。"① 此后，他在 1945 年的中共七大、1948 年的"九月会议"和 1949 年的中共七届二中全会等重要会议上，对新中国的国体和政体做出了更加深入的阐述，对为什么不采用西方国家的议会制和"三权分立"制作了说明，明确了在以普选为前提的人民代表大会尚无条件召开的情况下可先在解放区范围内召开人民代表会议进行民主建政。至新中国成立前夕，完整的人民民主专政理论基本形成。具有临时宪法作用的《中国人民政治协商会议共同纲领》（以下简称"《共同纲领》"）规定："中华人民共和国的国家政权属于人民。人民行使国家政权的机关为各级人民代表大会和各级人民政府。各级人民代表大会由人民用普选方法产生之。各级人民代表大会选举各级人民政府。各级人民代表大会闭会期间，各级人民政府为行使各级政权的机关。国家最高政权机关为全国人民代表大会。全国人民代表大会闭会期间，中央人民政府为行使国家政权的最高机关。"② 同时又规定："在普选的全国人民代表大会召开以前，由中国人民政治协商会议的全体会议执行全国人民代表大会的职权"，地方则"在普选的地方人民代表大会召开以前，由地方各界人民代表会议逐步地代行人民代表大会的职权"。

---

① 《毛泽东选集》第 2 卷，人民出版社 1991 年版，第 677 页。

② 《建国以来重要文献选编》第 1 册，中央文献出版社 1992 年版，第 4—5 页。

新中国成立后，中国共产党领导建立并巩固了人民政权，恢复了国民经济，为实现从新民主主义向社会主义的过渡创造了条件。1953 年 3 月 1 日，中央人民政府委员会公布施行《中华人民共和国全国人民代表大会及地方各级人民代表大会选举法》[①]，据此全国进行了第一次普选，逐级召开了乡、县、省（市）人民代表大会，选举产生了地方各级机关。

1954 年 9 月，第一届全国人民代表大会（以下简称“一届全国人大”）第一次会议在北京隆重举行，会议通过了《中华人民共和国宪法》（以下简称“《宪法》”）、《中华人民共和国全国人民代表大会组织法》、《中华人民共和国国务院组织法》以及人民法院、人民检察院、地方各级人民代表大会和地方各级人民委员会的组织法，选举产生了国家领导人。一届全国人大的召开，标志着人民代表大会制度的正式确立。《宪法》明确规定：“中华人民共和国是工人阶级领导的、以工农联盟为基础的人民民主国家”；“中华人民共和国的一切权力属于人民。人民行使权力的机关是全国人民代表大会和地方各级人民代表大会。全国人民代表大会、地方各级人民代表大会和其他国家机关，一律实行民主集中制”。[②] 人民代表大会制度是“符合中国国情和实际、体现社会主义国家性质、保证人民当家作主、保障实现中华民族伟大复兴的好制度”，是“坚持党的领导、人民当家作主、依法治国有机统一的根本制度安排”，[③] 是建立其他有关国家制度的基础。

关于中国共产党领导的多党合作和政治协商制度，《宪法》规定：政协作为“以中国共产党为领导的各民主阶级、各民主党派、各人民团体的广泛的人民民主统一战线”，“将继续发挥它的作用”。[④]1954 年 12 月召开的中国人民政治协商会议第二届全国委员会第一次全体会议通过的《中国人民政治协商会议章程》（以下简称“《章程》”）明确指出：中国人民政治协商会议是“团结全国各民族、各民主阶级、各民主党派、各

---

① 《建国以来重要文献选编》第 4 册，中央文献出版社 1993 年版，第 24—37 页。

② 《建国以来重要文献选编》第 5 册，中央文献出版社 1993 年版，第 522 页。

③ 《习近平在庆祝全国人民代表大会成立 60 周年大会上发表重要讲话强调 毫不动摇坚持和完善人民代表大会制度 坚持走中国特色社会主义政治发展道路》，《人民日报》2014 年 9 月 6 日。

④ 《建国以来重要文献选编》第 5 册，中央文献出版社 1993 年版，第 521 页。

人民团体、国外华侨和其他爱国民主人士的人民民主统一战线的组织”。它既不同于国家机关，也不同于一般的人民团体，是人民民主统一战线的组织。其基本任务是“在中国共产党领导下，将继续通过各民主党派、各人民团体的团结，更广泛地团结全国各族人民，共同努力，克服困难，为建设一个伟大的社会主义国家而奋斗”。①《章程》还规定了参加政协的七项准则和政协的组织总则等。1955 年底，中共中央统战部召开各省、自治区、直辖市统战部长座谈会，认真讨论分析各民主党派在新中国成立以来的基本变化，充分肯定了他们在向社会主义转变过程中的进步。1956 年 2 至 3 月，中共中央召开第六次全国统战工作会议，适应社会主义改造迅速发展和阶级关系根本变化的客观要求，进一步明确了同各民主党派团结合作的新方针和新政策。② 在此基础上，1956 年 4 月，毛泽东在《论十大关系》中提出了“长期共存、互相监督”的方针。③ 这样，在从新民主主义到社会主义转变的历史关头，人民政协在性质和任务上完成了历史性的转型，“作为多党合作和政治协商机构、作为统一战线组织继续发挥重要作用，在完成社会主义改造、推动各种社会力量为实现国家总任务而奋斗、活跃国家政治生活、调整统一战线内部关系、扩大国际交往等方面发挥了重要作用，为推进新中国各项建设贡献了力量”④。“中国共产党领导的多党合作和政治协商制度作为我国一项基本政治制度，是中国共产党、中国人民和各民主党派、无党派人士的伟大政治创造，是从中国土壤中生长出来的新型政党制度。”⑤

我国另一项基本政治制度就是民族区域自治制度。为了消除民族压迫，实现民族平等、国家统一，中国共产党遵循马克思主义关于民族问题的理论，根据中国的实际情况，在新民主主义革命过程中提出了民族

① 《建国以来重要文献选编》第 5 册，中央文献出版社 1993 年版，第 705 页。

② 当代中国研究所:《中华人民共和国史稿》第 1 卷，人民出版社、当代中国出版社 2012 年版，第 234 页。

③ 《毛泽东文集》第 7 卷，人民出版社 1999 年版，第 34 页。

④ 习近平:《在庆祝中国人民政治协商会议成立 65 周年大会上的讲话（2014 年 9 月 21 日）》，《人民日报》2014 年 9 月 22 日。

⑤ 《习近平在看望参加政协会议的民盟致公党无党派人士侨联界委员时强调 坚持多党合作发展社会主义民主政治 为决胜全面建成小康社会而团结奋斗》，《人民日报》2018 年 3 月 5 日。

区域自治的主张，并在陕甘宁边区进行了实践。1947 年 5 月 1 日，我国第一个规模较大的民族自治区——内蒙古自治区政府正式成立，开创了我国民族区域自治制度的先河。[①]1949 年 9 月，在中国人民政治协商会议第一届全体会议上，经过各民族代表的充分讨论，大家认为实行民族区域自治是各民族在国内实行平等、团结、联合的最适当形式，并在《共同纲领》中把它作为国家的基本国策和重要政治制度确定下来。《共同纲领》第 51 条明确规定："各少数民族聚居的地区，应实行民族的区域自治，按照民族聚居的人口多少和区域大小，分别建立各种民族自治机关。凡各民族杂居的地方及民族自治区内，各民族在当地政权机关中均应有相当名额的代表。"[②]1952 年中央人民政府委员会批准施行的《中华人民共和国民族区域自治实施纲要》（以下简称"《实施纲要》"），以《共同纲领》所确立的原则为依据，就自治区域、自治机关、自治权利、自治区内的民族关系和上级人民政府的领导原则等做了详细规定。[③]1954 年颁布实施的《宪法》以国家根本大法的形式进一步明确了民族区域自治制度，规定："各少数民族聚居的地方实行区域自治。各民族自治地方都是中华人民共和国不可分离的部分。"《宪法》一方面对民族自治地方的自治机关做了较为详尽的规定，把自治机关确定为自治区、自治州和自治县三级，并以民族乡为重要补充形式；另一方面又重申了《实施纲要》所规定的"自治权利"，使其具有了更高的法律效力。[④]《宪法》颁布实施后，民族区域自治制度作为一项基本国策和基本政治制度得到全面实施，民族地区的制度建构也遵照《宪法》的规定逐步规范。1955 年 10 月，新疆维吾尔自治区宣告成立，实现了从民族民主联合政府向民族区域自治政府的过渡。此后，1958 年 3 月，广西僮族自治区[⑤]成立；1958 年 10 月，宁夏回族自治区成立；1965 年 9 月，西藏自治区成立。[⑥]至此，我国先后

① 《内蒙古自治区政府的成立》，《人民日报》2007 年 8 月 8 日。

② 《建国以来重要文献选编》第 1 册，中央文献出版社 1992 年版，第 12 页。

③ 《中华人民共和国民族区域自治实施纲要》，《人民日报》1952 年 8 月 13 日。

④ 《建国以来重要文献选编》第 5 册，中央文献出版社 1993 年版，第 522、536—537 页。

⑤ 1965 年 10 月 12 日，改称广西壮族自治区。

⑥ 中共中央党史研究室：《中华人民共和国大事记（1949 年 10 月—2009 年 9 月）》（上），《人民日报》2009 年 10 月 3 日。

建立了5个省级民族自治区，并形成延续至今的自治区、自治州、自治县的民族区域自治制度，并辅之以民族乡、民族镇和民族区的设置。这是中国共产党将马克思主义民族理论与中国革命、建设和民族地区的具体实际相结合，在新中国国家政权组织形式和地方政权建设上的创造性发展，奠定了当代中国民族区域自治的基本格局。

人民代表大会制度、中国共产党领导的多党合作和政治协商制度、民族区域自治制度，构成了我国社会主义的政治制度体系，不但为我国逐步建立起社会主义经济基础和相应的经济制度提供了根本政治前提，而且为开展社会主义建设的探索和实践，开创中国特色社会主义建设新局面，打下了坚实的制度基础。

二、建立独立的、比较完整的工业体系和国民经济体系

新中国改革开放前，建立起了独立的、比较完整的工业体系和国民经济体系，为新中国的经济独立和国防安全提供了物质保障，也为新时期的社会主义现代化建设和民生迅速改善准备了技术条件。

在半殖民地半封建社会的旧中国，经济发展畸形，农业和手工业占国民经济比重达90%；工业极其落后，仅有的一点重工业也多为列强在华设立的修理厂以及为其提供廉价原料、半成品的矿山和工厂，几乎没有真正的机器制造业，更没有现代化的国防工业，钢铁工业也非常薄弱。正如毛泽东所说："现在我们能造什么？能造桌子椅子，能造茶碗茶壶，能种粮食，还能磨成面粉，还能造纸，但是，一辆汽车、一架飞机、一辆坦克、一辆拖拉机都不能造。"[①] 中国自鸦片战争以来一百多年的近代史是一部屈辱史，中国人民尝尽了因为落后而挨打的苦痛，深知"没有工业，便没有巩固的国防，便没有人民的福利，便没有国家的富强。"[②]1952年，在"工农业生产获得了很大的恢复"后，毛泽东就清醒地指出："同志们要知道，中国民族和人民要彻底解放，必须实现国家工业化，而我

---

① 《毛泽东文集》第6卷，人民出版社1999年版，第329页。

② 《毛泽东选集》第3卷，人民出版社1991年版，第1080页。

们已作了的工作，还只是向这个方向刚才开步走。”[①]

新中国成立初期，苏联曾提出了一种设想，中国的工业化可以考虑采取经互会的方式，即在社会主义阵营的一定范围内分工合作实行一体化生产。但是，新中国领导人立足于中国具体实际，作出了建设“完整的工业体系”的决定。

1956年刘少奇在中共八大政治报告中明确提出：“我们应当在三个五年计划的时期内，基本上建成一个完整的工业体系。”[②]随后，周恩来在具体阐述经济建设的方针时对此做了详细说明：“这个方针，把过去的为社会主义工业化而奋斗的提法具体化了，提出了建设一个基本上完整的工业体系的要求。我们的工业化，就是要使自己有一个独立的完整的工业体系。任何一个国家建设社会主义总要有一点独立的能力，更不用说像我们这样一个大国。太小的国家，原料很缺，不可能不靠旁的国家。而我们这样的大国，就必须建立自己的完整的工业体系，不然一旦风吹草动，没有任何一个国家能够支援我们完全解决问题。我们所说的在我国建立一个基本上完整的工业体系，主要是说：自己能够生产足够的主要的原材料；能够独立地制造机器，不仅能够制造一般的机器，还要能够制造重型机器和精密机器，能够制造新式的保卫自己的武器，像国防方面的原子弹、导弹、远程飞机；还要有相应的化学工业、动力工业、运输业、轻工业、农业等等。但是，应该指出，基本上完整并不是说一切都完全自足。就是大国也不可能什么都有。美国算是一个有完整工业体系的大国吧，但是有的东西它也没有，橡胶就没有。苏联也有它没有的东西。另外，所谓完整的工业体系，是不是一定要有很高的产量呢？当然，产量是要高一点，但是不一定很高，这个任务的实现是决定于东西的有无，不决定于是否有很高的产量。从这样的要求来看，我们觉得八大的决议上写三个五年计划或者再多一点的时间是恰当的。现在看，时间可能要长一点。”[③]

事实上，1953年开始启动的大规模工业化建设就是循着建设“完整

① 《毛泽东文集》第6卷，人民出版社1999年版，第223页。

② 《刘少奇选集》下卷，人民出版社1985年版，第224页。

③ 《周恩来选集》下卷，人民出版社1984年版，第232页。

的工业体系”的思路展开的。第一个五年计划的基本任务是：“集中主要力量进行以苏联帮助我国设计的一五六个建设单位为中心的、由限额以上的六九四个建设单位组成的工业建设，建立我国的社会主义工业化的初步基础”[①]。从实际施工的150个项目看，军工企业有44个，钢铁、有色冶金等冶金工业企业20个，化工企业7个，机械工业企业24个，煤炭、电力、石油等能源工业企业52个，轻工业和医药工业3个。[②]通过这150个项目的建设以及其配套项目的建设，能够在很大程度上改变我国工业布局不平衡的状态，迅速展开较为合理的工业布局，建立起比较完整的基础工业和国防工业体系的框架，起到奠定社会主义工业化初步基础的重大作用。从实际效果来看，“一五”期间的建设很好地实现了上述目标：一是新建了一些工业部门，尤其是在机械工业领域最为突出。1956年，中国制造出解放牌汽车、喷气式歼击机和蒸汽机车。到1957年底，“已经有了载重汽车、高炉、平炉制造设备、汽轮发电设备、拖拉机、精密仪表、石油机械和电讯设备等几十个行业比较齐全的制造系统，并开始试制一批新产品，使机械设备的自给能力从新中国成立前的20%左右提高到60%多”。二是基础工业部门得到大大加强，尤其是以鞍山钢铁公司为代表的钢铁工业获得飞速发展。1957年生铁产量达594万吨、钢535万吨、成品钢材415万吨，钢产量年均递增32%，生产的钢材品种达4000余种，钢材自给率达到了86%。三是纺织、食品、造纸等轻纺工业得到了很大发展，基本上能够满足人们的需要。四是兵器工业改变了不能生产重型武器装备的现状，初步建立了门类齐全、专业配套的现代工业体系，并且全面开展了制式化武器的试制生产。五是推动了现代技术向中国的大规模转移，奠定了中国现代技术的基础，对20世纪中国经济和社会的发展产生了深远的影响。[③]总之，正是因为有了“一五”计划实施的基础，我们才能有底气提出建设

---

① 《中华人民共和国发展国民经济的第一个五年计划（1953—1957）》，人民出版社1955年版，第18—19页。

② 董志凯：《关于“156项”的确立》，《中国经济史研究》1999年第4期。

③ 当代中国研究所：《中华人民共和国史稿》第1卷，人民出版社、当代中国出版社2012年版，第180—182页。

“完整的工业体系”的目标。中共八大不但提出了这样一个目标，而且据此对第二个五年计划乃至今后更长一段时期的工业化建设任务做出了安排。

在三年困难时期，中共中央一边领导调整国民经济，一边反思过去的经济建设方针，对建设“完整的工业体系”的设想有了新的认识。1962年初，中共中央在北京召开扩大的中央工作会议（即“七千人大会”），刘少奇在大会书面报告中提出：对于我国从1963年到1972年国民经济的发展，中央有一个初步的设想。这个设想的主要目标，一是“按照勤俭建国的原则和不高的标准，基本上解决我国人民的吃、穿、用的问题”；二是“基本上建成一个独立的完整的经济体系；在科学技术方面和工业产品的品种、质量方面实现大跃进，接近现代工业大国的水平”。他指出，这个设想是“在总结过去建设工作的经验的基础上，根据总路线和大跃进的精神，根据毛泽东同志关于正确处理农业、轻工业、重工业之间关系的指示提出来的”，“实现了这个十年的初步设想，我国将能够奠定工业现代化、农业现代化、科学技术现代化和国防现代化的巩固基础，使我国的经济建设和国防建设切实地建立在自力更生的基础上。”[①] 可见，此时中央的认识已从建设“完整的工业体系”变更为建设“独立的完整的国民经济体系”。

1963年8月，周恩来在出席中共中央《关于工业发展问题》起草委员会会议时指出：“经过一九六三至一九六五年三年过渡和一九六六至一九七五年十年规划，基本建立一个独立的国民经济体系。国民经济体系不仅包括工业，而且包括农业、商业、科学技术、文化教育、国防各个方面。工业国的提法不完全，提建立独立的国民经济体系比只提建立独立的工业体系更完整。苏联就是光提工业化，把农业丢了。”[②] 这一新的认识逐步在党的领导集体中形成共识。根据毛泽东的指示，1964年12月，周恩来在三届全国人大一次会议上所做的《政府工作报告》中提出“两步走”的发展设想：“今后发展国民经济的主要任务，总的说来，就

① 《刘少奇选集》下卷，人民出版社1985年版，第369—370页。

② 《建国以来重要文献选编》第16册，中央文献出版社1997年版，第614页。

是要在不太长的历史时期内，把我国建设成为一个具有现代农业、现代工业、现代国防和现代科学技术的社会主义强国，赶上和超过世界先进水平。为了实现这个伟大的历史任务，从第三个五年计划开始，我国的国民经济发展，可以按两步来考虑：第一步，建立一个独立的比较完整的工业体系和国民经济体系；第二步，全面实现农业、工业、国防和科学技术的现代化，使我国经济走在世界的前列。”他还说：“第三个五年计划时期，是实现上述第一步任务的一个关键时期。这个时期的工作做好了，再经过大约两个五年计划的时间，就可以有把握地使我国建立起一个独立的比较完整的工业体系和国民经济体系。”[①]1975 年 1 月召开的四届人大一次会议重申了这一设想。

经过全国上下的艰苦奋斗和不懈努力，到改革开放以前，以毛泽东同志为核心的党的第一代中央领导集体规划的建设“独立的比较完整的工业体系和国民经济体系”的目标实现了。按照 1963 年周恩来提出的设想，到 1975 年建立“独立的国民经济体系”的主要目标包括：粮食产量达到 5500 亿斤，人均拥有原粮 650 斤；棉花产量 4000 万担，加化学纤维 25 万吨，人均可有 16 尺布；钢产量 2800 万—3000 万吨；煤炭产量 4 亿吨，石油产量 3000 万吨；铁路运输里程达到 5.5 万公里左右；在木材、有色金属和稀有金属、各种钢材、化肥、酸碱、机床、发电量上达到相应的产量；在轻工业产品和各种运输量上，在国防工业和尖端技术上，也有相应的增长和相当的发展。[②]对照查阅统计数据，可以看到，由于受“文化大革命”的干扰，1975 年多数目标没有完成。但是，1978 年，多数指标完成了。这一年的主要产品产量是：粮食 6095.3 亿斤，人均 633.2 斤；棉花 4334 万担，化学纤维 28.46 万吨，纱 238.2 万吨，布 330.9 亿尺，人均 34.4 尺布；粗钢 3178 万吨；原煤 6.18 亿吨，原油 10405 万吨；铁路营业里程 5.17 万公里。[③]其他如木材、有色金属和稀有金属、各种钢材、化肥、酸碱、机床、发电量以及轻工业产品的生产能

---

① 《周恩来选集》下卷，人民出版社 1984 年版，第 439 页。

② 《建国以来重要文献选编》第 16 册，中央文献出版社 1997 年版，第 614—615 页。

③ 1978 年的数据根据《新中国六十年统计资料汇编》（国家统计局国民经济综合统计司编，中国统计出版社 2010 年版）中的统计数字换算得出。

力和交通运输事业都有显著增长。国防和科技领域取得了许多重要突破性的成就，如国防工业有“两弹一星”和核潜艇，尖端技术领域有杂交水稻、人工合成蛋白质、返回式遥感卫星等。

可见，尽管有过曲折，新中国在改革开放以前还是只用20多年的时间就建起了独立的比较完整的工业体系和国民经济体系。到改革开放后工业发展进入腾飞期，再到党的十八大以来，我国工业生产能力日益增强，逐步向中高端迈进。目前，“我国已成为拥有联合国产业分类中全部工业门类的国家，200多种工业品产量居世界第一，制造业增加值自2010年起稳居世界首位”。中国已成为世界上独一无二的经济规模足够大、增长速度足够快，不仅改变了自身面貌也改变了世界经济格局的国家。自2006年以来，中国对世界经济增长贡献率稳居世界第一，成为世界经济增长第一引擎。2018年，中国对世界经济增长的贡献率为27.5%，比1978年提高24.4个百分点。①

三、显著提高人口素质

从新中国成立至改革开放前这一时期，我国显著提高了人民的文化水平和健康素质，在社会发展进步方面取得了突出成就，为改革开放新时期的经济腾飞奠定了宝贵的人力资源基础。

新中国成立以前，广大工农群众及其子女几乎没有受教育的权利，全国人口80%以上是文盲和半文盲，毛泽东说中国的基本国情是“一穷二白”，“所谓‘白’，就是文盲还没有完全消灭，不但是识字的问题，还有提高科学水平的问题。有很多科学项目，我们还没有着手进行”。②而且，“疫病流行，中国人体质孱弱，婴儿死亡率高达200‰，平均期望寿命只有35岁”③。新中国成立后，在面向大众的基础教育和医疗卫生方面着力甚多。

---

① 孙韶华、班娟娟：《经济总量不断飞跃　中国书写世界奇迹》，《经济参考报》2019年9月2日。

② 《毛泽东文集》第8卷，人民出版社1999年版，第216页。

③ 《蒋正华文集》人口卷，人民出版社2018年版，第242页。

（一）显著提高人口文化素质

早在新民主主义革命时期，中国共产党就非常重视在根据地（解放区）开展文化教育工作，描写夫妻二人互帮互学的秧歌剧《夫妻识字》传唱至今，经久不衰。新中国成立不久，中央人民政府教育部就组织召开了第一次全国教育工作会议，明确了教育必须为国家建设服务、学校必须向工农开门的总方针，要求中小学广泛招收工农子女，开设工农速成中学、工农干部补习班和技术培训班，同时开展扫盲运动。1950 年 12 月，政务院发出《关于举办工农速成中学和工农干部文化补习学校的指示》。①

1951 年 1 月，全军规模的文化教育也正式开始。10 月，政务院公布实施《关于改革学制的决定》。在新学制中，针对工人、农民的干部学校和各种补习学校、训练班取得了应有的地位；小学实行五年修业一贯制，有利于劳动人民子女能够接受完全的初等教育；各种为培养国家建设人才所急需的技术学校被列入正规的学校教育系统内，并建立了必要的制度；各种学校教育在整个教育系统中都能够互相衔接。② 新学制的实施保证了教育工作按照统一、规范、合理的步骤开展，其制度安排带有奠基性质。1957 年，全国高校在校学生达到 44.1 万人，比 1949 年的 11.7 万人增加了近 3 倍，研究生毕业人数达到 1723 人，比 1949 年的 107 人增加了 15 倍多，国家工业化建设急需的高级技术人才紧缺的状况有所缓解。③ 扫盲运动也在 1956 年取得了很大的成绩，到 1957 年上半年，已有 2200 万人脱离文盲状态，有 160 万人达到高小和初中毕业文化程度。④ “大跃进”时期，全民大办文化、教育事业，为在劳动人民中普及文化知识、丰富文化生活、提高文化水平做出了新的探索。“文化大革命”开始后，教育事业遭到严重破坏，但在推行普及中小学教育方面还是取得了一定的成绩。1975 年、1976 年全国小学在校学生人数是新中国成

① 《建国以来周恩来文稿》第 3 册，中央文献出版社 2008 年版，第 646 页。
② 《建国以来重要文献选编》第 2 册，中央文献出版社 1992 年版，第 391—396 页。
③ 李文主编：《中华人民共和国社会史（1949—2012）》，当代中国出版社 2016 年版，第 44 页。
④ 郝和国：《新中国扫除文盲运动》，《党的文献》2001 年第 2 期。

立以来最高的。1976 年与 1965 年相比，全国小学生人数增加了 29.1%，初中生人数增加了 4.4 倍，高中生人数增加了 10.3 倍。[①]1978 年，我国基本普及小学教育，学龄儿童入学率达到 95.5%；1982 年，文盲率降至 22.8%。[②]

（二）显著提高人口健康素质

面向大众，同样是新中国发展医疗卫生事业的重要方针。新中国成立后，国家面向公职人员、大学生实行了公费医疗制度，面向国营企业职工实行了劳保医疗制度，但广大农村却基本处于缺医少药状态。1950 年、1952 年和 1953 年，卫生部先后三次组织召开全国卫生工作会议，分析卫生工作的形势、任务，并逐步确立了“面向工农兵，预防为主，团结中西医，卫生工作与群众运动相结合”的卫生工作方针。[③]本着这一方针，国家卫生部门一方面发动群众广泛开展爱国卫生运动，预防和控制传染病的流行；另一方面，积极组建各级医疗卫生组织，面向基层开展巡回医疗，培养医疗卫生人才，并在农村推广新法接生。到 1952 年底，全国 90% 的地区建立了县级卫生机构，农村建起了大量的合作性质的联合诊所。1955—1956 年农业合作化运动进入高潮，合作医疗随之在多地建立。1956 年 6 月公布的《高级农业生产合作社示范章程》，首次规定合作社要“开展公共卫生工作和社员家庭卫生保健工作”。[④]人民公社化运动开展以后，全国第一次出现了创办农村合作医疗的高潮。此后经过三年经济困难时期的调整，农村合作医疗进入平稳、有序发展状态。

到 1965 年，医疗卫生事业取得了长足发展，人民群众的健康状况也有了显著改善。在传染病防治方面，霍乱很快在我国绝迹；1955 年人间鼠疫就基本得到了控制；1959 年性病在全国范围内基本被消灭；20 世纪 60 年代初天花已告灭绝，比其在世界范围内灭绝早了 10 余年；到 60 年

---

① 李文主编：《中华人民共和国社会史（1949—2012）》，当代中国出版社 2016 年版，第 111 页。

② 国家统计局综合司：《沧桑巨变七十载　民族复兴铸辉煌——新中国成立 70 周年经济社会发展成就系列报告之一》，国家统计局官网，2019 年 7 月 1 日。

③ 《当代中国的卫生事业》（上），当代中国出版社、香港祖国出版社 2009 年版，第 3—6 页。

④ 《建国以来重要文献选编》第 8 册，中央文献出版社 1994 年版，第 422 页。

代中期，结核病的患病率从新中国成立初期的 4% 下降到 1.5% 左右，死亡率从新中国成立初期的 250/10 万下降到 40/10 万；防治血吸虫病取得突出成就，脊髓灰质炎、麻疹、乙脑、白喉、破伤风、百日咳等传染病的发病率明显下降。全国接生员队伍增长到 68.574 万人，产妇的产褥热和新生儿破伤风显著减少，母亲和婴儿的健康得到了一定的保证。[①]农村地区的绝大多数县、公社和生产大队都建立起了医疗卫生机构，形成以公社卫生院为中心的三级农村基层卫生组织网，在改善农村卫生环境、保障农村群众健康方面发挥了积极作用。

1965 年，毛泽东发出“六二六指示”，要求“把医疗卫生工作的重点放到农村去”。[②]自此，城市卫生人员到农村开展巡回医疗实现制度化，到 1975 年底，全国城市和解放军医务人员先后有 110 多万人次去农村开展巡回医疗；有十几万城市医务人员在农村安家落户；高等医药院校毕业生中 70% 以上被分配到农村。农村合作医疗制度得到大力推广，到 1976 年，实行合作医疗的农村生产大队的比重由 1968 年的 20% 上升到 90%，由合作医疗担负的卫生保健服务覆盖了全国 85% 的农村人口。[③]到 1977 年，合作医疗的普及率进一步提高，全国 90% 以上的生产大队实行了合作医疗，“赤脚医生”队伍达到 180 多万人，卫生员、接生员共有 420 多万人。[④]1978 年 9 月，世界卫生组织和联合国儿童基金会在苏联阿拉木图主持召开了国际初级卫生保健会议，会议对中国的“赤脚医生”和合作医疗制度给予充分肯定，把中国的经验作为解决初级卫生保健的成功范例在发展中国家推广。[⑤]世界银行经济考察团 1980 年对中国进行考察后发表的报告称，1950—1980 年，在人均预期寿命方面，中国的进步远远大于其他发展中国家（预期寿命增加 28 岁，低收入国家只增加 15 岁）。并且，1979 年中国人的预期寿命（64 岁）还超过了中等收入国家的平

① 《当代中国的卫生事业》（上），当代中国出版社、香港祖国出版社 2009 年版，第 8—11 页。

② 《切实把医疗卫生工作的重点放到农村去》，《人民日报》1965 年 9 月 1 日。

③ 李文主编：《中华人民共和国社会史（1949—2012）》，当代中国出版社 2016 年版，第 114—115 页。

④ 卫生部写作组：《全面贯彻执行毛主席的革命卫生路线》，《人民日报》1977 年 6 月 26 日。

⑤ 艾笑：《中国的经验可望又可及　我国妇幼保健成就令国际瞩目》，《人民日报》1995 年 9 月 8 日。

均数（61岁），要比相同收入水平的国家高出约16岁。同期，中国婴儿死亡率和孕产妇死亡率也大幅下降，1980年中国5岁以下儿童死亡率为37.6‰，是同期世界平均水平的47%，是中国1950年水平的27.2%。考察团的专家们一致认为，这一成就的取得，很大程度上归功于中国当时所拥有的独一无二的医疗保障体系。[①]

面向大众的教育和医疗卫生方针的贯彻实施，使得新中国在改革开放前经济落后的条件下实现了社会发展水平的迅速提升。联合国开发计划署1990年开始提出由人口平均预期寿命、教育和收入三个维度构成的综合评价指标，即人类发展指数（Human Development Index，简称HDI），来全面衡量社会进步。排名结果显示，从国际上看，通常一国社会发展水平与其经济发展水平大致对应，但计划经济时期的中国却是一个例外，中国社会发展的世界排名远远超过了其经济水平的世界排名，而且是世界上两者名次差别最大的国家。在改革开放前夕，中国按人均收入排在世界最贫穷国家之列，人口的过快增长稀释了经济发展的成果，而中国的人文发展却接近中等发达国家的水平。1960—1980年，世界上从低人文发展水平上升到中等水平的国家不过十几个，中国就是其中之一。更为突出的是，在这十几个国家中，中国取得的进步最显著，位次上升幅度最大，取得了绝大多数其他发展中国家难以企及的社会进步，这显示了中国社会主义制度在促进社会发展进步上具有无可比拟的优越性。[②]

中国是世界第一人口大国。1982年第三次全国人口普查结果显示，中国的人口年龄中位数为22.9岁[③]，初步进入成年型，拥有世界最充裕的劳动人口储备。改革开放后，这些劳动力储备资源很快从原来的蓄水池即广大农村释放出来，源源不断地流向城镇和非农产业，极大地满足了城镇化和工业化扩张的需要。一条独立的完整的产业链，一支合格的充

---

① 世界银行经济考察团编著：《中国：社会主义经济的发展》，财政部外事财务司组织译校，中国财政经济出版社1983年版，第66页。

② 李文主编：《中华人民共和国社会史（1949—2012）》，当代中国出版社2016年版，第355页。

③ 国家统计局：《系列报告之五：人口总量适度增长结构明显改善》，国家统计局官网，2009年9月11日。

沛的劳动力大军，是当代中国迅速发展成为世界制造业中心的两个必要条件。

总之，社会主义的根本政治制度和基本政治制度，独立的比较完整的工业体系和国民经济体系，良好的人力资源储备，是新中国改革开放前创造的宝贵财富，是以毛泽东为代表的第一代中国共产党人带领全国各族人民共同奋斗的辉煌成就，是新中国70年历史的奠基之作、初创之作，值得我们永远铭记和敬仰。

［原载《当代中国史研究》2019年第5期，本次收入有少量修改］

城市化滞后的经济后果分析

中国的人口类型转变历经 30 多年走完了发达国家逾百年的历史，而中国人口就业结构的转换却严重滞后于产业结构的变动。本文将描述这一产业结构与就业结构严重错位的现象，并对由此造成的城市化滞后及其经济后果作出分析。

一、中国的产业结构、就业结构与人口城乡结构

我们先来看一下中国的产业结构和就业结构的变动历程（参见表1）。新中国成立初期，我国的产业结构和就业结构与国际标准模式（我们选取最接近中国工业化历程的赛尔奎因—钱纳里结构变动模式为参照系，参见表2）人均GDP100美元时的情形相仿，尽管当时我们的人均GDP 只有不足50美元。以1952年为例，该年我国三次产业的产值比例为50.5：20.9：28.6，国际标准模式为48.0：21.0：31.0；三次产业的就业比例为83.5：7.4：9.1，国际标准模式为81.0：7.0：12.0。此后由于我国建立了计划经济体制，全力推动以重工业为主导的工业化战略，因而三次产业的产值比例中以工业为主体的第二次产业的比重急剧上升，以农业为主体的第一次产业的比重逐年下降，唯有第三次产业的比重变化不大，50年增长了不到5个百分点。这一升一降以20世纪50年代后半期的变动最为突出，前后不过5年的时间，第二次产业陡增20.1个百分点，第一次产业急降22.9个百分点。问题在于同期的就业结构变动却不大，直到

1962年第一次产业的就业比重仍占82.1%，第二次产业只有8.0%，二者只变动1个百分点左右。按国际标准模式，产业结构发生这么大的变动，就业结构中第一次产业会下降20—30个百分点，第二次产业会上升15个百分点左右。可见问题在这个时候就已经显现。到2000年，我国三次产业的产值比例已变化为15.9∶50.9∶33.2，按国际标准模式这个时期的就业结构中第一次产业应低于40%，第二次产业大致占30%，而我国相对应的就业结构为49.0∶24.0∶27.0，差距依然很大。这么多年来我国只有第三次产业的产值比变化与就业比变化是基本协调的，只是按国际标准模式衡量它的增长速度落后了许多。

表1　中国的产业结构、就业结构和人口城乡结构变动

年份	产业结构（%）			就业结构（%）			城市化水平（%）	人均GNP（美元）
	Ⅰ	Ⅱ	Ⅲ	Ⅰ	Ⅱ	Ⅲ		
1952	50.5	20.9	28.6	83.5	7.4	9.1	12.46	49.7
1955	46.3	24.4	29.3	81.2*	9.0*	9.8*	13.48	58.9
1960	23.4	44.5	32.1	82.1**	8.0**	9.9**	19.76	86.5
1965	37.9	35.1	27.0	81.6	8.4	10.0	17.98	89.8
1970	35.2	40.5	24.3	80.8	10.2	9.0	17.38	109.0
1975	32.4	45.7	21.9	77.2	13.5	9.3	17.34	163.4
1980	30.1	48.5	21.4	68.7	18.2	13.1	19.39	273.7
1985	28.4	43.1	28.5	62.4	20.8	16.8	23.71	262.1
1990	27.1	41.6	31.3	60.1	21.4	18.5	26.41	370.0
1995	20.5	48.8	30.7	52.2	23.0	24.8	30.00	620.0
2000	15.9	50.9	33.2	49.0	24.0	27.0	36.09	848.0

注：*1957年数；**1962年数。

资料来源：国家统计局：《中国统计年鉴（2000）》，中国统计出版社2000年版；2000年的产业结构和就业结构数字出自《中华人民共和国2000年国民经济和社会发展统计公报》（国家统计局，2000年2月28日）和劳动与社会保障部，这一年的城市化水平是2000年11月1日零时第五次全国人口普查得出的数字。人均GNP1952—1985年出自张风波主编：《中国宏观经济结构与政策》，中国财政经济出版社1988年版，第30页；1995年以后参见《世界银行图表集》相应年份；2000年的数字是国际货币基金

组织（IMF）按当年汇价实际测算的结果。

表 2 赛尔奎因—钱纳里结构变动模式

人均 GDP（1980 年美元）	产业结构（%）			就业结构（%）		
	I	II	III	I	II	III
100	48.0	21.0	31.0	81.0	7.0	12.0
300	39.4	28.2	32.4	74.9	9.2	15.9
500	31.7	33.4	34.6	65.1	13.2	21.7
1000	22.8	39.2	37.8	51.7	19.2	29.1
2000	15.4	43.4	41.2	38.1	25.6	36.3
4000	9.7	45.6	44.7	24.2	32.6	43.2

资料来源：Syrquin，M. and H. B. Chenery（1989），*Three Decades of Industrialization,* THE WORLD BANK ECONOMIC REVIEWS，Vol . 3。

表 3 钱氏“发展型式”的城市化和工业化的关系

人均 GNP（1964 年美元）	城市人口占总人口（%）	制造业增加值占 GDP（%）
小于 100	12.8	12.5
100	22.0	14.9
200	36.2	21.5
300	43.9	25.1
400	49.0	27.6
500	52.7	29.4
800	60.1	33.1
1000	63.4	34.7
大于 1000	65.8	37.9

资料来源：［美］钱纳里：《发展型式（1950—1970）》，李新华译，经济科学出版社 1988 年版。

我国就业结构变动严重滞后产业结构变动，其主要原因在于我们在工业化的同时人口城市化没有同步跟进。一方面，我国的工业化是以资本密集型的重工业为主导，就业弹性较低（重工业的就业弹性一般只及轻工业的三分之一）；另一方面，严格的户籍管理和城市劳动用工制度将农民束缚在土地上，不能擅自到城市就业[①]。所以，一直到改革开放之前，工业化推动城市化的国际经验在中国并没有得到有力的印证。我们把中国的数据与钱纳里的国际标准模式（参见表3）做一比较，以第二次产业的比重近似地表示制造业增加值的比重，可以看出，20世纪50年代初期，我国的工业化水平和城市化水平同国际标准模式是很接近的，当第二次产业的比重为20%时城市化水平为12%以上；但是当第二次产业上升到40%以上时，城市化水平尚停留在不足20%，而此时国际标准模式的城市化水平已接近70%。差距就是这样拉开的。如果以制造业增加值占GDP的比重来代表工业化水平，那么1952年工业化初期，城市化落后于工业化5.1个百分点；其后随着工业化水平的提高，两者的差距不断扩大，至1978年城市化落后于工业化29.78个百分点。而按国际标准模式城市化水平要高于工业化水平，具体表现为在工业化初期和中期，城市化随工业化而加速推进，且城市化的速度会超过工业化的速度。与之比较，中国的发展是倒过来了（如图1所示），工业化推进的速度太快，而城市化推进的速度太慢了。这种情形一直到最近20来年才有所改变。改革开放以来城市化推进的速度明显加快，1998年城市化比工业化落后12.45个百分点，差距比1978年减少了17.33个百分点。然而直到2000年我们尚有六成以上的人口滞留在农村，而按此时的工业化水平衡量城乡人口的比重应该颠倒过来才能达到国际水平。

---

① 1952年8月政务院发出《关于劳动就业问题的决定》，指出在当时的历史条件下，国家还不可能在短期内吸收整批的农村劳动力到城市就业，因此必须做好农民的说服工作。1957年12月国务院发布《关于各单位从农村中招用临时工的暂行规定》，明确规定城市“各单位一律不得私自从农村中招工和私自录用盲目流入城市的农民。农业社和农村中的机关、团体也不得私自介绍农民到城市和工矿区找工作”，甚至规定“招用临时工必须尽量在当地城市中招用，不足的时候，才可以从农村中招用”。此类劳动用工制度只负责城市非农业人口在城市的就业安置，禁止农村人口进入城市寻找职业。1958年1月，全国人大常委会第91次会议讨论通过《中华人民共和国户口登记条例》，该条例第10条第2款规定：“公民由农村迁往城市，必须持有城市劳动部门的录用证明、学校的录取证明，或者城市户口登记机关的准予迁入的证明，向常住地户口登记机关申请办理迁出手续。”从此，农村人口向城市的流动由于该户口制度的实施而受到严格限制。此后由于粮食短缺，不仅使得50年代城市快速发展的趋势中断，而且甚至出现“反向迁移”：60年代和“文化大革命”期间，城市先后有2000多万人和4000多万人被迫迁返农村。

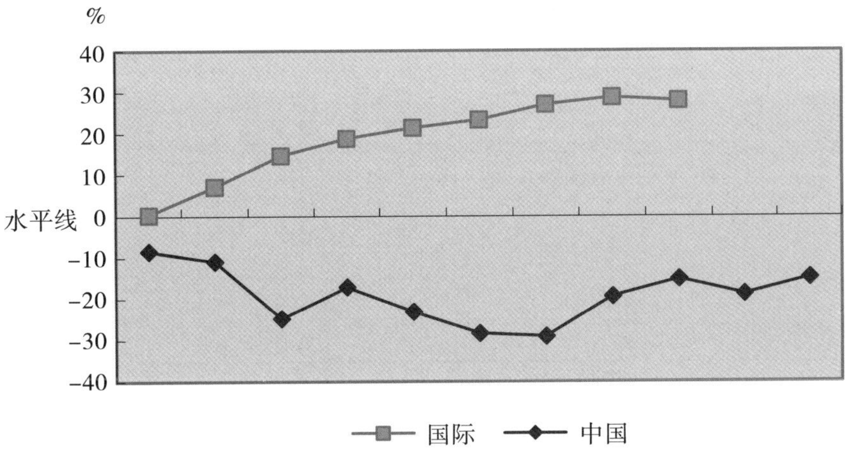

图 1　城市化与工业化之差的显示

资料来源：根据表 1 和表 3 的数据绘制。汇价调整不影响所示趋势。

我们还可以将城市化水平与人均 GDP 水平联系起来同国际上做一比较，如表 4 所示。1995 年当我国人均 GDP 为 620 美元时，城市化水平为 30%，大致相当于同期低收入国家的水平；但此时我国的工业化水平已达 48%，相当于城市化水平超过 70% 的上等收入国家的水平。一般认为我国的工业化水平虽然超前了许多，但我国的 GDP 水平也是被严重低估了的。如 1952、1965、1970、1975 年我国第二次产业的比重分别为 20.9%、35.1%、40.5%、45.7%，如按表 2 所示的国际标准衡量相应的人均 GDP 水平应该已经达到 100、500、1000、2000—4000 美元，而按我国统计数字计算出的人均 GDP 水平只有 49.7、89. 8、109.0、163.4 美元，二者差距甚大。举一个例子，1995 年我国的人均 GDP 水平如果按世界银行的购买力平价（Purchasing Power Parity，简称 PPP）计算应当为 2920 美元，我们认为这样估计又严重偏高，我们取中国国家统计局公布的数字和世界银行 PPP 数字的平均值 1770 美元，这个人均 GDP 水平国际标准的城市化率当在 40%—50% 之间，可见即使按 GDP 水平衡量我们的城市化水平仍是严重偏低的。图 2 直观地给出了按人均 GNP 衡量的国内外在城市化水平上的差距。

表 4 工业化、城市化水平的国际比较

	工业占 GDP（%）		城市人口（%）		人均 GDP（美元）
	1965	1995	1965	1995	1995
低收入国家	28	38	17	29	430
中等收入国家	34	35	42	60	2390
上等收入国家	42	32	71	75	24930
世界平均水平	40	33	36	45	4880
中国	39	48	18	30	620
印度	22	29	19	27	340
泰国	23	40	13	20	2740

资料来源：1. World Bank, 1991, *World Development Report* 1991, New York: Oxford University Press. 2. World Bank, 1997, *World Development Report* 1997, New York: Oxford University Press.

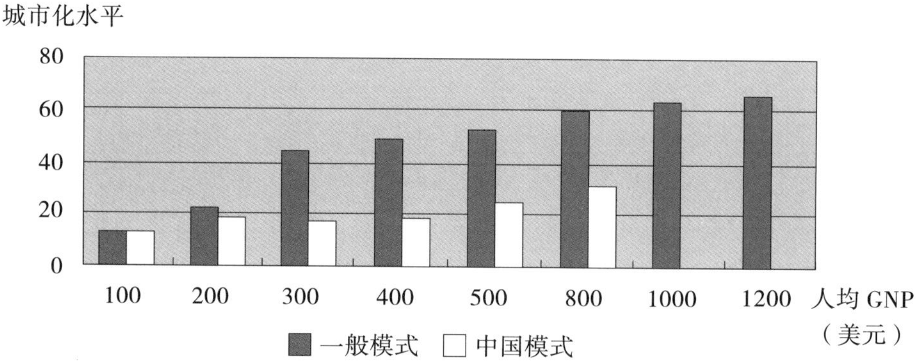

图 2 人均 GNP 与城市化水平

资料来源：根据表 1 和表 3 的数据绘制。汇价调整不影响所示走势。

二、城市化滞后的负效应分析

产业结构、就业结构、人口城乡结构之间，就业结构是个中介环节。就业结构随着产业结构发生变化，人口城乡分布就比较合理；就业结构不能随着产业结构的变动而变动，人口的城乡分布就会陷于一种失衡的状态。在后一种情形下，一方面，第一产业会因冗员过多而劳动生产率得不到提高，进而农民受比较利益低下的制约收入增长困难，农村市场贡献的能力也会因此而降低，而且农村的生态环境还会在不断增大的人口压力的作用下不断恶化；另一方面，第三产业因缺乏载体而长期得不到发展，直接影响全社会的现代化水平和信息化水平。这样的就业结构和人口城乡结构会使一个发展中的社会由二元结构向一元结构转化异常困难，并直接影响到经济增长的可持续能力。

（一）人地关系的严峻形势

由于我国城市化进展缓慢，农村滞留了大量的剩余人口和过剩劳动力，使原本关系已十分紧张的人口与土地之间的矛盾变得愈加突出。

人多地少是我国的基本国情。据统计，我国的国土总面积为 960 万平方公里，约占世界陆地面积的 1/15，居世界第 3 位；但我国的人口总量 1999 年末已达 12.6 亿（抽样调查数，不含香港、澳门特别行政区和台湾省），约占世界总人口的 21%，居世界第 1 位，人均占有国土面积仅有 11.65 亩，相当于世界平均数的 1/3。在我国的国土总面积中，可被农业利用的耕地只占 13.7% 左右，这样的比例大约相当于美国的 20% 多、法国的 30% 多、印度的 50% 多一些。国土资源部 2000 年 7 月公布的土地资源调查数据显示，截止到 1996 年 10 月 31 日，我国实际拥有耕地 19.51 亿亩，人均占有 1.59 亩，不及世界人均占有量 3.75 亩的一半[①]，大致相当于加拿大的 6.1%、俄罗斯的 12.1%、美国的 14.6%、印度的 55.8%、德国的 75.7%（参见图 3）。而且我国耕地的分布极不平衡，除去台湾、香港和澳门地区，内地 31 个省（自治区）和直辖市中，人均耕地超过 2 亩的省区有 12 个，主要分布在人口密度较低的东北和西北地区；人均耕地少于 1 亩的省区和直辖市有 7 个，主要分布在人口密度较高的东南沿海地区。全国 20% 以上的县（区）低于联合国粮农组织确定的人均耕地 0.8 亩的临界值，有的县（区）人均耕地只有 0.2—0.3 亩。在有限的耕地中，有水源保证和灌溉设施的耕地面积仅占耕地总量的

---

① 此外还有园地 1.50 亿亩、林地 34.14 亿亩、牧草地 39.91 亿亩、交通用地 0.82 亿亩、居民点及工矿用地 3.61 亿亩、陆地水域 6 亿亩、未利用土地 35.18 亿亩。我国不但人均占有耕地水平只及世界平均水平的 44%，人均林地（2.79 亩）和人均牧草地（3.26 亩）也分别只相当于世界平均水平的 18% 和 35%，尚不及耕地。

39.8%，坡度大于25度的约占5%，中低产田占79%。耕地后备资源已严重不足，全国现有此类资源2亿亩，按60%的成垦率计算，可开垦耕地1.2亿亩，人均不足1分地。

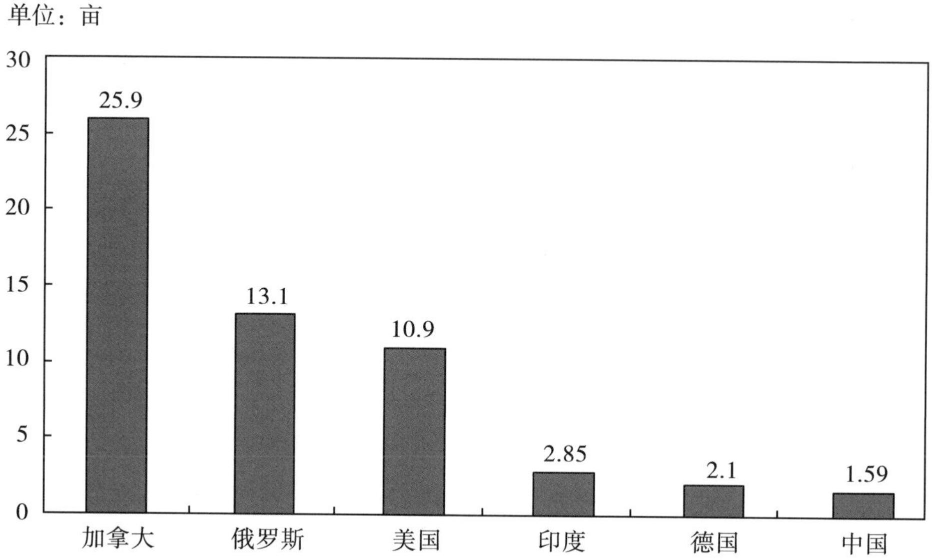

图3　中国人均占有耕地与世界主要国家比较

资料来源：原国土资源部。

从人地关系的演变来看，按最新公布的调查数据推算，1949年到1979年我国人口增长了80%，耕地只增长了1.65%，人地比率也相应地从1950年的3.65下降到了1980年的2.08。此后随着各项建设的加快，耕地面积逐年缩减，近19年来净减少近1亿亩、约占现有耕地面积的5%。受其影响，1985年与1980年比、1990年与1985年比、1995年与1990年比，人口分别增长7.24%、7.87%、6.79%，人地比率分别降至1.92、1.76、1.59（图4给出了按国家统计局口径[①]计算的人地关系走势，人地比率比这里推算得更低一些）。即使现有耕地一分不减，随着人口增加，到2010年和2020年，我国的人地比率也将降至1.41和1.31，21世

① 过去我国统计口径的全国耕地数量不含“计划外”的非纳税田在内。

纪中叶降至1.20左右。而据有关专家预测，即使不考虑今后各项建设的用地需求，只是为了完成2000年和2010年最起码的粮食和其他农产品的生产目标，我国耕地也将有上千万亩的缺口；如果再加上未来15年各项建设提出的用地需求，到2010年耕地缺口将达到1.5亿亩。这便是我们今后“吃饭”和“建设”所要面对的严峻形势。①

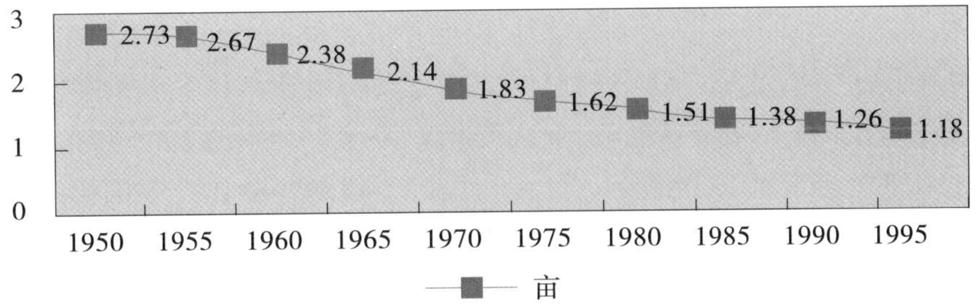

图4　中国的人地关系

资料来源：国家统计局。

（二）劳动力无限供给条件下的农业效率

每个经济的劳动与土地（广义）之间都有个合理的搭配“域”，土地数量超出这个范围会导致粗放经营、土地生产率下降，而劳动过量供给会影响技术进步和劳动生产率的提高，由此产生的低效和无效劳动显示劳动力已经相对或绝对过剩。我国农业所走过的历程为这一原理提供了充分的例证。

由于城市化进展缓慢，农村人地矛盾关系恶化，我国虽然土地生产率较高，主要农产品亩产量已居世界前列，但农业劳动生产率的增长一直受到严重制约。从农业生产率的增长曲线来看，20世纪50年代后期到60年代初期经历过一个急升陡降的过程，此后基本呈缓慢增长的态势。改革开放以后农业劳动生产率显著增长，并从80年代中期开始增幅超过农业劳动力的增长，农业劳动力增长减缓与农业劳动生产率增长加速之间显示了较强的相关性（参见图5）。但是从更宏观的角度看，即便是80

① 参见李文《中国土地制度的昨天、今天和明天》，延边大学出版社1997年版，第九章。

年代中期以来，我国农业与其他产业在劳动生产率上的差距依然呈明显扩大的趋势（参见表5和据该表绘制的图6、图7），1999年与1978年相比，第一次产业的劳动生产率相对于第二和第三次产业的劳动生产率、第三次产业的劳动生产率相对于第二次产业的劳动生产率都呈逐年下降的趋势，其中尤以第一次产业与第二次产业之间的对比关系最为强烈，1978年第二次产业的劳动生产率是第一次产业劳动生产率的3.91倍，1999年这一差距扩大到了6.11倍。不同产业之间的劳动生产率如此悬殊并呈逐年扩大的趋势，正是由产业结构变动与就业结构变动的严重错位造成的。按国际一般趋势，产业之间相对劳动生产率的差距会随着居民收入水平的提高而日趋缩小。然而与国际一般趋势相比，中国第一次产业的产值比重下降过快而就业比重下降过慢，第二次产业的变动趋势正好相反，于是第一次产业有限的资源就不得不容纳越来越多的就业人口，从而导致劳动生产率的下降。由于劳动近乎无限供给，而土地极度短缺，造成我国农户经营规模狭小，先进的技术成果难以推广，面对产业化、市场化和国外农产品的冲击更缺乏比较优势。美国是世界农产品第一出口大国，而其农业劳动力只有350多万，占全部就业人数的比重不足3%；而中国实际农业从业人员占去了全部就业人数的一半，二者的效率不可同日而语。

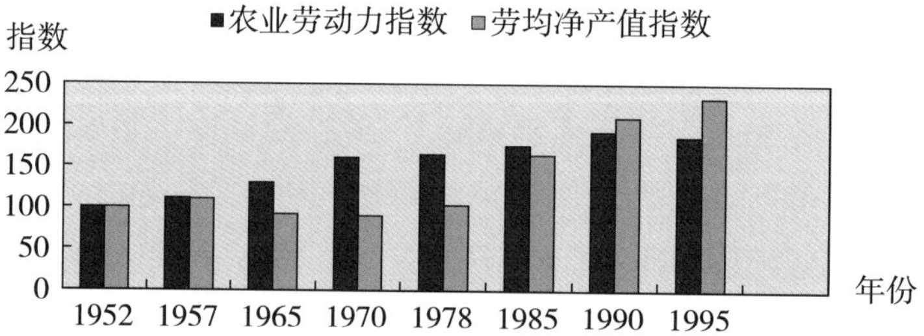

图5 我国农业劳动力和农业劳动生产率增长走势

资料来源：农业部计划司：《中国农村经济统计大全（1949—1986）》，农业出版社1989年版；国家统计局：《中国统计年鉴》《中国农村统计年鉴》相应年份，中国统计出版社。

表 5 中国三次产业劳动生产率比较（%）

年份	Ⅰ	Ⅱ	Ⅲ	2Ⅰ/（Ⅱ+Ⅲ）	Ⅱ/Ⅰ	Ⅲ/Ⅱ
1978	0.55	2.15	1.96	0.27	3.91	0.91
1980	0.52	2.21	1.83	0.26	4.25	0.83
1985	0.51	1.87	1.73	0.28	3.67	0.93
1990	0.45	1.94	1.69	0.25	4.31	0.87
1995	0.36	2.29	1.15	0.21	6.36	0.50
1999	0.35	2.14	1.23	0.21	6.11	0.57

资料来源：根据中国国家统计局《中国统计年鉴（2000）》有关数字计算得出。

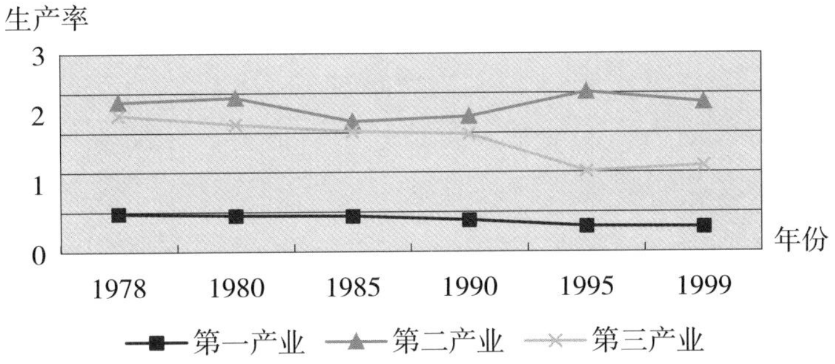

图 6 中国三次产业劳动生产率走势

资料来源：见表 5。下图同。

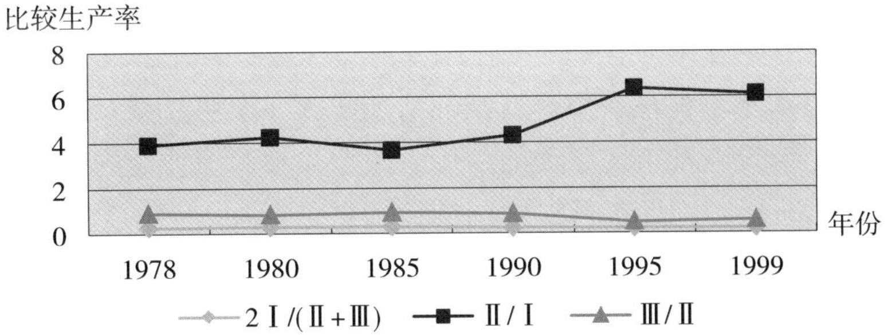

图 7 中国三次产业劳动生产率比较

20 世纪 80 年代中期以来农业生产率显著增长的一个重要原因，是由于有 1/3 的农村劳动力逐步转移到了非农产业，从而农业中的人地矛盾有所缓解。但是从农业领域的就业需求来看，仍有大约 1/3 的农村劳动力属于剩余劳动力。农业部的一个课题组根据全国各省、区、市所需种植业劳动力数量，算出全国目前种植业生产所需要的劳动力数量为 1.77 亿人。根据 1996 年农业普查，我国畜牧业、林业和渔业劳动力为 1880 万人。二者相加，我国现阶段农业部门需要的劳动力数量约为 1.96 亿人。按 1998 年我国农业劳动力 3.48 亿人计算，剩余劳动力达 1.52 亿人。到“十五”期末，考虑到农业生产投入的增加和生产技术进步引起的劳动生产率的提高，种植业劳均负担耕地规模较目前还将有所增长，在维持现有耕地面积不变的情况下，种植业需要的劳动力会进一步降低到 1.68 亿人左右，农业剩余劳动力将增加到 1.8 亿人。这些剩余劳动力将与新增农村劳动力一起对就业形成压力。此外，未来农村劳动力素质的提高也会使农业的剩余劳动力增加。①

（三）消费抑制与内需不足

就业不足、农业劳动生产率长期得不到提高，势必影响农村居民收入水平的提高。国家统计局的统计资料显示，改革开放以来我国城镇居民家庭人均可支配收入已从 1978 年的 343.4 元上升到了 2000 年的 6280 元，农村居民家庭人均纯收入同期从 133.6 元增长到了 2253 元。从指数上看，以 1978 年为 100，前者上升到了 367，后者上升到了 475.6，后者高于前者；但从城乡居民的收入比来看，1978 年是 2.57 倍，2000 年是 2.79 倍，差距不但没有缩小，反而有所扩大（参见图 8）。考虑到农民的自给自足消费以及市民享受的住房、医疗和教育等方面的隐性收入（in-kind income），世界银行对中国统计资料进行加工后的数据表明，1984 年到 1995 年中国居民收入分配不平等程度增加中的 75% 可以用城乡差距的不断扩大来解释。城镇居民收入超过农村居民收入是各个国家的普

① 农业部课题组：《21 世纪初期我国农村就业及剩余劳动力利用研究》，《中国农村经济》2000 年第 5 期。

遍情况，但这种差距一般不会超过100%；然而世界银行估计，中国城乡差距已从1983年的1.7倍扩大到1995年的2.5倍。[①]蔡昉、杨涛通过测算我国城乡居民实际人均收入水平后确认，城乡差距在改革初期下降，1985年达到最低水平1.93倍，随后稳定提高，1993年达到2.6倍，以后经历了再次下降的时期。[②]图8显示了同样的走势，并且表明城乡差距近几年又有了逐年上升的趋势。

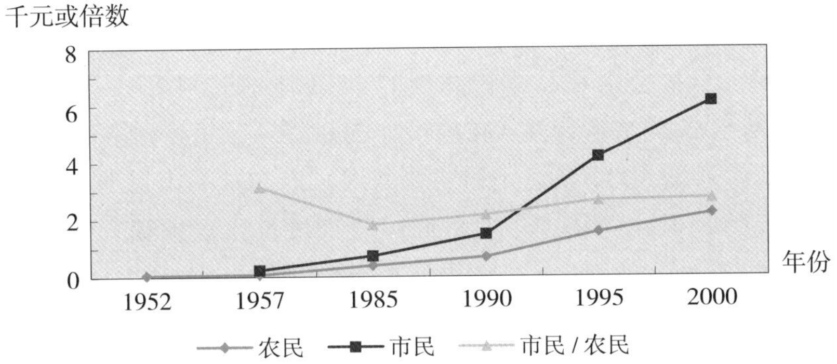

图8　中国的人均收入水平及其比较

资料来源：国家统计局：《中国统计年鉴（2000）》，中国统计出版社2000年版；国家统计局：《中华人民共和国2000年国民经济和社会发展统计公报》，2000年2月28日。

农村居民收入增长缓慢，必然影响农村市场的消费能力和农民生活水平的提高。据调查，目前我国仍有七成左右的农村居民家庭收入低于基本小康标准，五成以上的农村居民家庭收入低于农村居民家庭平均收入水平，部分农村居民特别是西部地区的一些农村居民家庭甚至还未摆脱贫困。受其影响，农村居民的消费水平与城镇居民相比大约落后10年左右。1999年，农村居民人均消费1973元，城镇居民为6665元，城镇居民人均消费是农村居民人均消费的3.4倍。而同年农村人口是城镇人口的2.24倍。1998年农村居民恩格尔系数为52.6，仅相当于城镇居民

① 参见［英］乔治娜·怀德（Georgina Wilde）、［英］肯·戴维斯（Ken Davies）《中国趋势报告》，吴顺虎、王检贵译，新华出版社2000年版，第76—77页。

② 蔡昉、杨涛：《城乡收入差距的政治经济学》，《中国社会科学》2000年第4期。

80年代中期的水平。[①]

我国农村居民数量多，消费水平低，市场潜力巨大，对工业品的消费相对其纯收入正处在加速增长期。有研究表明，我国农村居民目前对工业品需求的纯收入弹性为1.314，即农民人均纯收入每增长1%，对工业品的消费支出就增长1.314%。另据国家统计局测算，我国农村居民每实现1000亿元最终消费，将对整个国民经济产生2356亿元的消费需求，从而扩大工业部门的中间投入1253亿元、农业部门620亿元、第三产业478亿元。农村人口占全国人口的64%，1999年农村（县及县以下）消费品零售总额仅占全社会消费品零售总额的38.7%。如果将这一比重提高到“七五”时期50%的水平，就意味着增加3500多亿元的消费品零售额，整个国民经济将新增8000多亿元的消费需求。启动这一市场的关键在于提高农村居民的收入，但从近年农村居民收入增长出现连续下滑的现实来看，农业对农民收入的贡献率持续走低[②]，解决农村、农民、农业的问题已经不能继续单纯在“农”字上做文章，而是要同步推进农业结构调整和农村城市化。我国当前产品市场供大于求，内需不足已是制约我国国民经济持续快速发展的重要因素。“人口城市化的不断推进对消费需求来说具有累进的性质。同样，人口城市化的停滞不前也会对消费需求的衰减产生积累效应。从这个意义上说，目前中国人口城市化的低水平严重阻碍着消费需求的扩大，加速人口城市化理应成为启动内需的首要战略选择。”[③]

（四）民工潮：城市政府陷于困境

自20世纪50年代起严格的户籍管理制度将全国人口分为农村人口和城市人口两个部分以来，限制农村与城市之间的人口迁移就成了一项基本政策。持有农村户口的居民不得在城市定居，因而不能获得只有城

---

① 《权威调查显示：八成农村居民支出偏低》，《中华工商时报》2000年5月30日。

② 1997年、1998年、1999年农民收入中农业收入环比增量分别为73元、−28元、−53元，表明农业对农民收入的贡献率近几年已是负数。受此影响，1997年农村居民人均纯收入实际增长速度为4.6%，比上年下降4.4个百分点；1998年和1999年进一步回落到4.3%和3.8%；2000年的增幅只有2.1%。

③ 田雪原：《人口城市化驱动消费需求效应研究》，《中国人口科学》2000年第2期。

镇居民才能享受的定量商品供应和其他补贴，不能在公有企业中谋职。改革开放以来这一严重影响农村城市化的政策受到了极大的挑战，不断扩大的城乡收入差距和地区发展差距，以及政府对农村人口超经济强制的松弛，导致内陆省份的农村劳动力以空前的规模流向城市和发展较快的东南沿海地区，估计目前我国每年从农村流动出来的人口规模达 1 亿人以上，其中绝大部分是内陆省份的青壮年农村劳动力 ①，且多半已在城镇定居就业。与此同时，立足于农村的乡镇企业也得到了蓬勃的发展，迄今已吸纳了上亿的农村劳动力就业，年均吸纳近 600 万。但自 90 年代以来，由于城市人口失业现象加重和乡镇企业增速放慢、就业弹性降低，农村劳动力流入非农业领域就业的难度越来越大；与此同时，农业领域就业的劳动力数量出现下降趋势，就业份额的下降也比 80 年代明显加快 ②，这表明农业的资本和技术有机构成提高，已经进入农业劳动力加速向非农产业转移的时期。

然而我们的城市显然还缺乏这方面的准备，城市数量严重不足，“蓄水”能力有限，相关的体制还未理顺，于是就出台了城市政府排斥外来民工的政策，进而出现了流入地与流出地之间的矛盾，理论界不断发出“拆除壁垒，顺应潮流”的呼吁。城市政府和农村剩余人口都面临两难的选择。毫无疑问，劳动力市场分割会使劳动力流动受阻，降低资源配置效率。大量的剩余人口滞留在农村，既是人力资源的巨大浪费，也是造成我国农村人口素质长期低下的一个根本性原因。从某种意义上说，没有城乡之间的商品和人员的流动，就不会有城市的辐射作用，就不会有农村的城市化和全社会整体文明水平的提高，就不会完成由二元结构向一元结构的过渡。而且，没有管理流动人口的经验和能力，城市政府要实现本城市的现代化和国际化也会成为一句空话。

---

① 据调查，在 1999 年转移出去的农村剩余劳动力中，18—30 岁的比重为 57.9%，30—40 岁的比重为 19.8%，二者合计为 77.7%（国家统计局农调队，2000）。

② 1991—1997 年，我国第一产业从业人员从 3.87 亿人减少到 3.47 亿人，6 年平均每年净减少 658 万人；就业份额从 59.7% 降到 49.9%，下降了 9.8 个百分点，平均每年下降 1.63 个百分点，降幅几乎是前 13 年的 1 倍（参见《中国统计摘要 1999》，中国统计出版社 1999 年版）。预计中国加入 WTO 以后，会进一步强化这一趋势。

（五）环境和资源敲响了警钟

农村人口压力过大，使经济和社会的发展不能不以环境和资源的破坏为代价。由于盲目垦殖，我国的森林面积和草原面积逐年减少，导致土壤流失加重，还有大面积的土地出现了荒漠化。目前我国水土流失面积已从新中国成立初期的 116 万平方公里扩大到 163 万平方公里，并且每年仍在以 1 万平方公里左右的速度扩展，有水土流失的耕地已占全国耕地总面积的 1/3。[①] 全国干旱半干旱地区沙化面积近些年来平均每年扩展近 2500 平方公里，相当于每年损失一个中等县的土地面积。在西北、华北、东北地区已经形成绵延万余里的风沙危害线，面积达 168.9 万平方公里，占国土总面积的 17.6%，近 1/3 的国土受到风沙威胁。由于风蚀、水蚀、冻融和盐渍等多种因素的影响，我国已成为受荒漠化危害最为严重的国家之一，荒漠化潜在发生区域达 331.7 万平方公里，荒漠化面积 262 万平方公里，相当于 14 个广东省的面积。我国的土地污染也很严重。目前全国受工业“三害”污染、乡镇企业污染和农药污染的耕地约 2186.7 万公顷，约占全国耕地总面积的 16%。受上述因素的影响，特别是长期重用轻养，我国耕地出现了严重的肥力衰竭现象，大约有一成以上的土地有机质小于 0，中低产田占耕地总面积的 79%。[②] 在耕地质量下降的同时，因各项建设活动引致的耕地数量减少也在与日俱增，除了农业内部结构调整、城市扩张和开发区建设以及基础设施和重点项目建设占用了大量耕地以外，乡村集体建设特别是乡镇企业和农村居民点建设也占用、毁坏、污染了相当数量的农田，进一步加剧了人口与土地之

---

① 另据水利部的遥感调查，1989 年底全国水力和电力两种侵蚀形式的水土流失面积就达 367 万平方公里，占国土面积的 1/3，全国所有省区都存在水土流失。

② 我国草原畜牧业的增长更是典型的以牺牲环境、破坏资源为代价的。由于人口压力过大和掠夺式放牧，以及垦荒破坏和沙化、荒漠化的侵蚀，我国 90% 的草地已经或正在退化，其中，中度退化程度以上（包括沙化、碱化）的草地达 1.3 亿公顷，而明显退化的草原以每年 2000 万亩—3000 万亩的速度扩大。伴随着草原面积的缩小，沙漠扩大，草原地区降水减少，气候变干，灾害严重增多。同时，不少动植物灭绝，鼠虫害增加，草原生产力较 50 年代普遍下降了 30%—50%。养一只羊所需的草牧场，新西兰只要 1 亩左右，我国需要 20—50 亩。我国北方可利用草原面积与美国的草原面积相当，而载畜量和产肉量只有美国的 1%。

间的矛盾[①]。农村人口压力过大除了造成人口与土地之间的关系极度紧张以外，还使原本就贫水的地区水资源更加稀缺，许多地方由于水源枯竭已不再适合人口居住和生活。目前我国是世界上13个贫水国家之一，人均拥有水资源2300立方米，只及世界人均水平的1/4，全国2/3的城市面临缺水，低于严重缺水线（国际标准为人均2000立方米）的省（区、市）达16个之多。全国有1/4的人口饮用水不符合卫生标准，还有6000多万农村人口和数万头牲畜存在饮水困难，这样的地方大部分分布在西北的干旱地区。这一问题不解决，不但会制约当地国民经济的发展，而且会直接威胁到人们的生存。国家为实施西部大开发战略提出要通过退耕还林、退耕还草、林地保护等手段直接增加地表植被涵养水分，这意味着必须严格控制当地人口增长和无节制的开发，加快转移当地的农村剩余人口以减轻土地和水资源负担。

（六）第三产业的发展受到严重制约

由于第三产业的主要载体在城市而不是在农村，因而城市化的滞后还严重制约了我国第三产业的发展。如表1所示，近半个世纪以来，我国第三产业的发展一直呈停滞不前的局面，与第一产业的快速下降和第二产业的急速上升形成鲜明的对照。1995年我国第三产业的产值占GDP的30.7%，比表2所示的国际标准模式低10个百分点以上。同期印度的第三产业产值占42.1%，印度尼西亚占41.4%，马来西亚占43.8%，泰国占49.7%，韩国占50.1%。与这些发展水平相近的国家相比，中国分别低11.4、10.7、13.1、19、19.4个百分点。[②]

在现代社会中，第三产业是吸纳劳动力的主要产业。在工业化与城市化同步发展的国家中，每转移一个农业劳动力到工业，就可以转移两个或两个以上的劳动力进入第三产业。国内学者的一项研究也表明，

① 我国两千多万家乡镇企业九成以上分布在自然村，用地随意性强，浪费严重。据统计，1994年城市第二产业从业人员平均每人所需生产用地为52平方米，而乡镇企业从业人员平均每人占地555平方米。

② 见《国际统计年鉴（1996）》，中国统计出版社1996年版；《国际统计年鉴（1998）》，中国统计出版社1998年版。

1995—1998 年，我国第三产业的就业弹性为 0.38，不仅高于第二产业的 0.18，而且高于整个非农产业的 0.28。“九五”期间前四年全国从业人员共增加 2639 万人，第三产业吸收了其中的 81%（2136 万人），成为吸纳劳动力就业的主渠道。由此看来，正是因为我国城市化滞后、城市规模普遍相对较小（近 90% 的城市在 15 万人以下），就业潜力巨大的第三产业吸纳就业的能量难以释放，城乡就业矛盾才难以缓解，农村剩余劳动力的转移也因之受到阻滞。增加城市数量，扩大城市规模，对振兴第三产业、改善我国的就业环境至关重要。①

由于城市同时也是信息设施和信息技术的重要载体，城市化滞后自然也制约了全社会信息化水平的提高。很难设想一个农村人口占极大比重的传统农业大国其信息化会达到一个现代工业国家的水平，这一点毋庸赘述。

三、加快城市化进程是转移农村剩余人口的根本出路

城市化滞后对农业剩余劳动力转移从而农业生产率的影响最为直接。加快农村剩余劳动力的转移，是推进我国农村和农业现代化进程、实现国民经济可持续发展的客观需求，既如此，如何安排这一为数庞大的劳动人口就成了题中应有之义。

首先，要尽可能扩充农村和农业对这批剩余人口的容纳力。1999 年我国农业从业人员有 3.35 亿人，占农村从业人员总数（4.96 亿人）的 67.5%（近年来一直在这个比例浮动），可见农业领域仍然是容纳农村劳动力最主要的场所。如果我们结合农业生产结构调整，抓住制约我国农业和农村经济发展的关键环节（如耕地和水资源短缺、耕地质量不高、农业基础设施薄弱，以及农产品质量不高、部分产品供大于求、信息闭塞、销售不畅，农业比较效益低下，缺乏农村中介组织和农民自组织系统，农业投入不足和农村金融体系不健全，农民社会负担沉重和社会保障体系不完善，等

① 当然制约我国第三产业发展的还有一些体制上的因素，如行政管理色彩重、行业准入限制多、服务业的社会化水平低以及影响了城市化水平的户籍管理制度等。此外也有统计口径和统计遗漏问题。

等），实行农业和农村经济综合治理，有效地改善农村资源在数量和质量方面的供给状况，我国的农业和农村就能够在确保增产增收和不破坏生态环境的条件下，从广度和深度拓宽就业领域，最大限度地提供就业机会。此外，生物技术的推广应用、异地农业承包、西部大开发等，都有扩大农村就业的作用。对一些贫困山区、生态环境比较恶劣的地区和某些工程所在地的居民，还可以考虑通过异地开发的方式安排就业和生活，这方面广东、广西、山西、甘肃、内蒙古等省区已积累了一些经验。宁夏的扶贫扬黄灌溉工程使上百万西海固贫困乡民基本解决了温饱问题；举世瞩目的三峡工程到 2009 年竣工时规划搬迁人口将达 113 万人，到 1999 年底已搬迁安置 22 万人。不过从长期看，实行农业和农村经济的综合开发，不会改变农业就业份额和农村人口份额加速下降的趋势，特别是我国的农业今后还要直接面对国际农产品市场的冲击。有专家预测，我国加入世界贸易组织后，仅种植业就要丧失数百万个就业岗位。

其次，农村剩余劳动力的第二个蓄水池是乡镇企业。20 世纪 80 年代中期和 90 年代上半期乡镇企业的两度超常规高速发展，在很大程度上是得益于原有国民经济结构偏差的矫正效应和出口需求的拉动。此后受外部市场条件变化和自身资本有机构成不断提高等因素的直接影响，乡镇企业的增速开始趋势性放慢，就业弹性明显降低。但是考虑到地区间发展的不平衡，特别是农产品加工业和第三产业还很落后、城市化水平还很低，今后我国乡镇企业还有较大的发展空间。农业部的一个课题组预测，假定“十五”期间乡镇企业产值计划年增长率为 14%、乡镇企业从业人员 2000 年达到 1.3 亿人，选取 1990—1997 年乡镇企业就业弹性 0.12 计算，则未来五年乡镇企业就业年增长率为 1.48%，到 2005 年可实现就业量达 13991 万人，净增 991 万人，年均吸纳 198.2 万人。照此看高一线，乡镇企业最可能的就业吸纳量为每年 200 万人—350 万人[①]。

除了农业和农村扩容一部分、乡镇企业安置一部分以外，余下的农村剩余劳动力就主要靠城市化的推进来消化了。不论是从工业化水平来

---

① 农业部课题组：《21 世纪初期我国农村就业及剩余劳动力利用问题研究》，《中国农村经济》2000 年第 5 期。不过，2000 年乡镇企业增加值预计只增长 10%，今后五年能否实现 14% 的年增长率不容乐观。

看，还是从人均收入水平来看，我国不但有加快推进农村城市化的需求，也具备了改变农村城市化严重滞后局面的条件和能力①。事实上，从1952年至1980年的28年里我国城市化水平每年提高0.248个百分点，从1980年到1999年的19年里城市化水平每年提高0.606个百分点（参见表1），后者是前者的2.44倍，显示改革开放以来我国农村城市化步伐已明显加快。加快城市化进程转移农村剩余人口，既可以为推动农村和农业现代化、缩小城乡差距创造必要的条件，也可以为经济发展提供广阔的市场和持久的动力，是优化城乡经济结构、促进国民经济良性循环和社会协调发展的关键所在。

目前农村剩余劳动力向城市转移的主要障碍在于严重过时的户籍管理制度和城乡劳动市场的分割。前者导致进城民工大都只能以暂住人口或“三无人口”的身份在城里作边缘人口，不但加大了转移的成本和铁路、公路运输负担，还会加大城市管理的难度，引发出一系列与流动人口有关的社会问题；后者导致了信息不对称、劳动力转移的盲目性和劳动力价格的扭曲，降低了资源配置效率。有鉴于此，中国政府在《中国21世纪人口与发展》列出的行动计划中提出要“建立统一、开放、竞争、有序的劳动力市场，改革城镇户籍管理制度，逐步调整大中城市户口迁移政策，保障公民正常迁移和择业权利，促进人口在城乡、区域间合理流动和分布，合理配置人力资源。改革管理体制，以属地化管理为主形成有效的管理和服务网络，为流动人口提供多方面服务”。这一思路无疑是正确的。

阻碍农村劳动力转移的另一个重要障碍是农村的土地流转性不强，需要从建立健全农村社区的社会保障体系并将城市社区的社会保障覆盖面扩大到所有的外来民工两方面入手，剥离土地的就业和养老保障功能，促成土地使用权的流转，才能使流入城市的农村剩余人口真正与土地分离，改变“候鸟”般的生存方式，顺利实现由农民向市民身份的转换。

［原载《中国社会科学》2001年第4期，本次收入个别数据作了订正］

① 美国人口咨询局（Population Reference Bureau）《1981年世界人口统计表》披露的数据资料显示，在人均GNP 2000美元以下城市化推进速度最快。参见谢文蕙、邓卫《城市经济学》，清华大学出版社1996年版。

近半个世纪以来中国城市化进程的总结与评价

城市化是工业革命以来人口就业结构伴随产业结构转换发生相应变动的结果，城市化水平是现代化水平的一个重要标志。无论一个国家城市化如何起步，其进程一般都经历三个阶段，即起始阶段、加速阶段、完成阶段。这当中，加速阶段在各国城市化演进中的差异最为明显，多数发展中国家虽然经济结构比较单一，农业非常落后，但其城市化却有了畸形的超前发展；与这些国家相比较，中国的城市化进展却相对滞后，在一个较长的历史时期与各国城市化演进的一般趋势显示出较大的差异性。本文将结合国际标准模式对近半个世纪以来中国的城市化进程做出总结和评价。本文的分析表明，中国的城市化水平略低于经济发展水平，严重滞后于工业化水平，这一现象是中国独特的工业化道路造成的；20 世纪 80 年代以来中国城市化进程明显加快是产业结构和就业结构转换的客观需求，而且一直到 21 世纪中叶中国将一直保持这一趋势。

一、引言

（一）城市化的推力、拉力和制约因素

所谓城市化便是伴随经济增长城市数量增多和城市人口比重上升的过程。首先，城市化是工业化推动的结果，即工业和商业发展形成聚集

经济，进而产生对农村劳动力的持续不断的需求；其次，城市预期收入远比农村要高，生活条件和个人发展条件比农村优越，因而吸引农村人口大量涌向城市；再次，农业劳动生产率提高将越来越多的农村劳动力排挤出了农业生产领域，于是农村剩余劳动力就不得不去非农业领域特别是城市寻找就业机会。可见，“在一个连续均衡的国民经济中，城市化可能表现为因果链条上的各类事件的最后结果，以导致工业化的贸易和需求的变化为开端，以农村劳动力向城市就业的平缓移动为结果。但是……从农村向城市定居迁移的发生早于对劳动力需求的增长，并越来越由期望的收入所决定，而不是现在的工资。因此，除了把城市化看成是生产结构变化的结果以外，还必须把它看成是某种程度上分散的发展过程。此过程受未来收入和对就业的期望，以及政府支出的分配和各种社会因素的影响。”① 此外，城市化也受到了政府人口流动、迁移和城市就业相关政策的制约，在我们分析中国的城市化问题时必须特别强调这一点。

（二）关于国际标准模式

上段文字中的引文引自世界银行前任发展政策副主席霍利斯·钱纳里（Hollis B. Chenery）和他的同事莫尔塞斯·塞尔奎因（M. Syrquin，亦被译作塞尔昆）所著的《发展的格局(1950—1970)》一书。该书根据第二次世界大战后20年间100个经济增长程度不同的国家或地区的统计资料，分析、总结并描述了发展过程中的一般变化趋势。这一研究成果问世后引起学术界的高度重视，并被此后的经济学文献广为引用，在一些国家的政策实践中也产生了重大的影响。世界银行在评价这一研究成果时指出：“严格地说，结构性特点，如制造业在国内生产总值中所占的比例，与人均收入这个主要的‘解释性’变数是在统计模式中不加解释的基本经济过程的联合结果。因此，不可能推断因果关系。尽管如此，这些研究产生的标准格局提供了有用的统计基准，使人们可以进

① ［美］霍利斯·钱纳里、［美］莫尔塞斯·塞尔昆：《发展的格局（1950—1970）》，李小青等译，中国财政经济出版社1988年版，第56页。

而探讨一个非常复杂的过程。”我国发展经济学家杨敬年教授在为这部书的中译本作的序中也指出：“这些从历史经验中总结出来的平均变动趋势，从长期看方向是正确的，可以供发展中国家借鉴，有利的趋势予以发扬，不利的趋势（比如城市化及收入分配方面）则设法加以避免。”本文试以钱纳里等人总结的国际标准模式为参照，分析、描述中国城市化发展的轨迹，并从上述诸多因素中揭示这一轨迹与各国一般变化趋势相背离的原因。

（三）设立城市的标准

还有一点，那就是各国设立城市的标准并不一致，人口较少并且人口密度较小的国家设市标准一般也比较宽松，可能是个两三万人口的居民点就可以设立为城市，多数国家城镇不分，美国将 1 万以上人口的居民点都称为市，有的国家还把标准降到 5000 人，联合国的统计则以 2 万人口为标准；而人口较多并且人口密度大的国家设市标准相对较高，如在中国 3 万—5 万人口的居民点也就只能设个镇。目前中国使用的标准是：2 万—10 万人口为城镇，10 万—20 万人口为小城市，20 万—50 万人口为中等城市，50 万—100 万人口为大城市，100 万以上人口为特大城市。[①] 下文的分析除非特别注明都是只限于城市，不包含镇，因为在中国城镇居民还是以农业人口为主体，或者说是一种过渡中的城市人口。

二、中国的城市化进程

（一）城市人口比重和城市数量的变动

半个世纪以来，中国的城市化经历了一个曲折的过程。新中国成立初期，城市人口占全国总人口的比重只有一成多一点，城市数量只有 136 个。此后，随着经济建设的全面加快，特别是由于 20 世纪 50 年代末期的“大跃进”，城市化率迅速由 1952 年的 12.46% 提高到 1960 年的

① 1955 年原国家建设委员会《关于当前城市建设工作的情况和几个问题的报告》首次提出大中小城市的划分标准，此后基本沿用下来，1989 年颁布的《城市规划法》进一步规定城市规模按照市区和近郊区非农业人口计算。

19.76%，城市数量也由 157 个增加到接近 200 个。但是随之而来的便是一个大落的过程，60 年代初的三年困难时期中央政府陆续撤销了 52 个城市，动员了近 3000 万城市人口（相当于当时城市人口的 1/4 以上）返回农村，于是，尽管又陆续新设了一些城市，1965 年的城市数量还是比 1960 年减少了 30 多个，城市人口比重也降低了近 2 个百分点。此后中国的城市化便进入了一个相对停滞的阶段，“文化大革命”期间，不但农村人口很少能够迁入城市，而且有上千万的城市知识青年和上百万的机关干部反向流入了农村，所以一直到改革开放的前夕无论是城市人口比重还是城市数量都没能恢复到 1960 年的水平。改革开放以来城市化开始提速，一方面大批插队知青和下放干部落实政策回到城市，另一方面农村实行家庭承包经营以后政府对农村人口的超经济强制明显松弛，因而在上述动力的作用下农村向城市的人口流动逐年增多，城市数量几乎每过 10 年就要增加 200 多个，城市人口比重也迅速由 1980 年的 19.36%上升到 1990 年的 26.41%和 2000 年的 36.09%（参见表 1 和根据表 1 绘制的图 1）。

表 1　中国的城市化水平和城市数量

年份	城市化率（%）	城市数量（个）
1952	12.46	157
1955	13.48	165
1960	19.76	199
1965	17.98	168
1970	17.38	176
1975	17.34	185
1980	19.39	223
1985	23.71	324
1990	26.41	467
1995	30.00	640
2000	36.09	663

资料来源：国家统计局《中国统计年鉴》（历年）；顾朝林:《中国城镇体系——历史、现状、展望》，商务印书馆 1992 年版；许涤新等主编:《当代中国的人口》，中国社会科学出版社 1988 年版。

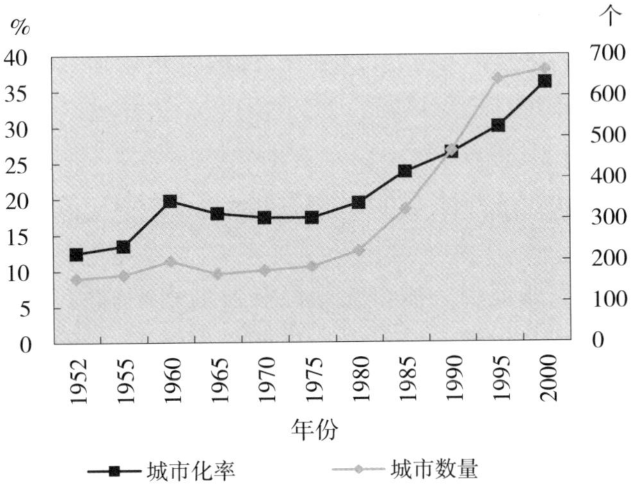

图 1　中国的城市化进程

（二）关于 20 世纪 80 年代以来的城市化率走势

2000 年 36.09% 的城市化率是根据该年年底第五次人口普查得到的实际城市人口数字测算的结果，此前由农村流入城市并且实际已在城市就业、生活的人口因未取得城市户口仍被统计为农村人口，因而统计部门公布的城市人口比重明显偏低，如 1999 年的城市人口比重按国家统计局公布的数字只有 30.89%，尽管近年城镇户籍制度开始松动，但无论如何城市化率也不会在一年之内就多出 6—7 个百分点。所以过去不少学者认为在公开的城市化率之外还有一个隐性的城市化率。据国家统计局人口和社会科技统计司的研究人员测算，从 1982—2000 年的近 20 年，由农村向城市转移的人口估计为 2.05 亿人。其中，20 世纪 80 年代约为 6510 万人，年均 651 万人；90 年代约为 1.4 亿人，年均 1400 万人。"九五"时期，从农村向城镇转移的人口超过了 1 亿人，年均近 2100 万人，明显多于"八五"时期。在过去的 10 年间，我国有 6790 万人口实现了户口的"农转非"，与同期从农村向城镇转移的 1.4 亿人口相比，户口"农转非"明显滞后于人口"农进城"。[①] 可见 20 世纪 80 年代以来的城

① 参见《中国信息报》2001 年 11 月 6 日第 1 版。

市化率走势实际上并不像图 1 所示的城市化曲线上升的那样陡峭，与国外作比较研究时可将 80 年代的城市化率统计值每年累加 0.6 个百分点，将 90 年代的城市化率统计值每年累加 1 个百分点，这样也许更贴近实际。

三、中国城市化进程与国际标准模式的比较

各国发展的实践证明，城市化与经济发展水平特别是工业化水平有较强的相关性，或者说前者是后者发展的自然结果，钱纳里和塞尔昆对此有过经典性的总结。那么，与国际标准模式比较，中国的城市化具有哪些特点呢？

（一）从经济发展水平看中国的城市化进程

人均 GDP 是衡量经济发展水平的最主要的指标，钱纳里和塞尔昆提出的国际标准模式所使用的经济发展指标正是 GDP 的人均占有量而不是它的总量。但是国际上普遍认为中国公布的 GDP 数字存在严重低估现象，如 1975—2000 年按 PPP 法测算中国的人均 GDP 水平比官方公布的数字要高出 0.5—3.6 倍。不过按 PPP 法测算的 GDP 水平可能太高了些，而且以此为标准进行国际比较还需要将国际标准模式中的人均 GDP 数字也换算成 PPP 数字，换算过程比较复杂。简单易行的做法是将现价 GDP 美元按照相应的平减指数换算成国际标准模式所使用的 1964 年美元或 1980 年美元。国际上比较保守的估计是认为中国官方公布的 GDP 数字比其实际水平低估一半以上，但国内也有学者指出中国的经济增长数字存在一定的虚增成分[①]。我们假定剔除虚增成分后因统计遗漏和价格低估造成的实际 GDP 出入在 30%左右，据此对世界银行或其他国际经济组织公布的中国 GDP 数字进行调整，然后将调整后的数字分别换算成 1980 年美元和 1964 年美元以便于同表 3 所示的国际标准模式进行比较。参见表 2。

---

① 参见孟连、王晓鲁《对中国经济增长统计数据可信度的估计》，《经济研究》2000 年第 10 期。据他们估计，中国的 GDP 增长率在 1953—1977 年、1978—1991 年、1992—1997 年间分别可能虚增了 2.2%、1.0%、2.5%。

表 2 中国的人均 GDP

单位：美元

年份	现价 GDP	经过调整的 GDP	1980 年美元	1964 年美元	PPP 法 GDP
1952	—	—	—	—	—
1955	—	—	—	—	—
1960	92.71	120.52	162.86	131.11	—
1965	96.10	124.93	152.35	122.48	—
1970	110.26	143.34	170.64	137.83	—
1975	174.38	226.69	263.59	211.86	273.41
1980	204.34	265.64	265.64	214.23	465.00
1985	288.06	374.48	314.69	253.03	839.22
1990	310.18	403.23	237.19	191.10	1400.48
1995	578.12	751.56	247.22	199.35	2681.39
2000	848.00	1102.40	355.61	286.34	3906.89

说明：现价 GDP 和 PPP 法 GDP 系世界银行等国际经济组织的统计数字，采自中经网《世经年鉴》(http：//ibe.cei.gov.cn/indexl–qiye.htm)，其中 2000 年的现价 GDP 取自 IMF（国际货币基金组织），该年的 PPP 法 GDP 系笔者根据上年的数据推算而来；经过调整的 GDP 是现价 GDP 乘以 130%；1980 年美元和 1964 年美元是根据 GDP 平减指数换算而来，2000 年的平减指数是笔者根据 1999 年的指数推测出来的。

表 3 国际标准模式的 GDP 和城市化、工业化的关系

人均 GNP（1964 年美元）	城市人口占总人口（%）	制造业增加值占 GDP（%）
小于 100	12.8	12.5
100	22.0	14.9
200	36.2	21.5
300	43.9	25.1
400	49.0	27.6
500	52.7	29.4
800	60.1	33.1
1000	63.4	34.7
大于 1000	65.8	37.9

资料来源：[美] 霍利斯·钱纳里、[美] 莫尔塞斯·塞尔昆：《发展的格局（1950—1970）》，中国财政经济出版社 1988 年版。

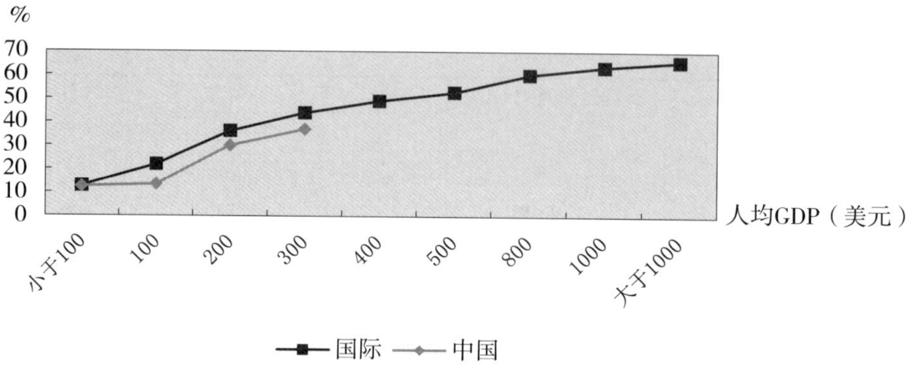

图 2　按 GDP 衡量的中国和国际标准模式的城市化水平

资料来源：根据表 1、2、3 绘制。

从根据表 1、2 和 3 绘制的图 2 来看，按 GDP 水平衡量，与国际标准模式相比，中国的城市化水平在人均 GDP 低于 100 美元时与国际标准模式基本处在同一水平，此后与国际标准模式的走势出现了一定的差距，但差距并不大。不过从表 2 可以看到，按平减指数换算成 1964 年美元后 1990 年和 1995 年的人均 GDP 水平低于 1980 年和 1985 年的水平，甚至低于 1975 年的水平。如按 1975—1985 年的人均 GDP 水平衡量，则中国的城市化水平比国际标准模式落后约 15—20 个百分点。但在还没有对 20 世纪 90 年代的人均 GDP 数字低于 80 年代（包括 70 年代后半期）的原因做出合理的解释之前，我们还不能据此得出按人均 GDP 水平衡量中国的城市化率严重偏低的结论，还需要结合工业化水平做进一步的考察，因为从国际经验来看一般来说城市化主要是工业化推动的结果。

（二）从工业化水平看中国的城市化进程

如果以工业化水平为基准对中国与国际标准模式相对应的城市化水平做比较，则可以发现二者之间确实存在巨大的差距。

我们以第二次产业的比重近似地表示制造业增加值的比重，把中国的数据（参见表 1 和表 4）与表 3 所示的国际标准模式做比较。我们看到，20 世纪 50 年代初期，我国的工业化水平和城市化水平同国际标准模式是比较接近的，当第二次产业的比重为 20% 时城市化水平为 12%

表 4 中国的产业结构和就业结构

单位：%

年份	产业结构			就业结构		
	Ⅰ	Ⅱ	Ⅲ	Ⅰ	Ⅱ	Ⅲ
1952	50.5	20.9	28.6	83.5	7.4	9.1
1955	46.3	24.4	29.3	81.2▲	9.0▲	9.8▲
1960	23.4	44.5	32.1	82.1△	8.0△	9.9△
1965	37.9	35.1	27.0	81.6	8.4	10.0
1970	35.2	40.5	24.3	80.8	10.2	9.0
1975	32.4	45.7	21.9	77.2	13.5	9.3
1980	30.1	48.5	21.4	68.7	18.2	13.1
1985	28.4	43.1	28.5	62.4	20.8	16.8
1990	27.1	41.6	31.3	60.1	21.4	18.5
1995	20.5	48.8	30.7	52.2	23.0	24.8
2000	15.9	50.9	33.2	49.0	24.0	27.0

注：▲1957 年数；△1962 年数；Ⅰ为第一次产业；Ⅱ为第二次产业；Ⅲ为第三次产业。

资料来源：国家统计局：《中国统计年鉴（2000）》，中国统计出版社 2000 年版；2000 年的产业结构和就业结构数字出自《中华人民共和国 2000 年国民经济和社会发展统计公报》（国家统计局，2000 年 2 月 28 日）和劳动与社会保障部。

以上。但是当第二次产业上升到 40% 以上时，城市化水平尚停留在不足 20%，而此时国际标准模式的城市化水平已接近 70%。差距就是这样拉开的。如果以制造业增加值占 GDP 的比重来代表工业化水平，那么在工业化初期的 1952 年，我国的城市化落后于工业化 5.1 个百分点；其后随着工业化水平的提高，两者的差距不断扩大，至 1978 年城市化落后于工业化 26.4 个百分点。而按国际标准模式城市化水平要高于工业化水平，具体表现为在工业化初期和中期，城市化随工业化而加速推进，且城市化的速度会超过工业化的速度。与此比较，如图 3 所示，我们看到中国的发展是倒过来了，工业化推进的速度太快了，而城市化推进的速度太慢了。图 4 显示了同样的走势，城市化与工业化的比值国际标准模式一直大于 1，而中国一直小于 1，且从曲线上比较中国几乎是呈逆城市化的走势。这种情形一直到最近 20 年来才有所改变。改革开放以来城市化推进的速度明显加快，2000 年城市化比工业化落后 14.8 个百分点，差距比 1980 年减少了 14.3 个百分点；城市化与工业化的比

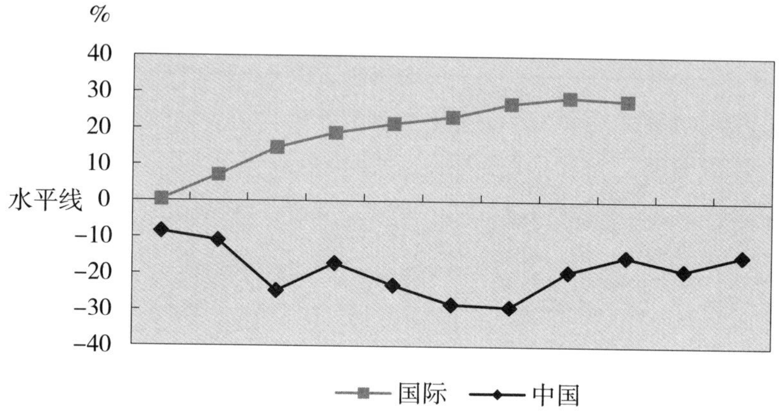

图 3 城市化与工业化之差的显示

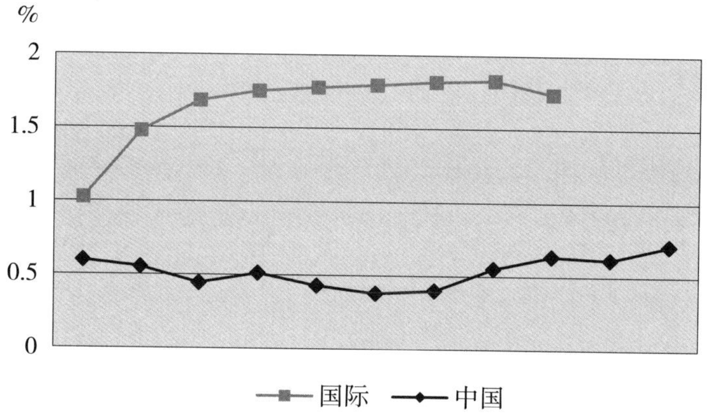

图 4 城市化与工业化之比的显示

值达到了 0.709，已比 1980 年高出 0.3 以上。然而直到现在我们尚有六成以上的人口滞留在农村，而按此时的工业化水平衡量城乡人口的比重应该颠倒过来才能达到国际平均水平。表 5 表明，1995 年中国的工业化水平比世界平均水平高出 15 个百分点，而城市化水平也比世界平均水平低了 15 个百分点。

表 5　工业化、城市化水平的国际比较

	工业占 GDP（%）		城市人口（%）		人均 GDP（美元）
	1965	1995	1965	1995	1995
低收入国家	28	38	17	29	430
中等收入国家	34	35	42	60	2390
上等收入国家	42	32	71	75	24930
世界平均水平	40	33	36	45	4880
中国	39	48	18	30	620
印度	22	29	19	27	340
泰国	23	40	13	20	2740

资料来源：1. World Bank, 1991, *World Development Report 1991*, New York: Oxford University Press.

2. World Bank, 1997, *World Development Report 1997*, New York: Oxford University Press.

四、城市化滞后的原因分析

（一）工业化速度与经济发展水平相脱节——工业化速度的影响

上文的分析表明，中国的城市化略慢于经济发展，严重滞后于工业化进程。究其原因，首先是因为中国是在经济发展水平还很低的条件下迅速推进工业化的。中国在开始工业化的 20 世纪 50 年代初期人均 GDP 按现价计算大约只有 50 美元左右，此后工业化的推进便像脱了缰的野马几乎与人均 GDP 水平失去了联系：以 1960 年美元推算，按国际标准模式，当人均 GDP 为 100 美元时，制造业占 GDP 的比重为 14.9%，而中国第二产业占 GDP 的比重则达到了 31%左右，大约比国际标准模式高出 8 个百分点；当人均 GDP 为 200 美元时，国际标准模式的制造业比重为 21.5%，而中国相应的比例为 38%左右，大约比国际标准模式高出 16.5 个百分点；当人均 GDP 水平为 300 美元时，国际标准模式的制造业比重为 25.1%，而中国相应的比例可上升到 53%左右，大约比国际标准模式高出 28 个百分点，两者的差距越来越大（参见图 5）。这个工业比重提高与人均收入水平上升相分离的特殊现象，所带来的影响一直持续到

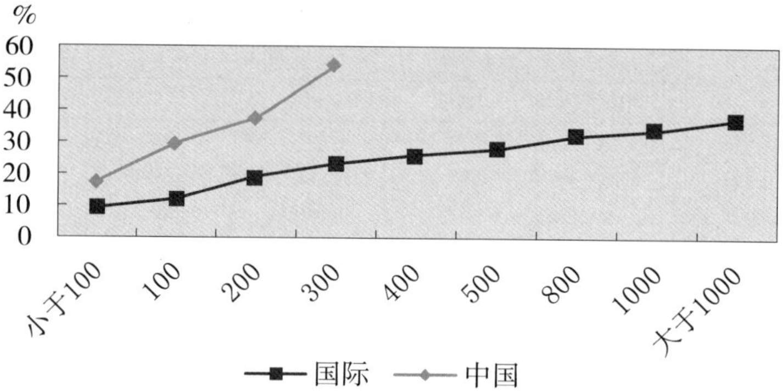

图 5　人均 GDP 与工业化水平

资料来源：根据表 3 和表 4 计算绘制。

现在，影响之一便是工业化与城市化脱节，农民负担沉重，第三产业不发达。

（二）就业结构转换与产业结构变动相脱节——工业化道路的影响

我们再来看一下中国的产业结构和就业结构的变动历程（参见表4）。新中国成立初期，我国的产业结构和就业结构与国际标准模式（我们选取最接近中国工业化历程的赛尔昆－钱纳里结构变动模式为参照系，参见表6）人均GDP100美元时的情形相仿佛。以1952年为例，该年我国三次产业的产值比例为50.5：20.9：28.6，国际标准模式为48.0：21.0：31.0；三次产业的就业比例为83.5：7.4：9.1，国际标准模式为81.0：7.0：12.0。此后由于我国建立了计划经济体制，全力推动以重工业为主导的工业化战略，因而三次产业的产值比例中以工业为主体的第二次产业的比重急剧上升，以农业为主体的第一次产业的比重逐年下降，唯有第三次产业的比重变化不大，50年增长了不到5个百分点。这一升一降以20世纪50年代后半期的变动最为突出，前后不过5年的时间，第二次产业陡增20.1个百分点，第一次产业急降22.9个百分点。问题在于同期的就业结构变动却不大，直到1962年第一次产业的就业比重仍占82.1%，第二次产业只有8.0%，二者只变动1个百分点左右。按国际标准模式，产业结构发生这么大的变动，就业结构中第一次产业会下降20—30个百分点，第二次产业会上升15个百分点左右。可见问题在这个时候就潜伏下来了。30多年以后，到2000年，我国三次产业的产值比例已变化为15.9：50.9：33.2，按国际标准模式这个时期的就业结构中第一次产业应低于40%，第二次产业大致占30%左右，而我国相对应的就业结构为49.0：24.0：27.0，差距依然很大。这么多年来我国只有第三次产业的产值比变化与就业比变化是基本协调的，只是按国际标准模式衡量它的增长速度落后了许多。

表 6　赛尔昆—钱纳里结构变动模式

人均 GDP（1980 年美元）	产业结构（%）			就业结构（%）		
	Ⅰ	Ⅱ	Ⅲ	Ⅰ	Ⅱ	Ⅲ
100	48.0	21.0	31.0	81.0	7.0	12.0
300	39.4	28.2	32.4	74.9	9.2	15.9
500	31.7	33.4	34.6	65.1	13.2	21.7
1000	22.8	39.2	37.8	51.7	19.2	29.1
2000	15.4	43.4	41.2	38.1	25.6	36.3
4000	9.7	45.6	44.7	24.2	32.6	43.2

资料来源：Syrquin，M.and H.B.Chenery，1989，*Three Decades of Industrialization*，THE WORLD BANK ECONOMIC REVIEWS，Vol. 3.

产业结构、就业结构、人口城乡结构之间，就业结构是个中介环节。就业结构随着产业结构发生变化，人口城乡分布就比较合理；就业结构不能随着产业结构的变动而变动，人口的城乡分布就会陷于一种失衡的状态。如前所述，由于我国在人均 GDP 水平还很低的条件下就选择了一条以资本密集型的重工业为主导的工业化道路，并快速完成了产业结构的转换，因而在发展中国家中我国的工业化水平特别突出，20 世纪 70 年代末期工业增加值占 GDP 的比重就已经达到了中等发达国家的平均水平。但由于重工业占到了工业增加值的七成以上[①]，其就业弹性一般只及轻工业的 1/3，因而就业结构的转换慢了许多，与产业结构相比显得极不

① 1952—1978 年，在工业结构中轻重工业的比例由 66.8 ：33.2 转变为 29.4 ：70.6。

相称。这便是一直到改革开放以前工业化推动城市化的国际经验在中国并没有得到有力的印证的深层次原因。而改革开放以来城市化明显加快，也正是得益于这个时期产业结构和投资体制的深刻变革所导致的就业结构的同步变动。

（三）户籍管理与城乡二元结构

在经济发展水平比较低的条件下，以重工业为主导的工业化发展战略的推行，一方面加大了对农业的资金需求，另一方面弱化了城市对农村的劳动力需求，这两个因素的共同作用促成了农村向城市单向“输血”的局面：由政府垄断农产品的流通以保障对工业和城市居民的供应，并通过城乡劳动力市场的分割来维持城市劳动力低工资水平下的充分就业。传统的户籍管理制度正是适应这一需要而建立的。

新中国成立初期一度出现了大量农村人口涌入城市的局面，农村开始出现劳动力短缺，城市则出现了食品供给紧张。针对这一严峻形势，也是为了在农业支持下尽快建立一个完整的工业体系，中国政府在逐步确立计划经济体制的同时配套建立了一种严格的户籍管理制度，限制人口和劳动力的自由流动。早在 1952 年 8 月政务院就发布了《关于劳动就业问题的决定》，指出在当时的历史条件下，国家还不可能在短期内吸收整批的农村劳动力到城市就业，因此必须做好农民的说服工作。[①]1957 年 12 月国务院发布《关于各单位从农村中招用临时工的暂行规定》，明确规定城市“各单位一律不得私自从农村中招工和私自录用盲目流入城市的农民。农业社和农村中的机关、团体也不得私自介绍农民到城市和工矿区找工作”，甚至规定“招用临时工必须尽量在当地城市中招用，不足的时候，才可以从农村中招用”。[②] 此类劳动用工制度只负责城市非农业人口在城市的就业安置，禁止农村人口进入城市寻找职业。1958 年 1 月，全国人大常委会第 91 次会议讨论通过《中华人民共和国户口登记条例》，该条例第 10 条第 2 款规定：“公民由农村迁往城市，必须持有城市劳动

① 《中央人民政府法令汇编（1952 年）》，法律出版社 1982 年版，第 217 页。

② 《中华人民共和国法规汇编（1957 年 7—12 月）》，法律出版社 1958 年版，第 482—483 页。

部门的录用证明、学校的录取证明，或者城市户口登记机关的准予迁入的证明，向常住地户口登记机关申请办理迁出手续。"[①] 从此，农村人口向城市的流动由于该户口制度的实施而受到严格限制。此后由于粮食短缺，不仅使得 20 世纪 50 年代城市快速发展的趋势中断，而且甚至出现"反向迁移"：60 年代和"文化大革命"期间，城市先后有 2000 多万人和 4000 多万人被迫遣返农村。

改革开放以来农业经济形势迅速好转，农村人口也随之恢复了向城市流动的势头，但由于户籍制度依然横亘其中，像一堵无形的高墙将人口泾渭分明地划分为农民和市民两种身份，更由于这一制度同就业、上学、医疗、养老等社会福利制度以及国有资产权益分配制度结合在一起，一方面加大了城市对农村居民的吸引力，另一方面也成了流入城市的农村人口实现身份转换的羁绊，以致在城市里迅速形成了一个特殊的边缘人口阶层，不断冲击着现行的人口管理体制。到 20 世纪 90 年代末期，对户籍制度进行改革的呼声日益强烈，相应的试验也在全国不少省市逐步推开，预示着与传统计划经济体制相配套的人口管理制度行将被新的与市场经济体制相适应的人口管理制度所取代，新的制度将充分尊重人的平等性和流动性，适应劳动力市场一体化、优化人口资源配置和人口信息化管理的客观需要，同时也是加快推进人口城市化的客观需要。

五、我国已经进入城市化加速阶段

（一）逻辑斯谛曲线

城市发展是社会进步的一个重要标志，城市化水平的不断提高是经济发展特别是工业化推进的必然结果。美国城市地理学家诺瑟姆（Ray M.Northam）1979 年研究世界各国城市化过程所经历的轨迹，将其概括为生长理论曲线——著名的逻辑斯谛曲线（Logistic Curve）[②]。根据该曲线的描述，可以将城市化全过程划分为初期、中期和后期三个阶段：（1）

---

① 公安部政策法律研究室编：《中华人民共和国公安法规选编》，法律出版社 1982 年版，第 85 页。

② Ray M. Northam, *Urban Geography*, New York, John Wiley & Sons, 1979.

初期阶段（城市人口占总人口比重在30%以下）。这一阶段农村人口占绝对优势，工农业生产力水平较低，工业提供的就业机会有限，农业剩余劳动力释放缓慢。因此要经过几十年甚至上百年的时间，城市人口比重才能提高到30%。（2）中期阶段（城市人口占总人口比重在30%—70%之间）。这一阶段由于工业基础已比较雄厚，经济实力明显增强，农业劳动生产率大大提高，工业具备了吸收大批农业人口的能力，城市人口比重可在短短的几十年内突破50%而上升到70%。（3）后期阶段（城市人口占总人口比重在70%—90%之间）。这一阶段农村人口的相对数量和绝对数量已经不大，为了保持社会必需的农业规模，农村人口的转化趋于停止，最后相对稳定在10%以下，城市人口比重则相对稳定在90%以上的饱和状态。后期的城市化不再主要表现为变农村人口为城市人口的过程，而是城市人口内部职业构成由第二产业向第三产业转移。[①]

（二）中国目前城市化所处的阶段

中国在1995年的城市化率按统计部门公布的数字为30%，1990年为26.41%，如将进城农村人口包含在内，可以断定中国当在20世纪90年代初期城市化率就已经达到30%，按上述逻辑斯谛曲线判断，此后便进入了城市化加速推进阶段。其实自改革开放以来中国的城市化进程就已经明显加快，按国家统计局公布的数字，从1952—1980年的28年里我国城市化水平每年提高0.248个百分点，从1980—1999年的19年里城市化水平每年提高0.836个百分点，后者是前者的3.37倍。预计这一趋势会一直延续到21世纪中叶。在其他条件假定不变的条件下，城市化的速度将主要取决于GDP的增长率和产业结构的变动率，如前所述，第三产业在国民经济结构中占的比重越大，非农产业的就业弹性越高，农村剩余劳动力转移和农村城市化的推进就越快。此外，城镇人口老龄化从而自身生产年龄人口减少所引致的劳动力需求增长，也会导致人口城市化加速进行。

［原载《当代中国史研究》2002年第5期，本次收入有少量改动］

---

① 顾朝林：《中国城镇体系——历史、现状、展望》，商务印书馆1996年版，第332—333页。

我国在计划经济时期对农村公有制实现形式的探索
——以下放基本核算单位和建立健全农业生产责任制为中心

计划经济时期，我国几次调整农村集体经济的基本核算单位，并不断尝试建立健全农业生产责任制，以此为中心开展对农村公有制实现形式的探索，为新时期的农村经济改革提供了宝贵的经验和必要的环境。

一、农村集体经济规模的变动和基本核算单位的调整

（一）农村集体经济的规模和体制

20 世纪 50 年代是新中国生产关系剧烈变动的时期。在农业方面，先是三年土地改革，接着是三年合作化（社会主义改造），然后又以更快的速度实现了集体化。伴随着农业从互助组、合作社再到人民公社，农村集体经济呈现出规模越来越大的趋势。互助组的规模一般为几户或十几户，初级合作社一般以 30—40 户为一社，高级合作社的规模是初级合作社的 4—5 倍。1955 年毛泽东为《大社的优越性》一文（收入《中国农村的社会主义高潮》一书）撰写的按语中指出："现在办的半社会主义的合作社，为了易于办成，为了使干部和群众迅速取得经验，二、三十户的小社为多。但是小社人少地少资金少，不能进行大规模的经营，不能使用机器。这种小社仍然束缚生产力的发展，不能停留太久，应当逐步

合并。有些地方可以一乡为一个社，少数地方可以几乡为一个社，当然会有很多地方一乡有几个社的。不但平原地区可以办大社，山区也可以办大社。”[①]受此影响，1956 年一些地方创办的高级社规模逾千户乃至几千户，俨然成为后来人民公社的雏形。公社化初期，全国平均 28.5 个农业社合成一个人民公社，大部分地区一社都在 4000 户以上。截至 1958 年 9 月 29 日的统计，全国共建起人民公社 23384 个，加入农户 1.1 亿多，占总农户的 90.4%，每社平均 4797 户（据 11 个省、市、区 7589 个公社的统计，5000 户以下的 5287 个；5000 户到 1 万户的 1718 个；1 万到 2 万户的 533 个；2 万户以上的 51 个）。河南、吉林等 13 个省，还有 94 个县以县为单位，建立了县人民公社或县联社。[②]

当时农村集体经济规模的扩大，导致核算单位层级不断上移，其实质是生产资料所有制发生了深刻的变化。互助组的基础是土地私有制，实行产品归各户的分配方式；进入初级农业生产合作社以后，私有的土地和其他生产资料作价入股，统一经营，共同劳动，实行按劳分配与土地入股分红相结合的分配方式；高级农业生产合作社则是将土地和生产资料作价入社，集中劳动，统一经营，产品统一分配。1956 年高级社对初级社的取代，意味着农业社会主义改造的完成，同时也是计划经济体制确立的标志之一。在广大农村，从生产资料私有制过渡到生产资料公有制，顺应了生产力发展的要求。但是，社会主义公有制确立之后，仍然存在着生产关系与生产力既相适应又相矛盾的状况，需要不断探索既符合社会主义本质要求，又适合当时国情的公有制实现形式。受历史条件和认识水平的限制，加上生产关系快速调整的惯性作用，当时有超越发展阶段、追求“一大二公”的偏向，即将“公”和“大”联系在一起，认为公有化程度越高，集体经济的规模就越大。农村的社会主义改造完成后，之所以又迅速过渡到人民公社，就是因为人民公社较之高级社规模更大、公有化程度更高。早期的人民公社多仿照军事建制，下辖大队、营或专业队，再往下是连、排。不久，公社下辖单位名称规范为生产大

① 《建国以来毛泽东文稿》第 5 册，中央文献出版社 1991 年版，第 515—516 页。

② 中共中央农村工作部：《人民公社化运动简报》，1958 年 9 月 30 日。

队、生产队和生产小队，此时的生产队大致相当于原来的高级社，生产小队大致相当于原来的初级社。有些地方的生产大队相当于原来的高级社，生产队相当于原来的初级社。有些地方的人民公社实在太大，在公社与生产大队之间又分出一个层级，称为管理区。也有不少地方将生产大队称为管理区。在这样几个层级当中，多以公社为基本核算单位，一切生产资料归公社所有，计划、劳动、物资、资金和社员生活由公社统一管理，实行“组织军事化，行动战斗化，生活集体化，管理民主化”，社员分配占总收入的一半以上，采用供给制（公共食堂）和工资制（按月计发）相结合的形式分配到人。

“一大二公”的人民公社最初就是作为农业由集体所有制向全民所有制过渡的制度安排设计的。1958 年 8 月的“北戴河决议”明确指出：“人民公社集体所有制中，就已经包含有若干全民所有制的成分了。这种全民所有制，将在不断发展中继续增长，逐步代替集体所有制。”[①] 同年 11 月，在公社化运动高潮中，中央制定了《十五年社会主义建设纲要四十条（1958—1972 年）》，并经毛泽东修改。其中明确指出：“我国人民面前的任务是：经过人民公社这种社会组织形式，高速度地发展社会生产力，促进全国工业化、公社工业化、农业工厂化，逐步地使社会主义的集体所有制过渡到社会主义的全民所有制，逐步地使不完全的社会主义全民所有制过渡到完全的社会主义全民所有制，建成社会主义；同时，在社会主义建设的过程中，共产主义的因素必将逐步增长，这就将在物质条件方面和精神条件方面为社会主义过渡到共产主义奠定基础。”[②] 当时甚至提出了“共产主义是天堂，人民公社是桥梁”的口号，大搞供给制，大办公共食堂，以为共产主义的实现已为时不远。但是，毛泽东很快发现“犯了错误”，发现人民公社化运动的主要问题是“在公社所有制问题方面，前进得过远了一点”，很多人“误认为人民公社一成立，各生产队的生产资料、人力、产品，就都可以由公社领导机关直接支配。他们误认为社会主义为共产主义，误认为按劳分配为按需分配，误认为集

① 《建国以来重要文献选编》第 11 册，中央文献出版社 1995 年版，第 449 页。

② 《建国以来毛泽东文稿》第 7 册，中央文献出版社 1992 年版，第 25 页。

体所有制为全民所有制”。其结果，便是“公社在1958年秋季成立之后，刮起了一阵‘共产风’”，遭到了农民的抵制。[①]顺着这一思路，毛泽东首先明确了人民公社的集体所有制性质，并且否认了人民公社成立之初的单一公社所有制，主张“目前公社所有制，除了有公社直接所有的部分以外，还存在着生产大队（管理区）所有制和生产队所有制”，进而提出“公社应当实行权力下放，三级管理，三级核算，并且以队的核算为基础”。[②]于是才有了人民公社核算单位的两次调整。[③]

（二）人民公社体制的初步调整

计划经济时期农村集体经济规模过大、所有制单一、管理困难的弊端早在高级社推开后即暴露出来了。据陕西省宁强县的一名农村干部回忆：高级社以后，“土地虽作平衡调拨，但仍有丰歉之别、品种之差、好坏之差，平坝队去高山队调洋芋、苞谷、荞麦等，高山队去平坝队调水稻；丰收队给贫困队、歉收队调粮。平坝队不愿去高山队背粗粮，高山队、贫困队、歉收队不想去平坝队、丰收队调粮，怕遭人白眼，于是就有了瞒产私分现象。为解决瞒产私分，在收获分配时，全社抽调许多分配员交叉派去各生产队监督收割分配，分配员工分按同等劳力记分，参加本生产队分配，这种办法用到1961年。虽派有分配员，但还是因人员少覆盖面窄、或缺勤、或个别分配员与被监督队沟通作弊，致使瞒产私分现象屡禁不绝。”[④]1956年和1957年曾引发过一场退社、分社风潮，党和政府不得不对合作社加以整顿，缩小其规模，并宣布以生产队为合作社的基本生产单位。[⑤]但在公社化的初期，农村集体经济规模更为庞大，

---

① 《建国以来重要文献选编》第12册，中央文献出版社1995年版，第126、130、133页。

② 《建国以来重要文献选编》第12册，中央文献出版社1995年版，第127、130页。

③ 参见辛逸《农村人民公社所有制述论》，《山东师范大学学报》（人文社会科学版）2001年第1期。

④ 刘波：《我所经历的农业合作化》，陕西省宁强县政府网，2009年5月14日。

⑤ 1957年9月14日，中共中央发出《关于整顿农业生产合作社的指示》、《关于做好农业合作社生产管理工作的指示》和《关于在农业合作社内部贯彻执行互利政策的指示》。指示要求继续进行整社工作，主要是整顿干部作风，调整社队组织，统筹安排社员的劳动和收入，改善生产管理。指示提出，农业生产合作社应该实行“统一经营，分级管理”。

核算单位层级更高，因而“共产风”、平均主义这些经营管理上的问题不但未能避免，反而愈演愈烈，引发干部和群众的消极抵抗。“从一九五八年秋收以后全国性的粮食、油料、猪肉、蔬菜‘不足’的风潮，就是这种反抗的一个集中表现。一方面，中央、省、地、县、社五级（如果加上管理区就是六级）党委大批评生产队、生产小队的本位主义，瞒产私分；另一方面，生产队、生产小队却几乎普遍地瞒产私分，甚至深藏密窖，站岗放哨，以保卫他们的产品。”[①] 在1959年2月27日至3月5日的郑州会议上，毛泽东将上述问题归结于公社化进程中的平均主义倾向和过分集中倾向，指出：“所谓平均主义倾向，即是否认各个生产队和各个个人的收入应当有所差别。而否认这种差别，就是否认按劳分配、多劳多得的社会主义原则。所谓过分集中倾向，即否认生产队的所有制，否认生产队应有的权利，任意把生产队的财产上调到公社来。同时，许多公社和县从生产队抽取的积累太多，公社的管理费又包括很大的浪费，例如有一些大社竟有成千工作人员不劳而食或半劳而食，甚至还有脱产文工团。上述两种倾向，都包含有否认价值法则、否认等价交换的思想在内，这当然是不对的。凡此一切，都不能不引起各生产队和广大社员的不满。”“即是说，在某种范围内，实际上造成了一部分无偿占有别人劳动成果的情况。”[②] 经过总结经验和调查研讨，郑州会议提出了指导人民公社建设和整顿的具体方针：“统一领导，队为基础；分级管理，权力下放；三级核算，各计盈亏；收入计划，由社决定；适当积累，合理调剂；物资劳动，等价交换；按劳分配，承认差别。”[③] 这是人民公社体制的第一次调整。

农村集体经济由公社核算改为生产队核算以后，公社财产大多下放归生产队所有，由生产小队管理使用；农副业生产由生产队统一计划，统一指挥；收益分配，除上交国家税金和公社积累外，由生产队统一核算。需要说明的是，当时领导干部中对从公社下移核算单位的认识并不统一。河南、湖南主张以生产大队（管理区）为基本核算单位，湖北、

---

① 《毛泽东文集》第5卷，人民出版社1999年版，第11页。

② 《毛泽东文集》第8卷，人民出版社1999年版，第10、11页。

③ 《建国以来毛泽东文稿》第8册，中央文献出版社1993年版，第916页。

广东主张以生产队即原高级社为基本核算单位，毛泽东赞同湖北、广东的意见，认为这样做更容易受到基层干部和群众的拥护。1959年3月15日，他在致各省、市、区党委第一书记的信中说："《郑州会议记录》上所谓'队为基础'，指的是生产队，即原高级社，而不是生产大队（管理区）。总之，要按照群众意见办事。无论什么办法，只有适合群众的要求，才行得通，否则终久是行不通的。"[①] 于是，同年4月的中共中央政治局上海会议纪要做了一个折中："各地人民公社在实行三级管理、三级核算的时候，一般是以相当于原来高级农业生产合作社的单位作为基本核算单位。""以生产队作为基本核算单位，生产队下面的生产小队就是包产单位。为了提高这一级组织的积极性和责任心，作为包产单位的生产小队也应当有部分的所有制和一定的管理权限。在少数地区，是以生产大队（或者管理区）作为基本核算单位，下面的生产队是包产单位。这种作为包产单位的生产队，同样也应当有部分的所有制和一定的管理权限。"[②]

对人民公社体制做出初步调整是从1958年底的整社开始，主要是在1959年上半年进行的。1959年下半年庐山会议后，由纠"左"转为"反右倾"，调整中断，掀起了继续"跃进"的新高潮，国民经济被拖入极度困难的境地。20世纪60年代初，由于持续"反右倾"，"共产风"一度有所收敛后又重新刮了起来，农村基本核算单位由生产队向公社过渡的冲动再次抬头。1960年2月25日，《广东省委关于当前人民公社工作中几个问题的指示》指出：在人民公社从基本队有制过渡到基本社有制的问题上，存在着加快过渡、想赶先的苗头；在发展公社一级经济力量问题上，存在着重复"一平二调"刮"共产风"的错误。[③] 有鉴于此，毛泽东同意为这种过渡设定一个前提。他说："如果不从基本队有制转变为基本社有制，人民公社还不能巩固，还可能垮台。"[④] 但是，"我们将来实现

① 《建国以来毛泽东文稿》第8册，中央文献出版社1993年版，第111—112页。

② 《建国以来重要文献选编》第12册，中央文献出版社2011年版，第143—144页。

③ 《建国以来重要文献选编》第13册，中央文献出版社2011年版，第35、36页。

④ 引自中华人民共和国国史学会编：《毛泽东读社会主义政治经济学批注和谈话》（国史研究学习资料·清样本）上册，第77页。

这个转变的一个决定性的条件，是社有经济的收入占全社总收入的一半以上。在转变的时候，是队共社的产，而不是社共队的产。社员在这种‘共产’以后，比这种‘共产’以前有利。这样，估计绝大多数人不会抵触。”[①]而从当时全国多数地区人民公社的实际情况来看，这样的条件是不具备的。在同年七八月间的中共中央北戴河工作会议上，毛泽东明确提出：农村以生产队为基本核算单位的三级所有制，至少五年不变，死死规定下来。在集体所有制占优势的前提下，要有部分的个人所有制，总要给每个社员留点自留地。只有大集体，没有小自由，不行。[②] 11 月 3 日，中共中央发出《关于农村人民公社当前政策问题的紧急指示信》（以下简称“《紧急指示信》”），信中强调：（1）三级所有，队为基础，是现阶段人民公社的根本制度；（2）坚决反对和彻底纠正一平二调的错误；（3）加强生产队的基本所有制；（4）坚持生产小队的小部分所有制；（5）允许社员经营少量的自留地和小规模的家庭副业。[③]11 月 28 日，毛泽东在代中央起草的一个批示中指出，他自己也曾犯了错误，一定要改正。错误之一，是在北戴河决议中对公社所有制转变过程的时间设想得过快了。现在更正了。队的产业永远归队所有或使用，永远不许一平二调。[④]

（三）人民公社体制的再次调整

在第二次郑州会议明确了人民公社基本核算单位由公社下移到生产队（或生产大队）之后，1959 年 3 月 17 日，毛泽东在致各省、市、区党委第一书记的信中进一步提出研究生产小队（生产小组或作业组）的部分所有制问题。[⑤]7 月，毛泽东在庐山召开的政治局扩大会议上发表讲话，提出要使生产小队成为半核算单位。[⑥]但 10 月 15 日中共中央批转农业部

---

① 引自中华人民共和国国史学会编：《毛泽东读社会主义政治经济学批注和谈话》（国史研究学习资料·清样本）上册，第 276 页。

② 中共中央宣传部宣传局：《中华人民共和国 40 年大事记》，光明日报出版社 1989 年版，第 147 页。

③ 《建国以来重要文献选编》第 13 册，中央文献出版社 1996 年版，第 661—662 页。

④ 《建国以来毛泽东文稿》第 9 册，中央文献出版社 1993 年版，第 364、365 页。

⑤ 《建国以来毛泽东文稿》第 8 册，中央文献出版社 1993 年版，第 122—123 页。

⑥ 《建国以来毛泽东文稿》第 8 册，中央文献出版社 1993 年版，第 332 页。

党组《关于庐山会议以来农村形势的报告》中，又批评有些地方将大队为基本核算单位变为以小队为基本核算单位，或者在保持基本队有制的情况下，把收入的 50% — 60% 以上归生产小队分配。[①]1960 年大饥荒发生后，中央和地方各级领导干部开始重新思考这一问题。据薄一波回忆："1961 年春，山东省委农村工作部开了四次有县、社、大队、生产队干部和工作组参加的公社体制座谈会，生产队一级的同志一致提出，地是我种的，粮食是我打出来的，为什么要拿到大队去统一分配？为什么多产的单位不能多分多吃？超产的粮食是我打出来的，为什么你要拿走一些，剩下的还说是奖励给我？他们说：你们省里的、地委的、县里的来了这么些干部下来摸，就是没有摸准这一条。要是上级把这一条解决了，生产高潮马上就来到了。这一年临沂地区有四分之一、济宁地区有 11% 的农村实行以生产队为基本核算单位。秋天，山东省委开地委书记会议，经过讨论，九个地委书记中有八个认为，以生产队为基本核算单位势在必行。3 月广州工作会议、五六月间北京工作会议，对这个问题都有议论，毛主席的几位秘书也在毛主席面前发生过争论。但是，当时因为中央对情况不摸底，讨论没有展开。现在，毛主席经过亲自调查，又收到许多这方面的报告材料，情况不同了。"[②]

1961 年，毛泽东身体力行在全党大兴调查研究之风，农村工作是当时调研的重点。年初，中共中央八届九中全会以后，毛泽东带三个调查组到浙江、湖南、广东农村调查，发现此前中央发出的《紧急指示信》，只解决了自上而下的"调"的问题，没有解决各生产队之间的、社员之间的平均主义问题。于是 3 月 13 日，毛泽东在给刘少奇、周恩来、陈云、邓小平、彭真并"三北"会议各同志的信中要求对这两个"极端重要的大问题"开展认真的调查研究，以便做到心中有数，指导工作。[③]随后他在"三南"会议上发表讲话，反复阐明要搞清两个平均主义问题就要深入调查研究的道理。在紧锣密鼓地下各地调查的同时，毛泽东同

---

① 《当代中国农业合作化》编辑室：《建国以来农业合作化史料汇编》，中共党史出版社 1992 年版，第 572 页。

② 薄一波：《若干重大决策与事件的回顾》（下），中共党史出版社 2008 年版，第 660—661 页。

③ 《建国以来毛泽东文稿》第 9 册，中央文献出版社 1993 年版，第 440—441 页。

意针对人民公社的规范问题制定一个条例，而不是什么章程。于是就有了3月29日中央下发的《农村人民公社工作条例（草案）》（以下简称“《六十条（草案）》”）。此前3月22日在广州会议上中央下发了一个通知，决定作为基本核算单位的管理区和生产队，以后一律改名为生产大队；生产小队，以后一律改名为生产队。[①]《六十条（草案）》规定，人民公社各级的规模都不宜过大，特别是生产大队的规模不宜过大。公社一般应该相当于原来的乡或者大乡，生产大队一般应相当于原来的高级农业生产合作社。但是也不强求一律，各级的规模可由社员根据具体情况民主决定。据此各地对社队规模做了调整，截至9月6日，全国农村人民公社总数55682个、大队708912个、生产队4549474个，分别比调整前增加30478个、225098个、1561306个。据国家统计局统计，1962年平均每个人民公社有9.4个大队，每个生产大队有7.39个生产队，每个生产队有24.9户。[②]

关于人民公社的体制，《六十条（草案）》重申了第二次郑州会议的精神，规定：公社在经济上，是各生产大队的联合组织；生产大队是基本核算单位；生产队是直接组织生产和生活的单位。6月，中央对《六十条（草案）》做出修改，在有关公共食堂和供给制等问题上取得突破，形成一个修正草案后下发。9月16日，毛泽东写信给政治局常委及有关同志，指出：“农业方面的严重平均主义的问题，至今还没有完全解决”，即“生产权在小队，分配权在大队”。并提出：“‘三级所有，队为基础。’即基本核算单位是队而不是大队。”“在这个问题上，我们过去过了六年之久的胡涂日子，第七年应该清醒过来了吧。”[③]10月7日，中共中央发出《关于农村基本核算单位问题给各中央局，各省、市、区党委的指示》，要求各级党委就农村基本核算单位究竟以生产大队为好还是以生产队为好的问题认真调查研究，并指出，就大多数来说，以生产队为基本核算单位，是比较好的。它最大的好处，是可以改变生产的基本单位是生产队，而统一分配的单位却是生产大队的不合理状态，解决农

① 前文所引的薄一波回忆中提到的“大队”和“生产队”即当是1961年3月22日以后的概念。

② 转引自薄一波《若干重大决策与事件的回顾》（下），中共党史出版社2008年版，第647页。

③ 《建国以来毛泽东文稿》第9册，中央文献出版社1993年版，第565—566页。

村经济中长期以来存在的这种生产和分配不相适应的矛盾。[①]经过各地调查和试点，以及次年年初七千人大会的讨论，1962年2月13日正式发出《中共中央关于改变农村人民公社基本核算单位问题的指示》，指出：调查研究和试点工作的结果表明，中央和毛泽东同志所提出的以生产队为基本核算单位的意见，完全符合广大农民和基层干部的要求，得到他们的拥护和欢迎。以生产队为基本核算单位，更适合于当前我国农村的生产力水平，更适合于当前农民的觉悟程度，也更适合于基层干部的管理才能，是调动广大农民集体生产积极性的一项重大措施。强调实行以生产队为基础的三级集体所有制将不是一项临时性的措施，而是在一个长时期内（例如至少30年）需要稳定施行的根本制度。[②]据此，中央对《农村人民公社工作条例（修正草案）》再次作了修改，并于9月29日由八届十中全会正式通过（即《农村人民公社工作条例修正草案》，以下简称"《修正草案》"）。在1978年12月中共十一届三中全会重新制定了《农村人民公社工作条例（试行草案）》之前，这个《修正草案》一直是对农村人民公社和整个农村工作起指导作用的文件。

1962年以后的大致20年里，人民公社的管理体制基本保持稳定，但也有几次小的反复。特别是"文化大革命"时期，"农业学大寨"名义下的一些"左"的做法不断升级，对公社管理体制造成一定的影响。如1968年至1969年，不少农村并社，扩大生产队，改变生产核算单位。个别地方为了扩大"共产主义因素"，又搞起"吃饭不要钱"，将合作医疗改为公费医疗，取消集市贸易，禁止长途贩运。1975年以后，倡导穷过渡，普及大寨县，等等。

二、在"包"字上做文章，建立健全农业生产责任制

1962年2月13日下发的《中共中央关于改变农村人民公社基本核算单位问题的指示》认为，以生产队为基本核算单位有很多好处：（1）能

① 《建国以来重要文献选编》第14册，中央文献出版社2011年版，第636页。

② 《建国以来重要文献选编》第15册，中央文献出版社2011年版，第148、149、151页。

够比较彻底地克服生产队之间的平均主义；（2）生产队的生产自主权有了很好的保障；（3）更适合当前农民的觉悟程度；（4）更有利于改善集体经济的经营管理。该项指示同时指出："生产队和生产队之间的平均主义比较彻底地克服之后，进一步解决社员和社员之间的平均主义问题，就更加突出了。"①

如何克服农村集体经济内部社员与社员之间的平均主义问题呢？实践中主要是联系分配，在"包"字上做文章，通过建立健全农业生产责任制来切实改善农业经营管理。这方面的探索从合作化的初期即已开始。

（一）合作化时期的农业生产责任制

1953年，多数地区的农村开始由农业劳动互助组向初级农业生产合作社过渡。有亲历者回忆，农民入社时，经民主选举的评议小组开展"四评"，即土地评产量、耕牛评价格、农具评等级（按级折价）、劳力评底分。建立公有化股份基金和生产费股份基金，两者之和称社员股金，按入社农户的土地、产量、人口计算到户；社员的耕牛、农具、种子、肥料抵交股金后，长进短出。并建立有比较完整的计划、生产、劳动、财务"四大管理"制度。建社初期，社员劳动是按入社时评定的劳动底分记工，时称"死分死记"，不能调动社员的积极性，窝工、"磨洋工"现象严重。后改为以社员劳动底分为基础，参照农活难易及完成农活数量、质量，活评记工，时称"死分活评"，这种办法"做活容易，评分难"②。经过一段时期的摸索后，发展为按农活轻重、难易、技术高低等

① 《建国以来重要文献选编》第15册，中央文献出版社2011年版，第148—149、155页。

② "制度好订，事难办，实际评工分难度更大。第一天起首就遇到难题。评工分自己不愿先报出工分，怕报多了受人指责，报少了吃亏，你等我看，评分时没人发言，怕得罪人，社员坐一大片，半下午还评不完当天的工分。经研究改为晚上评工计分，但还是费时间，一天的劳动工分，深夜还评不完，影响第二天上工。又改为下雨天无法干活时评工分，可老天不听人安排，有的生产队十天半月都评不出工分，拖的时间太长了，往往搞不清某天都有谁上工，更难记清谁迟到早退。每年夏秋两季搞分配时提前半月组织会计清理工分，费时费力。后来评工分改为按劳力强弱、男女评底分记工。男劳力8—10分，女劳力6—8分。每天按出工早迟记分，哪还考虑技术水平、劳动态度。早上工的人按底分记工，晚到的人按迟到时间扣折。这种记工形式延续多年，形成出工不出力，劳动没积极性。"（刘波：《我所经历的农业合作化》，陕西省宁强县政府网，2009年5月14日）

分类定级，制定出各种农活定额，实行小段或大段包工。包工可以是临时性的，也可以是常年性的。社员完成劳动任务后，经检查验收，质量、数量合格者，按定额记工。这种做法被当时的初级社广泛采用，并得到中共中央的重视和肯定。1953年1月5日，中共中央批转东北局《东北区农业生产合作社试行章程》，明确提出实行农业生产管理包工包产、超产奖励的责任制；同年5月批转《华北局关于农业生产合作社若干问题的解决办法》，也将包工包产责任制作为整顿规模较大的合作社管理的重要方法；12月16日通过的《中国共产党中央委员会关于发展农业生产合作社的决议》，进一步肯定了各地不同形式的包工包产责任制。为了进一步指导农业合作化的健康发展，中共中央1954年制定、1955年11月9日正式通过了《农业合作社示范章程草案》（以下简称“《草案》”）。《草案》要求农业合作社将社员编成生产队或生产组，让其“在全社的生产计划的指导下，自行安排一个时期的和每天的生产”；规定对于社员的分配和劳动管理，应根据“按劳计酬、多劳多得”的原则，并将劳动报酬上的按件制同劳动组织上的责任制结合起来，为此“农业合作社应该推行包工制”，“应该尽可能从实行耕作阶段的和季节的包工制（小包工），逐步过渡到实行常年的包工制（大包工）”。①

1955年年中开始批判“小脚女人走路”，在政治压力和经济手段的双重作用下，我国农村在短短几个月内就实现了农业生产合作社由初级向高级的过渡。由于要求过急、工作过粗、转变过快、形式过于单一等缺点，以致在长时期内遗留了一些问题，影响了农民的生产积极性，其弊端在随后不久发生的闹社退社风潮中有所体现。针对高级社初期暴露出的一些问题，1956年和1957年，中央多次发出指示要求对高级社进行整顿，改善合作社的生产管理是整顿的中心内容。1956年6月，中央农村工作部部长邓子恢在一届人大三次会议上发言时指出：“从个体经济变为集体经济，从小生产变为大生产，是一个巨大的革命；大生产的集体经济，没有全面的计划管理，没有具体的劳动分工，没有适当的定额管

① 国家农委办公厅编：《农业集体化重要文件汇编》（上册），中共中央党校出版社1981年版，第479—501页。

理制度，是不可能办好的。管理不善，分工不明，定额偏高或偏低，都会造成生产上的损失。……还有少数合作社，没有建立起必要的劳动组织和财务管理制度，还存在着窝工、浪费、财务混乱等现象，对于这样的社必须及时地进行整顿”[①]。通过整顿，初级社时期行之有效的不同形式的包工包产责任制延续下来并得到进一步发展和完善。如湖北省的一些农村在沿用初级社时期定额管理、小段包工、大段包工的做法的基础上，全面推行“三包一定四到田”的生产责任制。“三包”，即是本着“田连片，水就流”的原则，结合农民居住位置，从方便生产出发，划分耕作区域，建立作业组；然后在对小组土地、劳动力、耕牛、农具进行调整平衡的基础上，实行全年包工、包产、包投资。“一定”，即是定超产或减产的奖赔比例。“四到田”，即是作业组根据包工、包产的数量，将作物安排到田、产量规划到田、措施落实到田、工分计算到田。诸如此类，在实践中，各地农村创造出多种形式不同的农业生产责任制，如“三包制”“两个指标”“产包到队、工包到组、田间管理包到户”“组包片、户包块、大活集体干、小活分开干”等。邓子恢称赞这些形式的责任制都是合作社“统一经营、分级管理、明确分工、个人负责制”的新创造，并认为其中的“产包到队、工包到组、田间管理包到户”的“三包”制度是把合作社集体利益和社员个人利益统一结合的最好形式之一，应该总结推广。[②]其后在1957年9月14日中共中央发出的《关于整顿农业生产合作社的指示》、《关于做好农业合作社生产管理工作的指示》和《关于在农业合作社内部贯彻执行互利政策的指示》中，要求农业生产合作社实行“统一经营，分级管理”，切实建立集体的和个人的生产责任制，普遍推行生产队“三包一奖”（包工、包产、包财务，超产奖励）的制度。按照各地具体条件，也可推行“包工到组”“田间零活包到户”等办法。

在当时，“产包到队”是比较常见的做法，也有“产包到组”的，责任到户到人的主要是些“田间零活”或“个别不适宜于集体包产和零散的农作物”。但是，值得指出的是，“包产到户”就是这个时期开始在个

---

① 国家农委办公厅编:《农业集体化重要文件汇编》（上册），中共中央党校出版社1981年版，第561页。

② 《邓子恢文集》，人民出版社1996年版，第478、498—499页。

别地方试行的，“包产到户”的几起几落我们后文再谈。

（二）人民公社时期的农业生产责任制

如前所述，人民公社化是在比此前的合作社高级化更短的时间内完成的。从 1958 年 8 月底北戴河会议正式通过《中共中央关于在农村建立人民公社问题的决议》，到 9 月底，全国农村仅用一个月时间就基本实现了人民公社化（集体化）。集体化以后短暂的公社核算时期，农业上的生产责任制被抛弃，劳动力由公社统一领导、调配和指挥，搞“大兵团作战”，直接用行政手段管理经济。当时实行供给制与工资制相结合的分配方式，供给制占的比重大，社员吃公共食堂，再加上劳动组织和责任制不健全，社员普遍感到干多干少都一样，有人更是将“组织军事化、行动战斗化、生活集体化”戏称为“出工自由化、吃饭战斗化、收工集体化”[①]。1958 年底和 1959 年上半年的整顿期间，基本核算单位逐步下移到生产大队（生产队），平调的财物做了算账退赔，分配上减少了供给制的比例，劳动管理方面明确了人民公社也要建立责任制，也要包产。在这个时期，“三定一奖”（“三定”指定产、定劳力、定投资）或“三包一奖”（“三包”指包产、包工、包成本）的责任制形式得到普遍认同，类似的责任制形式在各地不断涌现，一些地方“包工到户”“包产到户”的冲动再次抬头。庐山会议后，开始了新的“跃进”，“共产风”、命令风、浮夸风、瞎指挥风、干部特殊化风“五风”劲吹，严重挫伤了农民的生产积极性，造成生产力的巨大破坏，导致国民经济遭遇严重困难。从 1960 年下半年开始，在各地积极采取措施救灾度荒的同时，“三包一奖”之类的农业生产责任制陆续恢复。1960 年 11 月 3 日发出的《中共中央关于农村人民公社当前政策问题的紧急指示信》强调：“三包必须落实，奖罚必须兑现。包产指标必须留有余地，一定要让包产小队有产可超。”[②]1961

---

① 《毛泽东同志对〈新会县人民公社在发放第一次工资后出勤率、劳动效率为什么普遍下降〉一文的批示》，转引自国家农委办公厅编《农业集体化重要文件汇编》（下册），中共中央党校出版社 1981 年版，第 127—128 页。

② 国家农委办公厅编：《农业集体化重要文件汇编》（下册），中共中央党校出版社 1981 年版，第 380 页。

年6月15日公布的《农村人民公社工作条例（修正草案）》规定：农村人民公社“在一个很长的历史时期内，是社会主义的集体经济组织，实行各尽所能、按劳分配、多劳多得、不劳动者不得食的原则。”“公社在经济上，是各生产大队的联合组织。生产大队是基本核算单位。生产队是直接组织生产和组织集体福利事业的单位。”“生产大队对生产队必须认真实行包产、包工、包成本和超产奖励的三包一奖制。可以一年一包，有条件的地方也可以两年、三年一包。包产指标一定要经过社员充分讨论，一定要落实，一定要真正留有余地，使生产队经过努力有产可超。超产的大部或者全部，应该奖给生产队。”“生产队为了便于组织生产，可以划分固定的或者临时的作业小组，划分地段，实行小段的、季节的或者常年的包工，建立严格的生产责任制。畜牧业、林业、渔业和其他副业生产，耕畜、农具和其他公共财物的管理，也都要实行责任制。有的责任到组，有的责任到人。”① 由于责任制的单位较生产队有所减小，可以是“组”和“个人”，一些地方在贯彻执行“六十条”时，便走向了不同形式的或者变相的“包产到户”。② 这个修正草案还规定：“在生产队办不办食堂，完全由社员讨论决定”；“社员的口粮，不论办不办食堂，都应该分配到户，由社员自己支配。”③ 这就等于事实上宣布取消了农村公共食堂和分配上的供给制，对消减社员间的平均主义具有重要意义。从1962年起，人民公社的基本核算单位进一步由生产大队下放到生产队（小队），与此同时“包产到户”再次受到批判，在农业生产责任制方面规定的口径保持不变。

人民公社取消供给制以后，劳动工分成为收入分配的主要标准。据湖北省荆门市沙洋县后港镇唐林村的村志记载④：“生产队核算期间，评工记分方式经过几次变化：一是1962—1966年实行定额记工，日清月结，社员劳动工分记入《劳动手册》，社员心中有数。1964年，农村‘社教’

① 《建国以来重要文献选编》第14册，中央文献出版社2011年版，第335、342、347页。

② 贾艳敏：《农业生产责任制的演变》，江苏大学出版社2009年版，第131页。

③ 《建国以来重要文献选编》第14册，中央文献出版社2011年版，第348、349页。

④ 唐东福主编：《唐林村志1950年—2005年》，《唐林村志》编修组委会2008年3月编印，第100—101页。

运动中，乔姆人民公社对生产队集体耕种的土地进行田亩查证定案，作为分配公粮和粮食定购任务的依据。……二是 1967—1971 年‘文化大革命’期间，强调‘突出政治’，反对‘工分挂帅’，提倡‘劳动不计报酬’，打乱定额管理及评工记分制度，推行‘标兵’工分，以‘政治思想好，服从领导好，团结互助好，劳动态度好’为条件，评工分前，人人‘讲学讲用’，评出各个等级男女劳动力‘标兵’工分（每个工日最高 12 分），同等男女劳动力挨着‘标兵’靠，相同者得‘标兵’工分，差的扣 2 分。一般年景，每 10 分工，效益好的队，工值 0.5 元—0.8 元；差的队工值 0.08 元—0.15 元。稻谷价每市斤 0.07 元。三是 1972—1978 年 11 月，深入开展‘农业学大寨’‘建设大寨县’运动，坚持以大寨人为榜样，发扬自力更生、艰苦奋斗的精神，因地制宜，努力改善生产条件，促进农业发展。同时实行‘自报公议’工分制，时称‘大寨工’。劳动力分等定级，以政治思想表现为主要条件，结合个人完成的农活数量、质量，自报互评，有时一月一评，有时一季或一年一评，严重挫伤农民的生产积极性。”“文化大革命”结束后，定额管理和各种类型的农业生产责任制陆续恢复并有新的发展，直到 20 世纪 80 年代初被土地家庭承包经营所取代。

（三）包产到户的曲折命运

在 1956 年和 1957 年对高级社整顿期间，不少地区即已开始试行包工包产到户到人的责任制[①]。1956 年 4 月 29 日《人民日报》发表题为《生产组和社员都应该“包工包产”》（署名何成，即何燕凌）的文章，称：“有些农业生产合作社（主要是高级社）只有生产队包工包产，生产组和社员只顾赚工分，不关心社里的生产。这是目前许多农业生产合作社建立了劳动组织，实行了包工包产，生产仍然混乱的一个重要原因。”为此，需要“把一定产量的任务包给生产组和每个社员”。浙江省永嘉县受

① 如安徽芜湖、四川江津、湖北麻城、广东顺德、广西环江等区县。江苏、浙江两省的农村工作部门要求各地大力推行包工到组、到户、到人的包工形式，建立健全生产责任制。参见贾艳敏《农业生产责任制的演变》，江苏大学出版社 2009 年版，第 50—53 页；叶扬兵《中国农业合作化运动研究》，知识产权出版社 2006 年版，第 582 页。

此文启发，决定在该县三溪区燎原社试行包产到户，结果大受欢迎，当地农民说：以前是“队长派工，社员出工，干活磨洋工，两工顶一工”；现在是“老子下命令，全家齐出动，老婆催老公，一工顶两工”。取得经验后，永嘉县在浙江省委的支持下，从1957年初开始在全县推行包产到户。很快，全县200多个农业社、占农户总数42%的人口实行了“包产到户”，温州地区共1000多个合作社、17.8万农户参与其中。[①]浙江省委将永嘉的经验概括为“三包到队、责任到户、定额到丘、统一经营”。但是，浙江永嘉的这场试验仅仅持续了10个月就在批判和压制中宣告结束，县委干部受到处理，带头搞包产到户的农民甚至被判刑。

1959年初，在对人民公社体制进行调整的过程中，一些地区积极谋求自救之道，包工包产到户再次萌发，涉及的范围（如河南、江苏、湖南、陕西、湖北、甘肃等）与引起的反应更大，给庐山会议批判“右倾机会主义”提供了部分口实，因而试验只持续了三四个月。

随后的三年困难时期，各地在贯彻执行农村《六十条》和整风整社的过程中，“大跃进”以前的“三包一奖”之类的农业生产责任制陆续恢复，包工包产到户的形式也再次死灰复燃，尽管名号[②]和形式不同、做法不一，但或明或暗地遍布各个省、区、市。这个时期的包工包产到户有两个特点：一是中央有人支持，地方有人推动。由于全党大兴调查研究之风，中央领导人包括主管农村工作的同志得以掌握一手材料、倾听群众呼声，加上许多基层干部上书直言、据理力争，许多领导人（如刘少奇、邓小平、陈云、邓子恢等）基于理性判断对包产到户给予理解和支持。对安徽试行“责任田”的做法，毛泽东也曾点头同意。有些同志调查之前和之后对包产到户的态度完全不同，如毛泽东的秘书田家英通过亲自调查，由包产到户的反对者变成了拥护者。而在地方，则有省地一级领导的支持指导，如安徽有省委第一书记曾希圣的直接推动，湖南有省委第一书记张平化的大力推广，张家口有地委第一书记胡开明的顶风力荐。中央高层的支持、地方干部的推动以及基层民众的拥护，是新型

① 《探索：10个月的永嘉包产到户实践》，《今日早报》2009年7月20日。

② 如安徽的“责任田”、湖南的“借冬闲田”、甘肃的“口粮田”以及陕西一些地方不断扩大的“自留地”，等等。

责任制形式得到迅速推行的主要因素。[①]二是试行的面广，影响大。“当时全国搞各种形式包产到户的，安徽全省达80%，甘肃临夏地区达74%，浙江新昌县、四川江北县达70%，广西龙胜县达42.3%，福建连城县达42%，贵州全省达40%，广东、湖南、河北和东北三省也都出现了这种形式。据估计，当时全国实行包产到户的约占20%。但是，由于认识上的不一致，包产到户长期得不到肯定。而且在这两年时间里围绕它发生了一场争论，八届十中全会上，把它作为‘单干风’进行了批判。”[②]1962年下半年的北戴河会议和中央八届十中全会以后，包产到户被视为“资本主义”“修正主义”的代名词，成为政治上的禁区。此后一直到“文化大革命”结束，包产到户似乎已销声匿迹。

回顾历史，一旦遇到饥荒时，包产到户似乎就成为应对危机的最后手段，体制上的约束也势必放松。20世纪70年代末，安徽、四川等地遭遇严重干旱，包产到户的机会再次来临，而且这一次没有被打压下去，反而似燎原之火，以更猛烈的形式（“大包干”）烧遍了祖国大地。

三、几点启示

新中国成立后，在一个小农经济占优势的落后的农业大国如何实现工业化和现代化，是历史赋予获得政权的中国共产党的重大使命，也是需要中国共产党独立解决的重大课题。为此，中国共产党将全国农民引向了社会主义的道路。经典作家早就指出：“凡是农民作为土地私有者大批存在的地方，凡是像在西欧大陆各国那样农民甚至多少还占居多数的地方，凡是农民没有消失，没有像在英国那样为雇农所代替的地方，……

① 举一个例子。1961年3月，曾希圣在广州工作会议期间向毛泽东汇报安徽部分农村生产队实行责任田的情况，毛泽东表态说：“你们试验嘛！搞坏了检讨就是了。如果搞好了，能增产10亿斤粮食，那就是一件大事。”7月，毛泽东在安徽蚌埠又对曾希圣说：“你们认为没有毛病就可以普遍推广。”“如果责任田确有好处，可以多搞一点。”得到毛泽东的指示，曾希圣如获至宝，于是责任田在全省广泛试行起来。到8月份，全省实行责任田的队增加到74.8%；10月又发展到84.4%。1962年2月，安徽全省试行“责任田”的已达261249个生产队，占生产队总数的90.1%。（《中国农业合作史资料》1986年第1期，第9、12—15页）

② 薄一波：《若干重大决策与事件的回顾》（下），中共党史出版社2008年版，第757页。

一开始就应当促进土地私有制向集体所有制的过渡，让农民自己通过经济的道路来实现这种过渡。”① “我们对于小农的任务，首先是把他们的私人生产和私人占有变为合作社的生产和占有，不是采用暴力，而是通过示范和为此提供社会帮助。”② 恩格斯在《法德农民问题》中甚至具体谈到了农业社会主义改造的途径和农业合作社由初级到高级的制度安排。正是根据这些设想，苏联建立起了集体农庄，为后起的社会主义国家树立了典范。中国共产党也几乎自其成立起就将合作社视为社会主义的农业组织形式。早在 1934 年，毛泽东就指出：“在农民群众方面，几千年来都是个体经济，一家一户就是一个生产单位，这种分散的个体生产，就是封建统治的经济基础，而使农民自己陷于永远的穷苦。克服这种状况的唯一办法，就是逐渐地集体化；而达到集体化的唯一道路，依列宁所说，就是经过合作社。”③ 当然毛泽东的这一思想可以追溯得更早，只是愈往后愈系统化。1944 年，他在给博古的信中写道：“新民主主义社会的基础是工厂（社会生产，公营的与私营的）与合作社（变工队在内），不是分散的个体经济。分散的个体经济——家庭农业与家庭手工业是封建社会的基础，不是民主社会（旧民主、新民主、社会主义，一概在内）的基础，这是马克思主义区别于民粹主义的地方。”④ 在农业合作化建设过程中，毛泽东多次强调苏联的经验，认为“苏联所走过的这一条道路，正是我们的榜样。”⑤ 基于这一认识，土地改革完成后，中国共产党依靠强大的政治优势，将农民组织起来，仅仅用五六年时间就走完了从合作化到集体化的全过程，在一个几亿人口的农业大国顺利地实现了农业的社会主义改造，适应了工业化战略的需求，这绝对是令人惊叹的历史杰作。

但是，正像第二个《历史决议》所指出的那样，“在 1955 年夏季以后，农业合作化以及对手工业和个体商业的改造要求过急，工作过粗，

---

① 《马克思恩格斯选集》第 3 卷，人民出版社 2012 年版，第 366 页。

② 《马克思恩格斯选集》第 4 卷，人民出版社 2012 年版，第 370 页。

③ 《毛泽东选集》第 3 卷，人民出版社 1991 年版，第 931 页。

④ 《毛泽东书信选集》，人民出版社 1983 年版，第 238 页。

⑤ 《毛泽东文集》第 6 卷，人民出版社 1999 年版，第 434 页。

改变过快，形式也过于简单划一，以致在长期间遗留了一些问题。”[①]针对这些问题，农业社会主义改造和集体化完成后，中国共产党对适应农业生产力发展要求的公有制实现形式进行了不懈的探索。一方面，通过调整农村集体经济的规模和下放基本核算单位，克服不同集体经济和不同生产组织之间的平均主义；另一方面，在农村集体经济和农业生产组织内部，贯彻落实按劳分配原则，通过建立健全生产责任制，克服社员与社员之间的平均主义。当然，如前所述，探索之路几经曲折，并不平坦。由于对社会主义建设经验不足，对经济发展规律和中国经济基本情况认识不足，急于求成，夸大了主观意志和主观努力的作用，使得以高指标、瞎指挥、浮夸风和“共产风”为主要标志的“左”倾错误一再泛滥，多次打断了正确的探索进程。尽管如此，正是由于百折不挠地对生产关系不适合生产力发展的部分做出调整，正是由于广大民众对党、对社会主义的高度信任和创造性实践，在计划经济时期特别是“三级所有、队为基础”的人民公社体制相对稳定的时期，我国的农业还是获得了缓慢的增长，一定程度地满足了工业化推进和人口增长的基本需求。

需要特别强调的是，合作化以来在“包”字上做文章，对多种形式的农业生产责任制进行探索，具有重要历史意义。实践表明，“由于农业是野外作业、手工操作、周期性长，所以农业生产要‘包’，不‘包’责任制就建立不起来”[②]。从当时的文件精神不难看出，在计划经济条件下，“包”有两层含义，以农村人民公社为例，即是基本核算单位（如生产队）向上一级农村集体经济组织（如生产大队或公社）承包，基本核算单位内部的生产小组或农户向基本核算单位承包（分包）。“包”的内容，可以是一定的作业量，也可以是一定的农产品产量。实践还表明，联系产量进行承包效果是最突出的，而这在手工操作的农业生产领域就很容易导向包产到户。问题是包产到户又很容易和分田单干联系起来，如此便会触及长期以来思想认识上的一个禁区，因此一再遭到批判和取缔。实

① 《十一届三中全会以来重要文献选读》上册，人民出版社 1987 年版，第 307 页。

② 邓子恢：《再论国营农场的几个根本原则问题——在全国农垦工作会议上的报告》，《农村工作通讯》1962 年第 6 期。

际上，包产到户与分田单干的区别是明显的，正像长期领导农村工作的邓子恢在1962年所指出的那样："农活生产责任制不和产量结合是很难包的，因此有的地方包产到户，搞的很好，全家人起早摸黑都下地了。农民的私有性是突出的，凡是包产到户的，自留地和大田一样，没有区别，没有包产到户的自留地搞的特别好。因为包产到户了超产是他的，责任心强，肥料也多。不能把作为田间管理的责任制的包产到户认为是单干，虽然没有统一搞，但土地、生产资料是集体所有，不是个体经济，作为田间管理包到户、超产奖励这是允许的。"[①] 更重要的一点是，在包产到户以后，分配权仍由集体掌握。

真正的问题在于，如果对包产到户开了口子，就很容易导向包干到户，情况就不同了。正像改革开放以后的现实所充分显示的那样，分配权给了农户，如果集体经济基础不强、集体资产不多或者已分析到户，那么生产队首先就变成了可有可无的生产组织（无力提供公共品，而且既有的土地发包权也一再被不断延长的承包期限所侵蚀）；生产大队除了收取税费以外，生产上的权力也不多了，逐渐演变为纯粹的社区管理组织——而这势必从根本上动摇农村人民公社乃至计划经济体制的基础。也许正是基于这一原因，毛泽东虽然主导了人民公社基本核算单位的下放和调整，但还是为这种权力的下放设定了底线。1962年他虽然对曾希圣在安徽搞"责任田"给予了一定的支持，但当基本核算单位下放到生产队的政策出台以后，他还是希望曾希圣将"责任田"的做法改过来。可见，包产到户最多只是对旧体制的改良，包干到户则具有革命性质，而革命显然是与此前的改良分不开的，革命是改良由量变走向质变的结果。从这个意义上看，农村的家庭承包经营无疑是中国新时期农村经济改革的起点。

我国新时期的经济体制改革习惯上被区分为体制外的增量改革和体制内的存量改革两个部分。关于增量改革和存量改革已有众多的文献做了详尽的探讨，但认识上并不完全一致。有不少人认为，20世纪70年代

---

① 国家农委办公厅编：《农业集体化重要文件汇编（1958—1981）》下册，中共中央党校出版社1981年版，第588页。

末 80 年代初，中国是通过体制外的增量带动和盘活体制内的存量而走上改革的“新长征”的。这或许是指当时迫于城镇就业压力而开始放手发展个体私营经济，允许自主就业。但如果坚决秉持中国的改革始自农村的说法，那么增量带动存量的观点就有可商榷之处，既然存量改革指的是传统计划经济体制内的公有制经济改革，就不能把农村的集体经济改革排除在公有制经济以外，视为增量改革。本文的研究或许可以修正这一广为流行的观点，进一步说明中国的经济体制改革最早是从农村集体经济体制内寻找到突破口的，是存量改革与增量改革同时驱动的，而且是计划经济时期对农村公有制实现形式长期探索的结果。

［原载《广东社会科学》2011 年第 4 期，本次收入有修订］

中国农村经济体制改革的回顾和前瞻

——写在改革开放20周年之际

中国的经济体制改革迄今已走过了20个年头。回顾这20年的改革历程，农村经济体制改革所取得的成就最为突出。正如十五届三中全会作出的《决定》中所指出的那样，“我国改革率先从农村突破，并以磅礴之势迅速推向全国，取得了举世瞩目的伟大成就。认真总结二十年来农村改革积累的丰富经验，对于全党自觉坚持十一届三中全会以来的路线方针政策，进一步推动农村乃至全国的改革和发展，具有重要意义”。①

一、农村改革的主要历程

（一）家庭承包：农地制度率先改革

1977年，四川、安徽、吉林等省市在农村试行了以“五定一奖”②为内容的农业生产责任制。1978年，安徽部分地区遭受罕见旱灾，一些生产队迫于生计自行包产到户；同样的举动还出现于四川、河南等地。同年12月，中共十一届三中全会（这是一次具有伟大历史意义的会议）在北京举行，会议作出的《中共中央关于加快农业发展若干问题的决定（草案）》和修改后的《农村人民公社工作条例（试行草案）》对各种形

---

① 《中共中央关于农业和农村工作若干重大问题的决定》，《经济日报》1998年10月19日。

② “五定”指定人员、定任务、定时间、定质量、定工分，或指定人员、定产量、定时间、定费用、定工分。“一奖”指“评工计分，实行奖惩”或“交产计工，超产奖励”。

式的农业生产责任制的恢复和发展起到了巨大的推动作用。到 1979 年底，全国一半以上的生产队实行了包工到组，四分之一的生产队包产到组。安徽省凤阳县部分生产队甚至实行了包干到户。

从这一阶段农业生产责任制发展的序列上看，包工到组——包产到组——包产到户——包干到户，这几种形式是一脉相承的。包工到组较之过去的“干活一窝蜂”“劳动大呼隆”自是前进了一大步，但仍会有出工不出力、只求数量不求质量的倾向；包产到组使作业组的劳动与劳动的最终成果联系在一起，劳动者的积极性提高了，同时劳动的数量约束和质量约束也尽在其中；包产到户与包产到组只是一步之隔，将包产单位由作业组变为农户，使社员拥有了相当大的生产自主权，减少了监督和管理费用，但形式繁琐，且交产计工由队分配的做法仍然带有“大锅饭”的性质；包干到户比包产到户要更彻底一些，它是按社员与生产队签订的合同的规定，完成向国家交售农副产品的数量和上交集体的积累、各种提留及折旧金，其余全都由社员个人支配，而不再按工分分配，这样就实现了土地所有权与土地经营权的彻底分离，责、权、利在经营者身上得到了很好的统一，农民得到了比较充分的经营自主权，且方式简便易行，更受农民欢迎。

但是以包产到户和包干到户（当时称“双包”）取代包工到组和包产到组绝非一帆风顺，包产到户和包工到户很容易让人误解为分田单干，从而同私有化和个体经济联系在一起。[①] 直到 1980 年 5 月邓小平发表《关于农村政策问题》的讲话以后，人们才进一步明确了对“双包”与集体经济关系的认识。同年 9 月，中共中央下发了《关于进一步加强和完善农业生产责任制的几个问题》这一重要文件，总结了中国农业集体化的经验教训，对干部和群众从实际出发创造的多种多样的责任制形式给予了充分肯定。该文件认为，凡有利于增加生产、增加收入的责任制形式，都是好的、可行的，应加以支持，不可拘泥于一种形式，搞一刀切。在

---

① 中共十一届三中全会下发的《决定》（草案）还“不许包产到户，不许分田单干”；次年 4 月中央批转的《关于农村工作问题座谈会纪要》开始提出实行生产责任制的具体办法由社员民主讨论决定，不要强求划一；于是 9 月中共十一届四中全会正式通过的《关于加快农业发展若干问题的决定》中不见了“不许包产到户”的规定，而是变成了不鼓励，这便等于给包产到户开了口子。

边远山区和贫困落后地区，可以包产到户，也可以包干到户。在生产队领导下实行包产到户是依存于社会主义经济的，并不可怕。这一文件打破了20年来强套在“包产到户”头上的枷锁[①]，极大地鼓舞了亿万农民群众的积极性和创造热情。此后，以联产承包为主要形式的农业生产责任制在全国农村迅速推广，推行联产责任制的生产队的比重由1980年初的28%（实行不联产的包工责任制的比重为55.7%）上升到该年年底的51.8%和1981年10月的81.3%（此时不联产的定额包干的比重降至16.5%），其中实行“双包”的生产队的比重1980年为15%左右，1981年为50%左右，1982年为80%—90%，到1983年达到99.4%，至此形成维持至今的农村土地经营方式的基本格局，并从1981年开始，包干到户逐渐成为农业生产责任制的主要形式。[②]

家庭承包责任制推广后，农户家庭重新被确立为最基本的农业生产单位和经营单位。从各国农业发展的实践来看，家庭经营加上社会化服务，能够容纳不同水平的农业生产力，既适应传统农业，也适应现代农业，具有广泛的适应性和旺盛的生命力。有鉴于此，中共中央反复强调土地承包政策必须长期稳定并在实践中不断完善。1984年中央出台的1号文件规定将土地承包期限延长到15年以上；在15年的承包期即将届满之际，1993年，以家庭承包为主的责任制和统分结合的双层经营体制又作为我国农村的一项基本经济制度在《中华人民共和国农业法》中以法律的形式确定下来；该年年底的中共中央农村工作会议提出，“在原定的耕地承包期到期之后，再延长30年不变。开垦荒地、营造林地、治沙改土等从事开发性生产的，承包期可以更长”；1998年又将这一基本经济制度和承包期再延长30年不变的规定写进了新修改的《土地管理法》，并在同年10月中央农村工作会议出台的《中共中央关于农业和农村工作若干重大问题的决定》中作出了更为明确的规定。

---

① 包产到户并不是新鲜事，早在高级社初期、三年困难时期和“文化大革命”以前一些地方的农村就尝试过这种形式，但很快就受到批判。

② 据国家统计局统计，早在1983年底，全国包干到户的农户数量已占到全国农户总量的94.5%。

（二）政社分设：公社体制宣告结束

中共十一届三中全会以后，随着农业生产责任制的迅速推广，在农村逐步形成了统一经营与分散经营相结合的经济制度，家庭经营重新占据主导地位，商品经济得到迅速发展并在此基础上形成了新的专业分工和社会联合，从根本上突破了旧式的生产合作和劳动力联合体系，这一切都使得传统的“三级所有”和“政社合一”的人民公社体制变得越来越不合时宜，于是人民公社体制同旧式的土地制度一起成为农村经济体制改革的突出问题。

1979 年 8 月，四川省广汉县进行了人民公社改革试点。他们按照党、政、企分工的要求，将基本核算单位生产队改为独立核算、自负盈亏的农业生产合作社，取消人民公社管理委员会，成立乡政府，取消生产队（主要是大队），改设行政村。接着，吉林、河北、浙江、广东、辽宁、安徽等省也进行了改革试点。在此基础上，1983 年中共中央 1 号文件正式提出政社分设的要求。其后，1984 年的中央 1 号文件重申：农村经济组织应根据生产发展的需要，在群众自愿的基础上设置，形式与规模可以多种多样，不要自上而下推行某一模式。农民可以不受地区限制，自愿参加或组成不同形式、不同规模的各种专业合作经济组织。这些合作经济组织同地区性合作组织是平等互利或协调指导关系，不再是行政隶属或逐级过渡的关系。根据两个 1 号文件的精神，全国各省、区、市的人民公社体制改革全面铺开。经过两年的改革实践，到 1984 年底，全国农村基层组织政社分开的有 91171 个，已建立乡（镇）政府 91171 个、村民委员会 926439 个，保留作为经济组织的人民公社 28218 个。政社尚未分开的人民公社只剩下 249 个，保持生产大队为组织的有 7064 个，保持生产队建制的有 12.8 万个。这样，对 1958 年以来以政社合一为特征的人民公社体制的改革基本完成。

在人民公社体制改革基本完成后，从 1985 年起，中央政府在农村政策上作出了重大的调整：（1）完全放弃了除粮、棉、油之外所有农产品的计划控制，扩大市场调节农业生产的范围；（2）减低对粮食生产的计划控制程度，政府计划收购的粮食降至占全部商品粮的一半左右。与此同时，县级以下政府也逐步放弃了对种植面积的直接干预，由农户适应市场需求调整种植作物的面积，自主选择种植有市场销路的作物。这些重大的政策调整标志着中国农村开始了由计划经济体制向市场经济体制的过渡。

（三）统分结合：重建合作经济组织

20 世纪 80 年代前半期的农村经济体制改革突出了一个“分”字，首先是“分田”，结果是实现了土地所有权与使用权的分离；其次是“分家”，这个“家”就是原来的农村集体经济组织。“分田”以后，集体拥有的耕地承包给农户家庭经营，其他如园地、林地、草场牧地、滩涂水面以及非农企业一般仍由集体统一经营，但有资料表明这些资源的集体统一经营在许多地方并没有维持多长时间，或是包给了一些个人，或是只留个集体统一经营的空名，实则既无人经营也无人管理；“分家”以后，原属集体所有的牲畜和铁木农具被分配或变卖给了农户，多数集体经济组织只剩下少量的机械和房产，少数集体经济组织已成了事实上的“空壳”。总之，在推行家庭承包责任制的初期，各地农村不同程度地出现了集体组织因实力被削弱而陷于瘫痪的局面，由此造成多方面的不利影响：一是供村民共同使用的生产资料特别是社区基础设施缺乏统一管理，结果只用不管、只用不修，导致这些生产资料和基础设施毁坏、报废严重，利用率下降，农业的生产条件趋于恶化。二是缺乏对土地这一基本生产资料的使用管理和维护监督，承包合同或未建立或不完善，土地所有权虚设，承包者和发包者各自的权利和义务不明确。结果是农户粗放经营、掠夺性经营导致地力下降，影响了农业发展的后劲。任意毁坏耕地、乱占滥用耕地以及土地纠纷事件也屡见不鲜。三是农户家庭经营的局限性日渐突出。随着生产的发展，承包农户在推广和使用新品种、新技术方面，在生产和流通的某些环节上，越来越感到有些事情一家一户去办办不了、办不好或者办起来也不合算。所以农民一方面要求稳定家庭经营，一方面又要求发挥集体统一经营的作用，搞好各项服务。但是由于不少地方的集体经济组织事实上已经瘫痪，这些地方的产前、产中、产后服务就失去了依托和载体，更谈不上社会化服务体系建设了。四是不利于本地资源开发、壮大集体经济实力、推进共同富裕。

以上事实表明，立足于我国农村经济的长远发展，农村经济体制改革必须处理好“分”与“统”的关系，把家庭经营的积极性同集体经营的优越性恰当地结合起来，而不是倾倒脏水时连婴儿也一同泼出去。

在中央积极推动和各地积极探索、认真总结和统一认识的基础上，大致从 20 世纪 80 年代后半期开始，农村集体经济组织的功能逐步得到恢复和增强。进入 90 年代以来，农村社区合作经济组织的数量出现稳定增长的态势：1990 年，未设置、未参加社区合作经济组织的村有 28.5 万个，组有 170.8 万个，分别占其总量的 38.9% 和 32.0%；1992 年，未设置、未参加社区合作经济组织的村有 19.2 万个，组有 126.6 万个，分别占其总量的 26.2% 和 23.7%，比 1990 年分别下降 12.7 和 8.3 个百分点。[①]

政社分设以后的乡村集体经济组织因其主要是按合作经济的原则组建的，所以又被称作社区合作经济组织。作为社区组织与经济组织的混合体，社区合作经济组织的职能具有多重性：既要发挥社区组织的社区管理职能，如土地管理、基础设施的建设与管理、社区治安管理等；又要发挥经济组织的经营服务职能，如经营企业、为农户家庭经营提供服务等；还要完成国家下达的各项任务，如粮食定购、计划生育等。社区合作经济组织能够起到上述作用是以社区的集体土地所有制为依托的，由于人民公社解体后，土地的三级所有已演变为一级所有，所有权主体又以生产队为多，因而社区合作经济组织也大都以生产队为单位设立，1990 年，以原生产队为单位设置的合作组织占社区合作组织总量的 73.9%，以原生产大队为单位设置的仅占 21.2%。从这一点来说，这一时期的社区合作组织是当年合作社体制的恢复。但近年来，以原生产大队为单位设置的合作组织数量迅速增加，1992 年这一比重上升到了 32.6%，比两年前增加了 11.4 个百分点；相应地，以原生产队为单位设置合作组织的比重下降了 8.1%。越来越多的农村选择以原生产大队（行政村）为单位设置社区合作经济组织，原因有四点：一是原生产队（村民小组或自然村）合作规模太小，实力有

---

① 参见农业部课题组《中国农村土地承包经营制度及合作组织运行考察》，《农业经济问题》1993 年第 11 期；中国社会科学院农村发展研究所课题组《农村合作组织经济行为的比较研究》，《中国农村经济》1996 年第 12 期。

限，难以满足村民多方面的服务需求；二是合作化以来搞的公共建设中相当部分是以原生产大队为基础进行的，相当一部分行政村还办起了集体企业，具有一定的经济基础；三是承包经营以来，集体土地的发包权大多实际掌握在村级组织手中[①]；四是可以将社区合作经济组织与村民委员会（包括村党支部在内）合并成“两块牌子、一套人马”，有利于减少层次、精减干部、把组织费用降低到最低限度。[②]

据统计，到1992年底，我国共有社区合作经济组织205万个（不含西藏、台湾，下同），此外尚有各类农民专业性合作与联合组织143.2万个，其中在种养业领域的专业性合作与联合组织数量最多、发展最快，生产经营型、专业服务型合作与联合组织以及农民专业技术协会发展的情况都反映了这种现状和发展趋势。[③]

（四）流通体制改革：以市场化为导向

在农业生产领域致力于建立和完善以家庭承包经营为基础、统分结合的双层经营体制的同时，党和政府还根据各类农产品的不同特点和供求状况，采取相应的方式和步骤，不失时机地推进了农产品流通体制的改革。

新中国成立初期，为迅速推进工业化进程和保持社会安定，从1953年起，国家对粮、棉、油等主要农产品一直实行统购统销政策。人民公社时期，农业多种经营和农村集市贸易不时被当作资本主义尾巴割掉，农村商品生产受到严重抑制。中共十一届三中全会前后，农村集市贸易陆续恢复，农产品流通开始活跃起来。从1979年起，国家较大幅度地提

---

① 据调查，1997年，土地所有权归行政村的占39.6%，归村民小组的占44.9%，但土地发包方为行政村的占60.5%，为村民小组的占32.3%。详见全国农村固定观察点办公室：《当前农村土地承包经营管理的现状及问题》，《中国农村观察》1998年第5期。

② 参见农业部课题组《中国农村土地承包经营制度及合作组织运行考察》，《农业经济问题》1993年第11期；中国社会科学院农村发展研究所课题组《农村合作组织经济行为的比较研究》，《中国农村经济》1996年第12期。

③ 参见农业部课题组《中国农村土地承包经营制度及合作组织运行考察》，《农业经济问题》1993年第11期；中国社会科学院农村发展研究所课题组《农村合作组织经济行为的比较研究》，《中国农村经济》1996年第12期。

高了粮食、棉花等 18 种主要农副产品的收购价格（当年农副产品收购价格总指数上升 21%）；同时，降低了部分农用生产资料价格，由国家提供补贴。此后，国家又多次提高农副产品收购价格，并且逐步推行了农产品价格改革。农村多种经营产品的价格基本上放开，随行就市；粮食、油料的统购数量有所减少，市场议购的数量逐渐扩大。

1984 年我国农业获得创纪录的大丰收。次年，国家下决心对农产品收购制度进行改革。该年下达的 1 号文件规定："从今年起，除个别品种外，国家不再向农民下达农产品统派购任务，按照不同情况，分别实行合同定购和市场收购。""粮食、棉花取消统购，改为合同定购，由商业部门在播种季节前与农民协商，签订定购合同。"这就是所谓"双轨制"，即按照"有调有放、调放结合"的原则，一方面对粮、棉、油等具有特殊重要意义的农产品，部分地或全部地保留政府的直接控制；另一方面对其他农产品则实行政府间接控制或市场调节。"双轨制"改革的出发点是好的，但是由于收购体制改革与销售体制改革不同步，国家财政因此背上了沉重负担。又由于通货膨胀和农用生产资料、农用工业品价格大幅上涨，农产品收购价格与市场价格严重背离，农民对粮食的交售采取了抵制行为，迫使各级政府恢复了粮食收购的强制性，并对自由市场和跨区农产品贸易进行干预。1989 年，国家复又把粮食合同定购转为统购，对粮食、棉花实行专营，加强了对粮棉播种面积的计划管理。

在经历了连续几年的徘徊以后，1990 年我国农业产量再创历史新高峰。在这一有利形势下，中央政府开始对"双轨制"进行改革。从这一年起，国家开始建立专项粮食储备制度。1993 年，在前两年两度提高城镇居民口粮销价、使粮食经营大体达到购销同价水平的基础上，宣布放开绝大部分地区的粮食销售价格，取消了使用长达几十年的粮票，使粮食经营向市场化迈出了一大步。这一年在农产品流通体制改革方面，国务院先后下发了四个重要文件[①]，主要精神是：（1）保留粮食定购数量，价格随行就市；（2）各地根据当地实际情况制定粮食收购的最低保护价

① 这四个文件包括：《关于加快粮食流通体制改革的通知》，《关于改进粮棉"三挂钩"兑现办法的通知》，《关于建立粮食收购保护价格制度的通知》，《关于加强农业生产资料价格管理以及对其主要品种实行最高限价的通知》。

或销售的最高限价；（3）建立粮食风险基金制度；（4）全面放开食油购销价格和经营；（5）建立以国家储备为中心，中央和省、区、市两级为主的多层次粮食储备体系；（6）建立以全国性大型批发市场为中心的三级粮油市场体系，允许和支持多种经济成分、多流通渠道参与市场粮油经营，等等。应当说，这些改革精神适应了我国国民经济由传统计划体制向社会主义市场经济体制过渡的要求，在一定程度上展示出了未来我国粮食和农产品流通体制改革的方向，因而它的基本原则在同年召开的中央农村工作会议以及新颁布的《中华人民共和国农业法》中得以确认。该年 11 月召开的中共十四届三中全会也明确提出要把“逐步全面放开农产品经营”作为市场化改革的方向。此时，全国已有 90% 的县市放开了粮价，形成了两个全国性、12 个区域性、数百个地方性以及数万个遍布城乡的粮食批发市场和零售点，粮食经营单位也开始走向市场。1994 年国家取消了平价生产资料的供应，并再次大幅度提高了粮食收购价格（提高幅度达 40%）；次年又进一步取消了指令性收购的 400 亿公斤议价粮任务，使计划收购的粮食比上年减少了 44%。为了适应中央政府调控量的减少，保证各地粮食的生产和供给，中央出台了“米袋子”省长负责制，尝试通过省际利益再分配，达到收购价格逐步市场化的目标。

1993 年以来粮食流通领域暴露出来的问题主要是：（1）中央政府和地方政府权责不明确，宏观调控不力，粮价波动较大，歉收时农民惜售、丰收时粮食部门惜购的现象交替发生；（2）粮食收购资金不到位或被挤占挪用的现象十分严重，粮食部门收购粮食时给农民打了不少“白条”，严重挫伤了农民生产和销售的积极性；（3）粮食企业未能实现政企分开和经营机制的转换，竞争力不强，亏损挂账逐年增多。针对上述问题，中央政府在 1996 年再次大幅提高粮食定购价格[①]的基础上，从 1997 年开始陆续出台了按保护价敞开收购余粮、实行顺价销售、收购资金封闭运行三项政策。粮食流通体制改革是 1998 年的重头戏，中央政府为此专门召开了三次全国性会议，先后下发了《国务院关于深化粮食流通体制改

---

① 1996 年从新粮上市起，稻谷、小麦、玉米、大豆四种粮食定购价格平均提高 42.30%，基本上改变了长期以来粮食价格水平偏低的情况。

革的决定》、《粮食收购条例》和《粮食购销违法行为处罚办法》等重要文件，要求由国家控制粮食收购市场，放开粮食销售市场，加快国有粮食企业自身的改革。在粮食价格的形成机制方面，确定了以下三条原则：（1）更多地发挥市场机制的作用，在正常情况下，粮食价格主要由市场供求关系决定，定购粮收购价格也由省级政府参照市场粮价确定；（2）转变政府对粮食价格的调控方式，由过去直接定价改为主要确定粮价上下两个“警戒线”，即收购保护价和作为调控目标的销售限价；（3）国务院确定全国粮食价格政策和制定收购保护价、销售限价的原则，省级政府根据当地实际情况制定两种价格的具体水平。

除了粮食以外，另一项长期由国家控制的大宗农产品棉花的购销政策也有所松动。1998 年 4 月，针对国内棉花市场供大于求、销售困难的情况，国家决定适当降低棉花收购价格，并引入市场机制，将长期以来棉花收购价格实行政府统一定价改为政府指导价。按照计划，从 1999 年起，国家将放开棉花购销价格，拓宽流通渠道，逐步建立起在国家宏观调控下主要依靠市场机制实现棉花资源合理配置的新机制。此外，烤烟、蚕茧、羊毛等工业原料和肉禽蛋菜等鲜活农产品的流通体制也要进一步放开搞活。

以上是 20 年来我国农村经济体制改革的主要内容。通过改革，“突破了高度集中的人民公社体制，实行了以家庭联产承包为基础、统分结合的双层经营体制；突破了‘以粮为纲’的单一结构，发展多种经营和乡镇企业，全面活跃农村经济；突破了统购统销制度，面向市场，搞活农产品流通；突破了单一集体经济的所有制结构，形成了以公有制为主体、多种所有制经济共同发展的格局。”①

二、农村改革任重道远

经过 20 年来的改革，我国初步构筑了适应发展社会主义市场经济要求的新体制框架，极大地解放和发展了生产力，给农村带来了翻天覆地

① 江泽民：《全面推进农村改革，开创我国农业和农村工作新局面》，《北京日报》1998 年 10 月 5 日。

的历史性变化：农业综合生产能力大幅度提高，结束了主要农产品长期短缺的历史；乡镇企业异军突起，推动了农村工业化、城市化进程和剩余劳动力转移；农村经济结构、农业内部产业结构、劳动力就业结构、农民收入结构以及农村所有制结构都发生了历史性的深刻变化；农民收入显著提高，生活质量大为改善。同时，农村经济体制改革带动了全国经济体制的改革，农村经济的大发展将整个国民经济推上了快速发展的轨道。

江泽民同志 1998 年 9 月在安徽考察工作时强调指出："农村改革已经取得了巨大的成就，但还远没有完成，深化农村改革的任务仍然很艰巨。党的十五大提出了从经济、政治、文化等各个方面，把我们的事业全面推向二十一世纪的目标和任务，并且提出从现在起到下个世纪前十年必须解决好两大课题，即建立比较完善的社会主义市场经济体制，保持国民经济持续、快速、健康发展。这也为农村改革和发展指明了方向。要根据党的十五大精神，按照建立社会主义市场经济体制的目标，坚定不移地把农村改革引向深入。"① 我认为，从农村经济体制改革与城市经济体制改革相配套、建立有中国特色的社会主义市场经济体制的总体目标出发，为了适应农村现代化建设和农业可持续发展的需要，今后深化农村经济体制改革需要在以下几个方面有所突破。

（一）明确农村土地所有权主体，继续推进农村土地制度改革

20 世纪 70 年代末 80 年代初以来以家庭承包责任制为内容展开的农村经济体制改革，在土地制度上体现为所有权与经营权的分离，在经营体制上体现为集体与家庭统分结合，至今所有的政策设计、法规建设和改革试验都是围绕上述两个方面进行的，着眼点都是使家庭承包这一基本经济制度趋于完善和稳定。但是，在实践中家庭承包责任制也暴露出一些缺陷。在改革开放初期，多数农村是将土地按人口多寡分包到了农

---

① 江泽民：《全面推进农村改革，开创我国农业和农村工作新局面》，《北京日报》1998 年 10 月 5 日。

户家庭，从而使等量人口占有了等额等质的土地，人们在生存权和发展权上是均等的。但是这样的平均主义做法也给日后的地制运行留下了不稳定因素。那些人口减少的家庭自然要交出多余的土地，而那些人口增加的家庭也相应会提出补足土地的要求，因此发包单位就不得不频繁地对土地占有关系进行调整，而土地关系的不稳定又会影响农户对土地的投入，进而影响农业发展的后劲。而且平均主义的分包方式还使同一土地在众多的占有者之间被分割成数量不等的碎块，既影响了原有水利和其他一些公共设施的利用，也不利于农户采用机械作业、发展规模经营。再则，既然要贯彻机会均等的原则，就很难考虑到不同家庭之间在人力资本和资金实力上的差异，等量人口占有等量土地，对实力较差的家庭可能会因“消化不良”导致粗放经营，对实力较强的家庭可能会因“吃不饱”导致“英雄无用武之地”，资源既然没有优化配置，其效益就肯定不是最大化的，而这一点对于一个土地资源严重短缺、农产品供应并不十分充裕而劳动力又接近无限供给的国家来说是不可取的。

针对上述问题，国家采取的对策有三：一是宣布家庭承包制长期不变，土地承包期由 15 年延长到 45 年，此举旨在培养农民对土地的长期行为；二是提出“增人不增地、减人不减地”，此举旨在稳定土地占有关系；三是允许土地使用权依法流转，此举旨在引导土地向种田能手集中。上述三项政策可谓切中时弊，而且相互配套，但具体操作起来尤以第二项政策落实难度较大，因之其他两项政策的施行效果也就不能不打折扣了。从实践来看，“增人不增地、减人不减地”在那些不再把土地视作最基本的生存要素的地方和人均占有耕地较多的地方似乎是比较容易办到的，但对全国大多数地区的农民来说，土地既是首要的生产要素，也是十分重要的生存要素。此时若改变按人口平分土地的做法，同时又不能有效解决新增劳力的就业和老年人口的生活保障问题，将会造成生存机会上的严重不平等。因此，现实中采取增人增地、减人减地的农村仍占 80% 以上。①

---

① 参见全国农村固定观察点办公室《当前农村土地承包经营管理的现状及问题》，《中国农村观察》1998 年第 5 期。据调查，农村进行土地调整，还有变动产业结构、进行规模经营以及水利、交通、建筑等多方面的原因。

显然，靠国家的政策约束来维系一个较长的土地承包期限是十分困难的，重要的是要在配套改革的基础上，由土地所有者与土地使用者以契约关系确立一种灵活有效的运作机制。实践中已有不少地方在这方面进行了有益的探索和尝试，其中有以公平与效率相结合为出发点的“两田制”，也有以创新农地产权制度为目标的股份合作制。在湖南的常德、山东的文登、湖北的仙桃、安徽的全椒县等一些地方试行了改承包为租赁的做法，即变包干经营为租赁经营，变发包和承包的关系为出租和承租的关系。从土地制度的规范化和制度变革的约束条件来看，变承包为租赁是一种切实可行的改革方案，这样做既便于处理国家、集体和农户三者的关系，又能同城市国有土地使用制度改革相合拍。

其实，从土地承包过渡到土地租赁只是一步之遥。虽然官方文件至今仍把现行的农村土地经营体制称为家庭联产承包责任制或土地联产承包责任制①，并已作出了保持这项制度长期稳定的承诺，但事实上，现行农地制度的主体早已不是改革初期的联产承包，而是包干经营，而学术界早有人指出，大包干在实质上已是租赁制，而不是承包制，更不是联产承包制。②联产承包时，土地所有权与经营权的分离还是初步的，农户的经营还受着产量、费用、用工、奖惩等多项约定的限制；包干经营后情况不同了，农民的经营自主权已比较充分，他们与社区集体之间结成的比较稳定的承包关系已经近似于土地租赁制下的租赁契约关系。在这种情况下，官方将土地承包期由15年延长至接近半个世纪之久的政策规定显然有利于承包制向租赁制过渡，而且为了体现中央的这一政策精神，今后试行和推广土地租赁制时可以考虑采用永佃制的做法。

在农村经济体制已经发生深刻变化的今天，国家不能继续代行农村土地所有者的职能，任何一项土地制度的安排都需要在国家政策的指导下依法由土地所有者自主进行，为此，需要尽快明确农村的土地所有权

---

① 我们注意到，在中共十五届三中全会作出的《中共中央关于农业和农村工作若干重大问题的决定》中已将“家庭联产承包经营责任制”的提法换成“家庭承包经营责任制”，去掉了“联产”两个字。

② 蔡家成：《农村土地使用—经营由承包制到租赁制的过渡》，《中国土地科学》1994年第1期；边锡禄：《论农地市场》，《农业经济》1994年第9期。

主体，这项工作是今后深化农村土地制度改革首先需要做的。由于历史的原因，现行农村土地所有权不充分，所有权主体不统一且多数处于虚置状态，农村的土地究竟归谁所有在土地使用者那里并没有形成明确的认知。我认为，从现实和发展趋势上看，村一级集体经济组织有望逐步成为农村集体土地所有权主体中的主体，而且目前各地开展的村民自治活动显然会强化这一趋势。将农村社区合作经济组织与村党支部、村委会三合一，组织形式健全，经济实力较强，运作费用较低，便于对集体土地和其他集体资产进行控制和管理，也便于以法人的身份承担民事责任或从金融机构那里获得贷款。

但是，要使村集体经济组织真正起到集体土地所有权主体的作用，还需要将这种所有权在经济上落到实处，那就是要体现为地租。这一点我们在下面再来详谈。

（二）理顺收益分配关系，根治农民负担问题

进入20世纪90年代以来，农民负担问题引起社会各界的广泛关注，中央政府虽然三令五申，但总是收效甚微。究其原因，就在于没有从规范土地制度入手彻底厘清国家、集体和农户三者在土地收益分配上的关系。

现行土地承包制下的土地收益分配关系用通俗的语言表达，就是“交够国家的，留足集体的，剩下全是自己的”。“交够国家的”是指向国家上交农业税并完成粮食定购任务。这当中有两点不合理之处：一是粮食定购在多数年份实为低价征购，具有隐性税收的意义，是国家强加在农民头上的不合理负担（尽管它在一定的时期看来是必要的）；而且正是这种隐性税收造成的地租流失，导致农村的集体土地所有权事实上处于虚置状态，作为土地所有权主体的村社集体经济组织因此也就基本不具备再向国家提供税收的能力。二是农业税是由土地税转化而来的土地产品税，本应由土地所有者负担，只是由于土地所有权主体不具备提供税收的能力，才被不合理地分摊到了土地占有和使用者的身上（尽管占有和使用土地的劳动者作为一个群体都是土地的主人，但劳动者个人或家庭并不能独立主张土地所有权）。“留足集体的”，是指向乡（镇）政府

和村集体上交提留统筹费。这当中也有两点不合理之处：一是乡统筹费属地方附加税的性质，理应同农业税一起按不超过正税税额的一定比例向土地所有者课征，而现行的乡统筹费却是以“公办民助”的名义按人均纯收入的一定比例直接向农户分摊，不但掩盖了人均和户均收入水平的差别，而且洞开了各级政府、各个部门、各类单位纷纷以各种名目向农民伸手要钱的口子，业已造成极为恶劣的影响。二是村提留本应由农村集体土地所有权主体直接从地租里扣除，只是因为地租已被国家抽走，这部分收费才不得不随同乡统筹费一起按人均纯收入的一定比例分摊给农户，这样不但造成人均负担的不平等，而且还会同乡统筹费绑在一起，量出为入，上行下效，水涨船高。

我认为，在土地租赁制下最容易理顺国家、集体和农户三者之间在土地收益分配上的关系，也容易将这种关系规范化、制度化，从而从根本上解决农民负担问题。以土地租赁制取代土地承包制后，土地收益分配上的关系就变成了两个层次：对农民来说，就是“交够集体的，剩下全是自己的”；对集体来说，就是“交够国家的，剩下全是自己的”。这样的关系再清楚不过了：农民作为一个个集合的群体都是土地的主人，但是他们个人仍然只能以交纳地租为条件从集体那里获得占有和使用土地的权利；集体有权以出租的方式来经营自己的土地，地租便是以出租的方式经营土地的具体成果，但是地租显然不能由“地主”独自占有，因为在土地所有权之上还有更高一级的所有权存在，那就是国家的主权；国家有权以税收的形式从土地所有者那里分取一部分地租收入，除此之外，国家不能再向农民就土地和产品课以税收，也不能向农民下达任何粮食定购任务（非常时期的征购除外）。如果此时国家仍需要掌握一定数量的粮食，那只能或者采用税收征实的办法，或者直接从市场采购，或者与村社集体组织协商后签订合同，由后者按彼此都能接受的价格折征实物地租或向农民收购。

以租赁制方式来理顺和规范国家、集体和农户三者之间在土地收益分配上的关系是一项系统工程，需要同时对传统的农产品收购政策、价格政策和税收政策进行配套改革。概而言之，就是要彻底放开粮食价格，摒弃低价征购粮食和其他农产品的做法，还地租给农村土地所有权主体，并对农产品实行必要的价格保护政策；要变单一的农业税制为土地税和产品税并行的农业税制，土地税和产品税都是直接向土地所有权主体课征的税种，前者按土地产生的地租课税，后者按土地形成的产出课税。除此之外，国家还有必要通过征收个人所得税来对农村居民的收入水平进行调节。土地税、产品税和所得税三税并设后，乡统筹费作为一个单独的费种应当取消，其数额计入土地税和产品税中一并征收；村提留则计入地租。地租当视土地的面积和等级、土地经营的条件、土地经营者的承受能力以及土地所有权主体的实际需要（包括税收负担和集体提留所占的份额）等多种因素确定，也可以通过竞租形成市场租金水平。地租作为集体收入在扣除税收后，自然要取之于民用之于民。

（三）健全社会保障体系，推动土地使用权流转

人多地少是我国的基本国情，地权平均分配使业已十分严重的人地矛盾愈加突出，妨碍了农业生产率的提高和农村商品经济的发展。因此，随着农业剩余劳动力的转移，推动土地使用权流转，发展规模经营和产业化经营，当是农村经济体制改革的题中应有之义。但是“国外发展规模经营的经验证明：当经济不发达、土地还是农民的基本谋生手段时，农民不愿意轻易放弃土地；当经济发达、土地资源的有限性展示出其迅速增值的前景时，农民也不愿意轻易放弃土地”。[①] 我国的情况也不例外。在我国农村，土地除了作为最基本的生产要素发挥效用外，对一些不发达地区的农民来说它还具有生存保障功能，对一些兼业农户来说它还具有就业保障功能，对那些年老体弱者来说它还具有养老保险功能。在土地的这些功能还没有找到合适的可靠替代品之前，农民是不会心甘情愿地让出自己占有的土地和同意“增人不增地、减人不减地”的。

可见，启动农地使用权流转的关键，在于将土地所具有的福利保障功能剥离出来。这是土地所有权成员与土地所有权主体之间的一种交易。“两田制”试验在这方面走出了第一步，它是通过将农户承包的土地划分

① 张化本：《条件、时机、方式——关于发展适度规模经营的一些思考》，《光明日报》1996年10月8日。

为口粮田和责任田两个部分，实现了土地的福利功能和发展功能在实物形态上的分离。股份合作化试验在这方面迈出了第二步，它是通过将农户拥有的土地权利折价入股的方式，实现了土地的福利功能和发展功能在价值形态上的分离。这两项试验为我们设计实行土地租赁制以后剥离土地福利保障功能的方式提供了可资参考的成功经验。循着上述两节所谈的改革思路，这里我们将要迈出的是第三步，即通过设立农村居民就业保险和农村人口养老保险来实现对土地福利保障功能的完全替代。保险以让出土地使用权为交换条件，面向全体村民（指具有本社区户籍、在本社区就业或在本社区外就业未满五年的劳动适龄人口和老年人口；民政部门确定的优抚对象和救济对象包含在内；计划外生育人口不含在内），基金来自社区向承租土地的村民（包括外来人口）收取的地租和民政部门拨转的抚恤金和救济金。基金专款专用，可存银行，也可委托专门的机构管理和担保运作，社区土地所有权主体负责福利申请人的资格审定，并经村民大会表决通过。

建立健全农村社会保障体系不但有助于土地租赁制的顺利推行和平稳运作，而且还会使农村的失业问题和养老问题得到一揽子解决，这是社会主义土地集体所有制所具优越性的充分体现。

农村社会保障体系的建立必将全面启动农村土地使用权的流转。土地使用权流转是要通过市场机制而不是采用行政手段来解决地权分配中的公平与效率问题，是实现农业生产领域土地资源优化配置的重要途径。为了防止耕地资源流失，国家和社区可对流转的土地使用权实行用途管制。这样，农地使用权就会逐步向种田能手集中，而农村的剩余劳动力也会加快脱离土地向非农领域转移。

（四）壮大民间自组织系统，推进农业产业化经营

在我国农村由传统的计划经济体制过渡到社会主义市场经济体制，意味着政府要相应转换其职能，由对生产和交易的直接控制转为间接调控；同时也意味着农户要直接面对市场，通过发展商品经济来增进自己的福利。但是，农民在进入市场时面临三个突出的难题：一是落后的基础设施，二是信息不灵，三是软弱的讨价还价地位。前两个难题要靠政

府来解决，完善农村和农业基础设施，建立健全市场体系并对市场进行必要的调节，建立健全信息服务网络和科技推广网络，应当是各级政府的主要工作；第三个难题则要靠发展和壮大农村的自组织系统来解决。民间的自组织系统不发达，农民就不得不事事依赖政府，政府的计划干预就难以避免。

目前我国农村的民间自组织系统主要包括以土地集体所有制为依托的社区合作经济组织和以某种专项服务为纽带发展起来的专业合作经济组织，此外还有正在转型中的供销合作社、信用合作社等。关于社区合作经济组织的情况前面已经讲过了。专业合作经济组织分布领域广泛、不受社区范围限制，应当成为农村社会化服务体系中的中坚力量，但目前此类组织仍以生产经营型居多，服务型特别是属于农户与市场之间的中介组织还为数有限，需要加以重点扶持和引导，需要建立一支由农民自己组织起来的购销队伍。

发展和壮大农村的自组织系统，还可以大大推动农业的产业化进程。推进农业产业化，是把分散的农户生产与国内外大市场有效地连接起来，使农产品从生产到消费的各个环节有机地联成一个完整的产业体系。这种方式不仅减轻了农民的市场风险，更有利于实现家庭经营基础上的农业规模化、集约化经营，促进农业生产向专业化、商品化、社会化转变，加快农业现代化进程。发展农业产业化经营的关键，一是要培育具有市场开拓能力、能进行农产品深度加工、为农民提供服务和带动农户发展商品生产的“龙头企业”，二是要在“龙头企业”和分散的农户之间形成合理的利益关系，让农民得到实惠，实现共同发展。但是分散的农户往往缺乏合作信用，在讨价还价时还是处于不利的地位。而通过将农户组织起来，形成“公司 + 专业合作社 + 农户”的形式，既能有效克服个体农户信用不足的缺陷，也能防止“龙头企业”对农民的利益造成伤害。

（五）乡镇企业需要进行制度创新和结构调整

近年来，乡镇企业发展速度明显见缓。1992—1995 年，乡镇企业年增长率最高峰为 65.1%，最低峰为 46.7%。1996 年陡然下降至 21.0%，1997 年进一步下降到 18.0%，1998 年上半年比上年同期只增长 14.3%，与全年 18% 的增长目标还有不小的距离。

乡镇企业发展速度明显放慢，表明以往粗放型、速度型的外延扩张已难以为继。一段时期以来，一些地方盲目上马一般性工业项目，铺新摊子，搞低水平重复建设，产业产品结构不尽合理，企业布局过分分散。同时，乡镇企业自身发展中也暴露出一些问题：一些企业产权不清，政企不分，机制弱化，集体资产流失严重；一些企业管理粗放，经营不善，负债率高，物耗能耗高，产品质量低劣，经济效益欠佳；一些企业污染环境、浪费资源、滥占耕地现象严重；如此等等。客观上，城市经济体制改革正在不断深化，乡镇企业同重新焕发生机的国有企业和迅速发展的三资企业竞争时越来越处于不利的地位；国内市场正由卖方市场转为买方市场，周边国家又发生严重经济危机，致使乡镇企业产品不论内销还是出口都出现严重滑坡，产品积压严重，企业亏损面扩大。

今后要想使乡镇企业继续保持比较快的发展步伐，必须对其进行制度创新和结构调整。第一，要积极稳妥地推进企业产权制度改革，明晰产权，打破地区分割和所有制界限，推动大范围的资产重组，切实改善企业的资产结构、组织结构和产品结构，改善经营管理，推进科技进步，提高自身素质，增强竞争力；第二，乡镇企业的发展要与农业产业化相结合，要特别注意利用农副产品资源优势，大力发展农副产品加工业和储藏、保鲜、运销业，实行种养加、产供销一条龙，农工商、贸工农一体化，在农业产业化发展中起“龙头企业”的作用；第三，乡镇企业的发展要同农村城市化相结合，要从原来的分散布局走向相对集中、连片开发，与工业小区和小城镇建设互为依托，互相促进，共同发展。

乡镇企业发展的外部环境也亟待改善。各级政府和有关部门要对乡镇企业的发展给予高度的重视，千方百计从政策上和资金上加以扶持，减轻企业负担，杜绝随意平调企业资产、改变企业所有制性质的行为，保护企业的合法权益，加强基础设施建设，给乡镇企业发展创造一个良好的外部环境。

［原载《社会科学战线》1999 年第 2 期］

再论我国20世纪80年代的农村经济体制改革

中国的改革是从农村开始的，农村的改革是从农民家庭重新获得土地经营权开始的。30年后的今天，我们重新回顾这段不平凡的历史，也许可以对农业发展的内在规律进而对生产力与生产关系相互作用的基本原理有更为准确的把握。

一、农业改革的历史背景

新中国在土地改革完成后，鉴于贫穷、分散、脆弱的小农经济无法支撑重工业优先发展的工业化战略，以苏联为榜样，通过合作化和集体经济的方式提高农业生产力、容纳越来越多的农村剩余劳动力、最大限度地为工业化提供支持的主张占了上风。但由此形成的路径依赖最终导致了不顾生产力实际，盲目追求生产关系变革，短短几年内就消灭了土地私有制，完成了由互助组到初级社、高级社直至人民公社的体制转换。

尽管人民公社时期中国的农田水利事业和农田基本建设取得了突出的成就，化肥工业、良种培育和农业机械化获得长足进步，而且这一体制在农村公共品供给特别是农村医疗卫生事业的发展方面发挥了独特的作用，但是，不容否认的是，这一体制毋宁说是着眼于为工业化提供积累设计的，并不符合亿万生产者的意愿。在人民公社体制下，土地所有权与经营权合二为一，都归村社集体拥有。浓重的自然经济色彩和僵化的计划管理模式，不但束缚了土地和劳动力的合理流转，强化了二元经济结构，而且也窒息了农村商品经济的发展，影响了农民收入和生活水平的提高。尽管从1962年起在否定“单干风”的同时将基本核算单位由公社或大队退回到了原来初级社规模的生产队，但是生产队并不具有完整的经营自主权，一再发生的“一平二调”和瞎指挥严重挫伤了农民的生产积极性，也使责、权、利脱节，劳动生产率长期得不到提高，经营上的规模效益更是无从谈起。事实上，人民公社体制越是向前发展，自身的弊端暴露得也就越明显，要不是有“文化大革命”和“农业学大寨”这样的政治运动支撑，政社合一的人民公社体制恐怕不会在农村统治长达20多年。

然而，一直到“文化大革命”结束后，这套传统体制仍在惯性发展。1976年12月，第二次全国农业学大寨会议在京召开。会议强调：“农业学大寨、普及大寨县，是一个在无产阶级专政下的继续革命、多快好省地建设社会主义农业的伟大革命群众运动。”[①] 次年10月30日至11月18日，接着召开了全国普及大寨县工作座谈会。座谈会讨论了大寨县的标准问题，认为随着大寨县的普及，以生产队为基本核算单位已经不能适应农业生产发展的需要。12月19日中共中央批转了这次座谈会向中央政治局的汇报提纲，指出：随着公社、大队两级经济的壮大，实现基本核算单位由生产队向大队的过渡，以进一步发挥人民公社“一大二公”的优越性，是前进的方向，是大势所趋。[②] 可见，“文化大革命”是结束了，但“左”的思想、“左”的观念、“左”的做法仍然像一张无形的网束缚着人们的手脚。这也就难怪一直到1978年底，被视为改革开放新时期标志的中共十一届三中全会仍在强调坚持人民公社基本制度，“不许包产到户，不许分田单干”[③]，要求将经过修改的《农村人民公社工作条例（试行

---

① 《第二次全国农业学大寨会议在京隆重举行》，《人民日报》1976年12月11日。

② 《农业集体化重要文件汇编》下册，中共中央党校出版社1982年版，第952页。

③ 后来1979年9月十一届四中全会正式通过的《中共中央关于加快农业发展若干问题的决定》将这一条规定修改为“不许分田单干。除某些副业生产的特殊需要和边远山区、交通不便的单家独户外，也不要包产到户。”参见《十一届三中全会以来党的历次全国代表大会中央全会重要文件选编》（上），中央文献出版社1997年版，第40页。

草案)》发到各省、市、自治区讨论和试行。

但是，中共十一届三中全会在农业问题上较之以前还是有很大的进步，最重要的是明确了推动农业的发展除了国家的物质支持和技术支持以外，更重要的在于所制定的政策能否调动劳动者的生产积极性，而“离开一定的物质利益和政治权利，任何阶级的积极性是不可能自然产生的。”[①]为此，“我们对农业的领导，一定要从实际出发，一定要按照自然规律和经济规律办事，按照群众利益办事，一定要坚持民主办社的原则，尊重和保护社员群众的民主权利。决不能滥用行政命令，决不能搞瞎指挥和不顾复杂情况的‘一刀切’。”[②]全会强调坚持三级所有、队为基础的人民公社基本制度也是针对普及大寨县中的“穷过渡”而言的，要求在稳定的基础上集中力量发展农村生产力，“不允许在条件不具备、多数社员又不同意的时候，搞基本核算单位从生产队向生产大队的过渡”。[③]全会发表的公报指出：“人民公社、生产大队和生产队的所有权和自主权必须受到国家法律的切实保护；不允许无偿调用和占有生产队的劳力、资金、产品和物资；公社各级经济组织必须认真执行按劳分配的社会主义原则，按照劳动的数量和质量计算报酬，克服平均主义；社员自留地、家庭副业和集市贸易是社会主义经济的必要补充部分，任何人不得乱加干涉；人民公社要坚决实行三级所有、队为基础的制度，稳定不变；人民公社各级组织都要坚决实行民主管理、干部选举、账目公开。”[④]会议下发的《中共中央关于加快农业发展若干问题的决定(草案)》(以下简称“《决定(草案)》”)中指出：人民公社各级经济组织必须认真执行各尽所能按劳分配原则，坚决纠正平均主义，在具体做法上“可以按定额记工分，可以按时记工分加评议，也可以在生产队统一核算和分配的前提下，包

① 《十一届三中全会以来党的历次全国代表大会中央全会重要文件选编》(上)，中央文献出版社 1997 年版，第 39 页。

② 《十一届三中全会以来党的历次全国代表大会中央全会重要文件选编》(上)，中央文献出版社 1997 年版，第 37 页。

③ 《十一届三中全会以来党的历次全国代表大会中央全会重要文件选编》(上)，中央文献出版社 1997 年版，第 41 页。

④ 《十一届三中全会以来党的历次全国代表大会中央全会重要文件选编》(上)，中央文献出版社 1997 年版，第 24 页。

工到作业组，联系产量计算劳动报酬，实行超产奖励。”[①] 此外，这个《决定（草案）》还出台了推动农业发展的多项政策措施。

此前，早在1977年底，许多干部就向中央反映农民反对“一平二调”和瞎指挥、要求尊重生产经营自主权的呼声十分强烈。1978年1月31日，《人民日报》发表署名文章，对农村集市贸易的所谓资本主义自由市场的属性提出了质疑。3月，五届人大一次会议一方面仍在强调学大寨，另一方面又特别指出要认真执行党在农村现阶段的各项经济政策，如反对“一平二调”，实行等价交换，开展多种经营，发展集体副业，允许农民经营少量自留地和家庭副业，允许正当的集市贸易等。[②]10月，农业按劳分配讨论会在京举行，平均主义的大寨记工法引起众多非议。11月4日，山西《晋中报》发表了中共晋中地委第一书记李韩锁的讲话，抨击了农业学大寨运动中形而上学的观点、盲目批判集体经济内部的资本主义的做法，以及单纯强调政治挂帅、不讲物质利益原则、推广大寨劳动管理制度、不搞定额管理和定额计酬、否定自留地和集市贸易，等等。这篇讲话在国内引起很大反响。同月24日，《人民日报》专文介绍了四川省大邑县学大寨的经验教训，强调坚持因地制宜，不要生搬硬套。26日，《人民日报》转载了前述李韩锁讲话的摘要。与此同时，从1977年到1978年冬，四川、安徽、吉林等省已经在农村实行以“五定一奖”[③] 为主的多种形式的农业生产责任制。以上这些就是三中全会在农业问题上能够有所进步的背景所在。

二、改革的推进和旧体制的瓦解

决策层和领导层的动向并非空穴来风，而是或多或少地呼应了农村广大基层民众的迫切愿望。“文化大革命”十年间，全国农业总产值和粮

---

① 《十一届三中全会以来党的历次全国代表大会中央全会重要文件选编》(上)，中央文献出版社1997年版，第40页。

② 华国锋：《团结起来，为建设社会主义的现代化强国而奋斗——一九七八年二月二十六日在第五届全国人民代表大会第一次会议上的政府工作报告》，《人民日报》1978年3月7日。

③ 所谓“五定”是指定人员、定任务、定时间、定质量、定工分，或者是定人员、定产量、定时间、定费用、定工分。“一奖”是指根据完工验收结果或者年终成果给予奖励。

食产量缓慢增长，但农民的收入却基本维持不变，一些地方农民的生活水平甚至有所下降。于是，政治运动结束后，经过一段时间的酝酿，大致从1978年秋天开始，在安徽、四川等地的一些农村，20世纪50年代末期和三年困难时期尝试过的一些“退回去”的做法就又陆续“死灰复燃”了。其实那些做法无非是在坚持土地集体所有的前提下围绕“包”字试验的一些农业生产责任制形式，旨在调动生产者的积极性、恢复和促进农业生产，如包工到组、包产到组、包产到户、包干到户等。到1979年底，全国一半以上的生产队实行包工到组，1/4的生产队实行包产到组。在包工到组和包产到组的同时，个别的地方自发地实行包产到户甚至包干到户。

但是包产到户和包干到户很容易让人误解为分田单干，同私有化和个体经济相联系，因此支持者有之，反对者更多，甚至引发了一场全国大争论。直到1980年5月31日邓小平发表《关于农村政策问题》的著名讲话以后，人们的思想才进一步有所解放，进一步明确了“双包”与集体经济关系的认识。邓小平说：“农村政策放宽以后，一些适宜搞包产到户的地方搞了包产到户，效果很好，变化很快。安徽肥西县绝大多数生产队搞了包产到户，增产幅度很大。‘凤阳花鼓’中唱的那个凤阳县，绝大多数生产队搞了大包干，也是一年翻身，改变面貌。有的同志担心，这样搞会不会影响集体经济。我看这种担心是不必要的。”[①] 同年9月，中共中央召开省、市、自治区党委第一书记座谈会，专门讨论了加强和完善农业生产责任制问题。会议形成了《关于进一步加强和完善农业生产责任制的几个问题》的中央75号文件，总结了中国农业集体化的经验教训，对干部和群众从实际出发的小段包工定额计酬、包工包产联产计酬和承包联产计酬责任制形式给予了充分的肯定。该文件认为，凡有利于增加生产、增加收入、增加商品的责任制形式，都是好的和可行的，都应加以支持，而不可拘泥于一种模式，搞一刀切。在边远山区和贫困落后地区，可以包产到户，也可以包干到户，并在一个较长的时间内保持稳定。在生产队领导下实行包产到户是依存于社会主义经济而不会脱离

① 《邓小平文选》第2卷，人民出版社1994年版，第315页。

社会主义轨道的，没有什么复辟资本主义的危险，因而并不可怕。[①]这一文件打破了20年来强套在“包产到户”头上的枷锁，极大地鼓舞了亿万农民的积极性和创造热情。会后，以承包为主要形式的农业生产责任制在全国农村迅速推广，推行联产责任制的生产队的比重由1980年初的28%（实行不联产的包工责任制的比重为55.7%）上升到该年底的51.8%和1981年10月的81.3%（此时不联产的定额包干的比重降至16.5%），其中实行包产到户和包干到户的生产队的比重在1981年10月已经占到50.8%，而在一年前只有15%，一年以后升至80%左右，两年以后上升到90%以上。[②]

1981年是农业生产责任制多变的一年，有些社队开春是小段包工，中途变为联产到组，最后又变为联产到劳、到户或大包干。这说明群众经过观察、比较和实践一段后，积极选择更适合他们的实际情况的责任制形式。也正是从这一年开始包干到户逐渐成为农业生产责任制的主要形式。1982年第一个中央1号文件明确指出：“各种责任制，包括小段包工定额计酬，专业承包联产计酬，联产到劳，包产到户、到组，包干到户、到组，都是社会主义集体经济的生产责任制。不论采取什么形式，只要群众不要求改变，就不要变动。”[③]1983年第二个中央1号文件再次指出：“联产承包制越来越成为农业生产责任制的主要形式，它采取了统一经营与分散经营相结合的原则，使集体优越性和个人积极性同时得到发挥。这一制度的进一步完善和发展，必将使农业社会主义合作化的具体道路更加符合我国的实际。”[④]这两个文件有力推动了农业经营方式的改革。1982年6月，以双包为主体的联产责任制在生产队总数中占到了93.7%，1983年这一比例升至99.4%，至此形成维持至今的农村土地经营方式的基本格局。[⑤]

与此同时，家庭承包经营从根本上动摇了人民公社体制的基础。早

① 《新时期经济体制改革重要文献选编》（上），中央文献出版社1998年版，第58—66页。
② 李文：《中国土地制度的昨天、今天和明天》，延边大学出版社1997年版，第115—116页。
③ 《新时期经济体制改革重要文献选编》（上），中央文献出版社1998年版，第95页。
④ 《新时期经济体制改革重要文献选编》（上），中央文献出版社1998年版，第169页。
⑤ 李文：《中国土地制度的昨天、今天和明天》，延边大学出版社1997年版，第116页。

在 1979 年 8 月，四川省广汉县就开始进行人民公社改革试点。他们按照党、政、企分工的要求，将基本核算单位生产队改为独立核算、自负盈亏的农业生产合作社，取消人民公社管理委员会，成立乡政府，取消生产队，改设行政村。[①] 接着，吉林、河北、浙江、广东、辽宁、安徽等省也进行了改革试点。在此基础上，1982 年新修改的《中华人民共和国宪法》确定了“乡政村治”的乡村治理体制模式。1983 年中央 1 号文件正式提出政社分设的要求。同年 10 月 12 日，中共中央、国务院发出通知，要求各地有领导有步骤地搞好政社分开的改革，在 1984 年底以前大体上完成建立乡政府的工作；同时按乡建立乡党委，并根据生产的需要和群众的意愿逐步建立经济组织，改变党不管党、政不管政和政企不分的状况。[②] 其后 1984 年中央 1 号文件重申：“农村经济组织应根据生产发展的需要在群众自愿的基础上设置，形式与规模可以多种多样，不要自上而下强制推行某一模式。”“农民可以不受地区限制，自愿参加或组成不同形式、不同规模的各种专业合作经济组织。”“农村经济组织对地区性合作经济组织和其他专业合作经济组织，是平等互利或协调指导关系，不再是行政隶属或逐级过渡的关系。”[③] 根据两个 1 号文件的精神，全国各省、区、市的人民公社体制改革全面铺开。经过两年的改革实践，到 1984 年底，全国农村基层组织政社分开的有 91171 个，已建立乡（镇）政府 91171 个，村民委员会 946439 个，保留作为经济组织的人民公社 28218 个。政社尚未分开的人民公社还剩下 249 个，保持生产大队为组织的有 7064 个，保持生产队建制的有 12.8 万个。[④]1985 年改制任务基本完成，人民公社彻底退出历史舞台。

在人民公社体制改革基本完成后，从 1985 年起，中央政府在农村政策上再次做出重大调整：（1）完全放弃了除粮、棉之外所有农产品的计

---

① 参见刘文耀《四川广汉向阳人民公社撤社建乡的前前后后》，《中共党史研究》2000 年第 2 期。

② 《中共中央、国务院关于实行政社分开建立乡政府的通知》，见《21 世纪乡镇工作全书》，中国农业出版社 1999 年版，第 867—868 页。

③ 《中共中央关于一九八四年农村工作的通知》，见《21 世纪乡镇工作全书》，中国农业出版社 1999 年版，第 870 页。

④ 《中国统计年鉴（1997）》，中国统计出版社 1998 年版，第 366 页。

划控制，扩大市场调节的范围；（2）减低对粮食生产的计划控制程度，政府计划收购的粮食降至占全部商品粮的一半左右；（3）县级以下政府逐步放弃了对种植面积计划的直接干预，由农户适应市场需求调整种植作物的面积，自主选择种植有市场销路的作物。这些政策调整意味着继生产者取得土地经营自主权后，农村经济体制改革迈入了新的阶段，率先开始了由计划经济体制向市场经济体制的过渡。

三、对“第一个飞跃”的反思

在追述了我国农业改革实现的“第一个飞跃”的背景和历程后，我们来试着回答这样两个问题。

（一）农业改革初期试行的多种责任制形式中，为什么最终是包干到户占了上风？包干到户与分田单干有何区别？

前文已经指出，包干到户说到底是农民的选择。在初期试行的多种责任制形式中，包工到组、包产到组、包产到户、包干到户这几种形式是逐步递进的序列：包工到组较之过去的“干活一窝蜂”“劳动大呼隆”自是前进了一大步，但仍会有出工不出力、只求数量不求质量的倾向；包产到组使作业组的劳动与劳动的最终结果联系在一起，劳动者的积极性提高了，同时劳动的数量约束和质量约束也尽在其中，但形式繁琐，且交产记工由队分配的做法仍然带有“大锅饭”的性质；包产到户与包产到组只是一步之隔，将包产单位由作业组变为农户，使社员拥有了相当的生产自主权，但其弊端与包产到组相同；包干到户比包产到户要更彻底一些，它是按社员与生产队签订的合同规定，完成向国家交售农副产品的数量和上交集体的积累、各种提留及折旧金，其余都由社员个人支配，而不再按工分分配，这样就实现了土地所有权与土地经营权的彻底分离，责、权、利在经营者那里紧密结合在一起，农民得到了比较充分的经营自主权，且其方式简便易行，更受农民欢迎。总之，在多种多样的责任制中，包干到户交易成本最低，生产者的积极性最高。

自包干到户的形式出现那天起，反对者就将其说成是“分田单干”，许多农民也确实是那样认为的。其实，包干到户与分田单干从理论上说至少有两大不同：前者是土地集体所有，后者是土地私有；前者是统分结合，后者是放任自流。但是，此后的发展与当初的预想拉开了距离。农村土地家庭承包经营后，原有的农村集体经济组织逐步解体，“统分结合”在大多数农村已有名无实。而农户的承包经营权一再延期，由最初的15年延长到30年，而且农户的土地承包经营权可以依法流转和依法继承。这样从形式上看，至少在承包期内农户的土地承包经营权受法律保护，发包者（农村集体经济组织）不得收回承包地，也不能单方面调整承包地，包干到户与分田单干越来越接近了。特别是在经历了税费改革以后，农业进入无税无费时代，越发使土地的集体所有权形同虚设（因之也衍生出一系列弊端）。但是尽管如此，承包期到期后，农户的承包地还是要被集体经济组织收回重新发包，而且农户的承包地在用途上受法律限制，即未经依法批准不得将承包地用于非农建设。

总之，农业改革的“第一个飞跃”从生产关系上说不啻是一个大大的倒退，几乎是“集体耕作二十年，一夜回到合作前”。然而跨出这一步是走了一段弯路后痛定思痛做出的抉择。1962年7月，邓小平曾经根据当时的情况说：“有些以生产队为核算单位的地方，现在出现一些新的情况，如实行‘包产到户’、‘责任到田’、‘五统一’等等。以各种形式包产到户的恐怕不只是百分之二十，这是一个很大的问题。”他认为，这样的问题应该“百家争鸣”，大家出主意，最后找出办法来。他还说：“现在看来，不论工业还是农业，非退一步不能前进。你不承认这个退？农业不是在退？公社不是在退？公社核算退为大队核算，大队核算又退为生产队核算，退了才能前进。”邓小平还提出：“还有一种可能，就是有些包产到户的，要使他们合法化。”因为不管“黄猫、黑猫，只要捉住老鼠就是好猫”，恢复农业生产“在生产关系上不能完全采取一种固定不变的形式”。[①] 可惜，这样的意见在那时还无法让多数人特别是毛泽东接受。

---

① 《邓小平文选》第1卷，人民出版社1994年版，第323—324页。

（二）为什么要保持农户家庭经营长期不变？应该如何理解邓小平提出的农业改革的“第二个飞跃”？

农业改革的实践证明，家庭承包经营是在保持土地公有的前提下最适合我国现有农业生产力水平的土地经营方式，最受农民的欢迎，能够最有效地调动生产者的积极性。再从世界农业发展的历史来看，家庭经营并不构成农业现代化的障碍。因此，1982 年第一个中央 1 号文件就提出“农业生产责任制不论采取什么形式，只要群众不要求改变，就不要变动。”1985 年第四个中央 1 号文件进一步明确宣布“联产承包责任制和农户家庭经营长期不变”。[①] 这是党总结了土地改革以来农业发展的曲折历程后得出的重要结论，表明家庭承包经营是党领导下的农村改革已经建立起来的基本的政策框架或者体制框架。此后这一条成为一项基本国策，被历次党和政府的重要会议、重要决议和相关法律所重申。

但是从形式上看，目前我国的农业依然属于小农经济范畴，人均占有耕地狭小，地块零碎，劳动者素质不高，机械化程度低，农产品商品化程度低，抵御自然灾害的能力低，社会化服务体系不健全，在市场上缺乏竞争力。目前最突出的问题是劳动生产率低下，经济效益得不到提高。毫无疑问，农业要有竞争力，必须实行适度规模经营。而要实行规模经营，在社会主义制度下，唯有走合作化的路子。恩格斯曾经说过：“我们预见到小农必然灭亡，但是我们无论如何不要以自己的干预去加速其灭亡。”“当我们掌握了国家政权的时候，我们决不会考虑用暴力去剥夺小农……我们对于小农的任务，首先是把他们的私人生产和私人占有变为合作社的生产和占有，不是采用暴力，而是通过示范和为此提供社会帮助。”[②] 当年土地改革后广泛开展的合作化运动，固然有我们那时对社会主义理解上的原因，但最根本的动机还是想将分散的农户组织起来实现规模经营，亦即将农业的“私人生产和私人占有变为合作社的生产和占有”。然而我们没搞清楚农业生产的特殊性，农业不同于工业，农业

① 《新时期经济体制改革重要文献选编》（上），中央文献出版社 1998 年版，第 323 页。

② 《马克思恩格斯选集》第 4 卷，人民出版社 1995 年版，第 498—499 页。

的劳动对象是具有生命的生物体，农产品是不可间断的生命连续过程的结果，其生产过程存在严格的继起性，不能将许多农民集中到一起分工协作，工场手工业式的农业是不存在的。[①] 既然不能用暴力剥夺农民的土地，那么就得走“纵向一体化”的合作化路子，即将农业生产链条中的某些环节如产前产后服务、土地耕作、产品收割和产品加工等独立出来，通过合作制的形式将农民组织起来。也就是说要发展专业合作社，而不是过去那种“一大二公”的生产合作社。至于农业生产环节的适度规模经营，则要靠农业剩余劳动力的转移和土地使用权的流转来逐步实现。

1990 年，邓小平曾经指出：“中国社会主义农业的改革和发展，从长远的观点看，要有两个飞跃。第一个飞跃，是废除人民公社，实行家庭联产承包为主的责任制。这是一个很大的前进，要长期坚持不变。第二个飞跃，是适应科学种田和生产社会化的需要，发展适度规模经营，发展集体经济。这是又一个很大的前进，当然这是很长的过程。”[②] 长期以来，许多学者都在苦苦思索农业改革和发展的“第二个飞跃”如何实现，笔者以为在加速推进城市化和社会保障体系建设的背景下，农业领域通过“纵向一体化”（亦即产业化）和土地使用权流转实现适度规模经营是最可能的路径，当然这会是一个比较漫长的过程。实践中也有一些坚持走集体经济发展道路的成功典型，但是这些集体经济组织的支柱产业大都已是非农产业（乡镇企业发展基础较好），因而已经顺利实现了农业剩余劳动力的转移，已经建立起了比较完善的社会保障体系，有条件在农业领域实行规模经营。但是就全国绝大多数农村而言，这些事例并不具有普遍意义。所以温家宝指出：“要坚持土地基本经营制度不动摇。……承包地不仅是农民重要的生产资料，而且是农民最基本的生活保障。以家庭承包经营为基础、统分结合的双层经营体制，具有广泛的适应性和旺盛的生命力，有利于而不妨碍农业现代化的推进。在家庭承包经营的基础上，可以通过产业化经营等方式引导农民进入市场，可以在土地承包经营权自愿、依法、有偿流转的基础上逐步扩大土地的经营规模。这

---

① 林善浪：《中国土地制度与效率研究》，经济科学出版社 1999 年版，第 200 页。

② 《邓小平文选》第 3 卷，人民出版社 1993 年版，第 355 页。

是一个渐进的过程，不能不顾条件强制推行。稳定农村基本经营制度，保护农民的土地承包权益，是党在农村的基本政策，是国家宪法的规定，是一项必须长期坚持的方针。”[①]党的十七大报告也明确指出：要“坚持农村基本经营制度，稳定和完善土地承包关系，按照依法自愿有偿原则，健全土地承包经营权流转市场，有条件的地方可以发展多种形式的适度规模经营。探索集体经济有效实现形式，发展农民专业合作组织，支持农业产业化经营和龙头企业发展。”[②]这些指示所揭示的就是一条中国特色的农业现代化之路。

［原载《党史研究与教学》2009年第4期］

① 温家宝：《关于当前农业和农村工作的几个问题（2005年12月29日）》，《人民日报》2006年1月20日。

② 《中国共产党第十七次全国代表大会文件汇编》，人民出版社2007年版，第23页。

尊重实践　凝聚共识

——党的十一届三中全会前后农村经济体制改革的基本经验总结

钱穆在《中国历代政治得失》中讲过："就历史经验论，任何一制度绝不能有利而无弊，任何一制度，亦绝不能历久而不变。历史上一切以往制度俱如是，当前的现实制度，也何尝不如是。""所谓得失，即根据其实际利弊而判定。而所谓利弊，则指其在当时所发生的实际影响而觉出。因此要讲某一代的制度得失，必须知道在此制度实施时期之有关各方意见之反应。这些意见，才是评判该项制度之利弊得失的真凭据与真意见。此种意见，我将称之曰历史意见。历史意见，指的是在那制度实施时代的人们所切身感受而发出的意见。这些意见，比较真实而客观。待时代隔得久了，该项制度早已消失不存在，而后代人单凭后代人自己所处的环境和需要来批评历史上已往的各项制度，那只能说是一种时代意见。""时代意见并非是全不合真理，但我们不该单凭时代意见来抹杀已往的历史意见。"①

本文旨在建党90周年之际，对十一届三中全会前后农村经济体制改革的基本经验做一总结。本文概括出的"基本经验"至多只算是一种"时代意见"，而这"时代意见"却是根据"历史意见"得出的。"历史意见"能否主导历史，取决于这种"意见"能否成为"共识"，而"共识"的形

---

① 钱穆：《中国历代政治得失》，生活·读书·新知三联书店2005年版，第3、4页。

成亦殊为不易，须历经曲折、反复，最终形成尊重实践的宽松环境。

一、改革的“时间窗口”是如何打开的

新中国成立后，在一个小农经济占优势的落后的农业大国如何实现工业化和现代化，是历史赋予获得政权的中国共产党的重大使命，也是需要中国共产党独立解决的重大课题。为此，中国共产党将全国农民引向了社会主义的道路。经典作家早就指出：“凡是农民作为土地私有者大批存在的地方，凡是像在西欧大陆各国那样农民甚至多少还占居多数的地方，凡是农民没有消失，没有像在英国那样为雇农所代替的地方……一开始就应当促进土地私有制向集体所有制的过渡，让农民自己通过经济的道路来实现这种过渡。”① “我们对于小农的任务，首先是把他们的私人生产和私人占有变为合作社的生产和占有，不是采用暴力，而是通过示范和为此提供社会帮助。”② 恩格斯在《法德农民问题》中甚至具体谈到了农业社会主义改造的途径和农业合作社由初级到高级的制度安排。正是根据这些设想，苏联建立起了集体农庄，为后起的社会主义国家树立了典范。中国共产党也几乎自其成立起就将合作社视为社会主义的农业组织形式，早在 1934 年毛泽东就指出：“在农民群众方面，几千年来都是个体经济，一家一户就是一个生产单位，这种分散的个体生产，就是封建统治的经济基础，而使农民自己陷于永远的穷苦。克服这种状况的唯一办法，就是逐渐地集体化；而达到集体化的唯一道路，依列宁所说，就是经过合作社。”③ 当然毛泽东的这一思想可以追溯得更早，只是越往后越系统化了。1944 年，他在给博古的信中写道：“新民主主义社会的基础是工厂（社会生产，公营的与私营的）与合作社（变工队在内），不是分散的个体经济。分散的个体经济——家庭农业与家庭手工业是封建社会的基础，不是民主社会（旧民主、新民主、社会主义，一概在内）的基

---

① 《马克思恩格斯选集》第 2 卷，人民出版社 1972 年版，第 634—635 页。

② 《马克思恩格斯选集》第 4 卷，人民出版社 1995 年版，第 498—499 页。

③ 《毛泽东选集》第 3 卷，人民出版社 1991 年版，第 931 页。

础，这是马克思主义区别于民粹主义的地方。”[①] 在农业合作化建设的过程中，毛泽东多次强调苏联的经验，认为“苏联所走过的这一条道路，正是我们的榜样。”[②] 正是基于这一认识，土地改革完成后，我们就依靠强大的政治优势，将农民组织起来，仅仅用了五六年的时间就走完了从合作化到集体化的全过程。毫无疑问，适应工业化战略的需求，在一个几亿人口的农业大国如此顺利地实现了农业的社会主义改造，绝对是令人惊叹的历史杰作。

但是，我们没有完整地理解经典作家提出的思想，没有“让农民自己通过经济的道路来实现这种过渡”，没有坚持贯彻“通过示范和为此提供社会帮助”，正像30年前通过的第二个《历史决议》所指出的那样，“在1955年夏季以后，农业合作化以及对手工业和个体商业的改造要求过急，工作过粗，改变过快，形式也过于简单划一，以致在长期间遗留了一些问题。”[③] 针对这些问题，农业社会主义改造和集体化完成后，我们党对适应农业生产力发展要求的公有制实现形式进行了不懈的探索[④]。一方面，通过调整农村集体经济的规模和下放基本核算单位，克服不同集体经济和不同生产组织之间的平均主义，改善生产单位的生产积极性；另一方面，在农村集体经济和农业生产组织内部，贯彻落实按劳分配原则，通过建立健全生产责任制，克服社员与社员之间的平均主义，提升劳动力的生产积极性。当然，如前所述，探索之路几经曲折，并不平坦。由于对社会主义建设经验不足，对经济发展规律和中国经济基本情况认识不足，也是由于急于求成，夸大了主观意志和主观努力的作用，使得以高指标、瞎指挥、浮夸风和“共产风”为主要标志的“左”倾错误一再泛滥，多次打断了正确的探索进程。尽管如此，正是由于百折不挠地对生产关系不适合生产力发展的部分做出调整，正是由于广大民众对党、对社会主义的高度信任和创造性实践，计划经济时期特别是“三级所有、

① 《毛泽东书信选集》，人民出版社1983年版，第238页。

② 《毛泽东文集》第6卷，人民出版社1999年版，第434页。

③ 《十一届三中全会以来重要文献选读》上册，人民出版社1987年版，第307页。

④ 详细讨论参见拙作《我国在计划经济时期对农村公有制实现形式的探索——以下放基本核算单位和建立健全农业生产责任制为中心》，《广东社会科学》2011年第4期。

队为基础”的人民公社体制相对稳定的时期，我国的农业还是获得了缓慢的增长，一定程度地满足了工业化推进和人口增长的基本需求。

这里要特别强调一下，合作化以来在“包”字上做文章对多种形式的农业生产责任制的探索。实践表明，“由于农业是野外作业、手工操作、周期性长，所以农业生产要‘包’，不‘包’责任制就建立不起来”[①]。那么，“包”给谁呢？体会当时的文件精神，在计划经济条件下，这里的“包”有两层含义，以农村人民公社为例，即是基本核算单位（比如生产队）向上一级农村集体经济组织（比如生产大队或公社）承包，基本核算单位内部的生产小组或农户向基本核算单位承包（分包）。“包”的内容，可以是一定的作业量，也可以是一定的农产品产量。实践还表明，联系产量进行承包效果是最突出的——而这在手工操作的农业生产领域就很容易导向包产到户。问题是包产到户又很容易和分田单干联系起来，如此便会触及长期以来思想认识上的一个禁区，因此一再遭到批判和取缔。实际上，包产到户与分田单干的区别是明显的，正像长期领导农村工作的邓子恢 1962 年指出的那样：“农活生产责任制不和产量结合是很难包的，因此有的地方包产到户，搞得很好，全家人起早摸黑都下地了。农民的私有性是突出的，凡是包产到户的，自留地和大田一样，没有区别；没有包产到户的自留地搞得特别好。因为包产到户了超产是他的，责任心强，肥料也多。不能把作为田间管理的责任制的包产到户认为是单干，虽然没有统一搞，但土地、生产资料是集体所有，不是个体经济，作为田间管理包到户、超产奖励这是允许的。”[②] 还有更重要的一点，那就是包产到户以后，分配权还是集体掌握的。

真正的问题在于，如果对包产到户开了口子，就很容易导向包干到户——那就不同了，正像改革开放后的现实所充分显示的那样，分配权给了农户，如果集体经济基础不强、集体资产不多或者已分析到户，那么首先生产队就变成了可有可无的生产组织（无力提供公共品，而且既

① 邓子恢：《再论国营农场的几个根本原则问题——在全国农垦工作会议上的报告》，《农村工作通讯》1962 年第 6 期。

② 国家农委办公厅编：《农业集体化重要文件汇编（1958—1981）》下册，中共中央党校出版社 1981 年版，第 588 页。

有的土地发包权也一再被不断延长的承包期限所侵蚀）；生产大队除了收取税费以外，生产上的权力也不多了，逐渐演变为纯粹的社区管理组织——而这势必从根本上动摇农村人民公社乃至计划经济体制的基础。也许正是因为这个道理，毛泽东虽然主导了人民公社基本核算单位的下放和调整，但还是为这种权力的下放设定了一个底线。1962 年虽然他对曾希圣在安徽搞“责任田”给予了一定的支持，但是当基本核算单位下放到生产队的政策出台以后，他还是希望曾希圣将“责任田”的做法改过来。50 年代后期和三年经济困难时期结束以后，不少干部和群众因坚持包产到户的“错误做法”受到批判和处理。1962 年以后，包产到户成为禁区，农业生产责任制逐步废弛，有利于巩固人民公社制度基础的“大寨经验”受到赞扬和推广。

在资金不宽裕、缺乏大型施工机械的条件下，依靠大兵团作战的人民公社体制在组织农民兴修水利、大搞农田基本建设方面发挥出了独特的作用，并确保了农村和农业的资源源源不断地输向城市和工业。但是，将这种组织方式用之于农业生产就不会产生任何规模效益，相反会成为一种低效率的集合，因为在这里不存在所谓集体劳动分工协作的优越性。[①] 这也正是“大跃进”和“农业学大寨”时期农田水利建设成就突出而农业发展相对缓慢的一个重要原因。1979 年中共十一届四中全会通过的《中共中央关于加快农业发展若干问题的决定》指出：“总的看来，我国农业近二十年来的发展速度不快，它同人民的需要和四个现代化的需要之间存在着极其尖锐的矛盾。从一九五七年到一九七八年，全国人口增长三亿，非农业人口增加四千万，耕地面积却由于基本建设用地等原因不但没有增加，反而减少了。因此，尽管单位面积产量和粮食总产量都有了增长，一九七八年全国平均每人占有的粮食大体上还只相当于一九五七年，全国农业人口平均每人全年的收入只有七十多元，有近四分之一的生产队社员收入在五十元以下，平均每个生产大队的集体积累

---

① 不是说没有分工协作，当时在生产队多少人搞农业、多少人搞副业，什么时段集中人力搞农业生产、什么时段集中人力搞农田水利建设（包括积农家肥等），以及整劳力干什么、辅助劳力（半劳力）干什么都是有事先安排的。

不到一万元，有的地方甚至不能维持简单再生产。”[①] 长此以往，势必削弱广大农民建设社会主义的积极性。俗话说：“先顾肚子，然后再谈佛祖。”哪儿有饿着肚子还来念经的？事实上，人民公社体制越是向前发展，自身的弊端暴露得也就越明显，要不是有“文革”和“农业学大寨”这样的政治运动支撑，政社合一的人民公社体制恐怕不会在农村统治长达20多年。

“文革”结束后，虽然人民公社体制和“学大寨运动”仍在惯性发展，但解决吃饭问题、恢复和发展农业生产成了由大乱走向大治的头等大事。随着中央恢复和新推出一系列惠农政策，如减轻农民负担、增加对农业的投入、提高农产品收购价格、提倡家庭副业和多种经营、开放集市贸易、恢复并适当扩大自留地、加快发展社队企业等，农村整体形势开始向休养生息过渡。这一时期，许多干部向中央反映农民反对“一平二调”和瞎指挥、要求尊重生产经营自主权的呼声十分强烈。作为回应，1978年初邓小平在广东等地的讲话中提出尊重生产队的自主权，反对“一平二调”、瞎指挥。其后他在东北“到处煽风点火”屡次提到这些问题。1978年1月31日，《人民日报》发表署名文章，对农村集市贸易的所谓资本主义自由市场的属性提出了质疑。3月，五届人大一次会议一方面仍在强调学大寨，另一方面又特别指出要认真执行党在农村现阶段的各项经济政策，如反对“一平二调”，实行等价交换，开展多种经营，发展集体副业，允许农民经营少量自留地和家庭副业，允许正当的集市贸易等。[②]5月11日，《光明日报》刊登题为《实践是检验真理的唯一标准》的特约评论员文章，当日新华社转发了这篇文章，次日《人民日报》和《解放军报》同时转载，由此掀起了一场关于真理标准问题的全国大讨论。与此同时，在一些农村，20世纪50年代末期和三年困难时期曾经尝试过的一些“退回去”的做法就又陆续“死灰复燃”了。其实那些做法无非是在坚持土地集体所有的前提下围绕“包”字试验的一些农业生产责任制形式，旨在调动生产者的积极性、恢复和促进农业生产。11月11日，《贵州日报》

---

① 《三中全会以来重要文献选编》（上），中央文献出版社2011年版，第156页。

② 华国锋：《团结起来，为建设社会主义的现代化强国而奋斗——一九七八年二月二十六日在第五届全国人民代表大会第一次会议上的政府工作报告》，《人民日报》1978年3月7日。

以头版整版的篇幅发表了该省关岭县顶云公社实行“定产到组”生产责任制的报道，包括一篇题为《“定产到组，超产奖励”行之有效》的新闻、一篇题为《定产到组，姓“社”不姓“资”——顶云公社部分干部座谈纪要》的长篇通讯和一份《编者按》。该《编者按》鲜明地指出：“实践是检验真理的唯一标准。顶云公社的实践已经证明，实行联系产量的生产责任制是正确的。……希望农村各级领导同志一定要从实际出发，勇于冲破林彪、‘四人帮’设置的禁区，勇于打破一切束缚农民群众的社会主义积极性、不利于加速实现四个现代化的条条框框。一切有利于提高农业生产、受到农民群众欢迎的政策、办法，都应该大胆实行。”

就是在这样的躁动不安中，改革的“时间窗口”徐徐拉开了。中共十一届三中全会虽然仍将包产到户列为禁区，但在农业问题上还是大大向前迈进了一步，最重要的是明确了推动农业的发展除了国家的物质支持和技术支持以外，更重要的在于所制定的政策能否调动劳动者的生产积极性，而“离开一定的物质利益和政治权利，任何阶级的积极性是不可能自然产生的。”为此，“我们对农业的领导，一定要从实际出发，一定要按照自然规律和经济规律办事，按照群众利益办事，一定要坚持民主办社的原则，尊重和保护社员群众的民主权利。决不能滥用行政命令，决不能搞瞎指挥和不顾复杂情况的‘一刀切’。”全会强调坚持三级所有、队为基础的人民公社基本制度也是针对普及大寨县中的“穷过渡”而言的，要求在稳定的基础上集中力量发展农村生产力，“不允许在条件不具备、多数社员又不同意的时候，搞基本核算单位从生产队向生产大队的过渡”。[①] 全会发表的公报指出：“人民公社、生产大队和生产队的所有权和自主权必须受到国家法律的切实保护；不允许无偿调用和占有生产队的劳力、资金、产品和物资；公社各级经济组织必须认真执行按劳分配的社会主义原则，按照劳动的数量和质量计算报酬，克服平均主义；社员自留地、家庭副业和集市贸易是社会主义经济的必要补充部分，任何人不得乱加干涉；人民公社要坚决实行三级所有、队为基础的制度，稳定不变；人民公社各级组

① 《中共中央关于加快农业发展若干问题的决定（草案）》，转引自北京农业大学农业经济法研究组、北京政法学院经济法教研室编《农业经济法规资料汇编》第1辑，1981年编印，第329、328、331页。

织都要坚决实行民主管理、干部选举、账目公开。”[①] 会议形成的《中共中央关于加快农业发展若干问题的决定（草案）》（以下简称“《决定（草案）》”）中指出：人民公社各级经济组织必须认真执行各尽所能按劳分配原则，坚决纠正平均主义，在具体做法上“可以按定额记工分，可以按时记工分加评议，也可以在生产队统一核算和分配的前提下，包工到作业组，联系产量计算劳动报酬，实行超产奖励。”[②] 此外，该《决定（草案）》还出台了推动农业发展的多项政策措施。

二、共识是如何形成的

包产到户是被饥饿逼出来的。20 世纪 70 年代末 80 年代初暗地里搞包产到户的地方，多数原本在 50 年代后期特别是后来的三年困难时期作为生产自救的临时性措施试行过这一做法，大家对那个时候的成效印象深刻。特别是安徽，60 年代初曾希圣担任安徽省委书记时搞的“责任田”，曾在相当大的面积铺开。所以，1978 年遇到百年不遇的大旱、老百姓因饥荒而颠沛流离时，安徽的干部和群众很自然就想到了当年的“责任田”做法，先是“借地度荒”，然后是包工到组、包干到组。当发现有的地区和村社背地里偷偷搞起了包产到户甚至包干到户时，省里的领导不是批评、打压，而是允许试验，效果不好就改正，效果好就逐步铺开。为此，肥西县委、滁州地委乃至安徽省委的领导干部是冒了极大的风险的，他们即便是有人发生了动摇也因遭到群众的强烈抵制改变了态度。但是，从历史的经验看，像包产到户这样敏感的试验，如果不是在更大的范围内特别是中央领导层里形成共识，是很难向全国推广的。正是因为时代变了，改革的“时间窗口”已经不知不觉地打开了，安徽的经验才有了全国性的划时代意义，安徽的领导干部（如万里等）才没有步当年曾希圣的后尘，相反被提升到更高层级的领导机构参与主导了新时期

---

① 国家农委办公厅编：《农业集体化重要文件汇编（1958—1981）》下册，中共中央党校出版社 1981 年版，第 968—976 页。

② 北京农业大学农业经济法研究组、北京政法学院经济法教研室编：《农业经济法规资料汇编》第 1 辑，1981 年编印，第 330—331 页。

的农村经济体制改革。

1979 年 3 月 15 日，《人民日报》头版头条发表了一封署名“张浩”的读者来信，并配发了《编者按》，对农业生产责任制发展的趋势提出质疑。《张浩来信》和《编者按》的发表，引起不少地方的人心波动和强烈反对。有鉴于此，时隔半个月后，《人民日报》又在头版发表了来自安徽的读者来信，同样配发了《编者按》，表示此前有些提法不准确，需要注意改正；指出“不管用哪种劳动计酬方式和办法，不要轻易变动，以保持生产的稳定局面。”在此期间，成立不久的国家农委邀请广东、湖南、四川、江苏、安徽、河北、吉林七省农村工作部门和安徽全椒、广东博罗、四川广汉三县的负责人召开座谈会，讨论建立健全农业生产责任制问题。会上围绕联产计酬特别是包产到户问题进行了热烈争论，最后根据华国锋的指示达成折中的意见：目前多数地方，还是实行包产到组、定额计酬；不许包产到户；深山、偏僻地区的孤门独户，可以包产到户；现在春耕已到，不论采用什么形式的责任制，都要很快定下来，以便全力投入春耕。4 月 5 日至 28 日，中共中央召开工作会议，批准了七省三县座谈会《纪要》，中央文件第一次提出在一些特殊地区应当允许包产到户。这一精神后来被加入三中全会提出、经四中全会审定的《中共中央关于加快农业发展若干问题的决定》当中，为农村政策的进一步转变奠定了基础。

1979 年底，包产到户在全国还只是个别地方试行，比重仅占 9%。[①]到 1980 年以后，情况开始有所变化，包产到户逐渐由暗转明、由少变多，随之引起更大的争论，关于包产到组和包产到户的问题成为党的全部经济方针的焦点所在。

1980 年 1 月 11 日至 2 月 2 日，国家农委在京召开全国农村人民公社

① 杜润生：《中国农村体制变革重大决策纪实》，人民出版社 2005 年版，第 114 页。这个时期究竟有多少生产队在搞包产到户？说法不一，国家农委召开的农村人民公社经营管理会议估计只有生产队总数的 1%，实际远不止这个数字。新华社总社通过各省市分社了解到的情况为：各省区实行包产到户的生产队占的比重，广东约 10%，安徽约 23%，内蒙古 53 个县、旗中占到了 29%，河南约 10%，贵州、云南、甘肃、山东、河北等若干，浙江、江苏少量，只有三个直辖市的郊区、东北三省和湖南、湖北等省没有搞或搞得很少。参见吴象《中国农村改革实录》，浙江人民出版社 2001 年版，第 150—151 页。

经营管理会议。会议围绕安徽代表所作《联系产量责任制的强大生命力》的发言，展开激烈交锋。其焦点是包产到户是姓“社”还是姓“资”，符不符合中央政策的规定？会议没有形成一致意见。3 月 30 日至 4 月 24 日，国务院召开长期计划座谈会，主要讨论编制长期计划的方针、政策问题。4 月 2 日，邓小平同中央负责人谈长期规划问题，在谈到农业问题时说：对地广人稀、经济落后、生活穷困的地区，像贵州、云南、西北的甘肃等省份中的这类地区，我赞成政策要放宽，使他们真正做到因地制宜，发展自己的特点。要使每家每户都自己想办法，多找门路，增加生产，增加收入。有的可包给组，有的可包给个人，这个不用怕，这不会影响我们制度的社会主义性质。在这个问题上要解放思想，不要怕。在这些地区要靠政策，整个农业近几年也要靠政策。政策为农民欢迎了，即使没有多少农业投资，只要群众的积极性发挥了，各种形式的经济、副业就会发展起来，农业增产的潜力大得很，发展余地大得很。农业问题，计划不要抠得太细，不一定要那么多投资，还是多从政策上考虑问题。[①]这次谈话对打开甘肃、云南、贵州等地的局面起到了积极作用。贵州省就是从 3 月起停止“纠偏”；6 月在全省地、州、市委书记会上，宣布允许因队制宜实行包产到户、包干到户等经营管理形式；7 月 15 日省委正式发出《关于放宽农业政策的指示》，允许在全省农村普遍推行以包干到户为主的家庭承包责任制。

5 月 31 日，邓小平同胡乔木、邓力群等人研究农村政策时，明确指出：“农村政策放宽以后，一些适宜搞包产到户的地方搞了包产到户，效果很好，变化很快。安徽肥西县绝大多数生产队搞了包产到户，增产幅度很大。‘凤阳花鼓’中唱的那个凤阳县，绝大多数生产队搞了大包干，也是一年翻身，改变面貌。有的同志担心，这样搞会不会影响集体经济。我看这种担心是不必要的。实行包产到户的地方，经济的主体现在也还是生产队。那些地方将来会怎么样呢？可以肯定，只要生产发展了，农村的社会分工和商品经济发展了，低水平的集体化就会发展到高

---

① 中共中央文献研究室编：《邓小平年谱（1975—1997）》（上），中央文献出版社 2004 年版，第 616 页。

水平的集体化。”“总的说来，现在农村工作中的主要问题还是思想不够解放。”[①]这个谈话，在中国农业将向何处去的关键时刻，拨开了迷雾，指明了方向。安徽滁州地区正是在这一谈话精神的鼓舞下，顶住压力，将“双包到户”的改革坚持下去的。[②]7月28日至8月7日，中共内蒙古自治区委召开常委扩大会议，讨论如何进一步解放思想、尽快把内蒙古自治区经济搞活的问题。根据自治区的实际，会议研究制定了放宽所有制方面的政策，确定：“总的原则是，多种所有制经济成分和多种生产经营方式并存，保护竞争，互相促进”，“国家、集体、个人适合谁干，就让谁干，谁干有利，就让谁干。这里唯一的标准，就是发展生产力，增加社会财富。”会议明确提出，要允许“包产到户”、“包产到劳”和“口粮田”等一切可以增产的生产责任制长期并存。凡是群众要求搞责任制的都应该支持，而不应该“顶牛”，也不搞“一刀切”。[③]

9月14日至22日，中共中央召开各省、市、自治区党委第一书记座谈会，着重讨论加强和完善农业生产责任制问题。座谈会一开始，分歧就立刻显现出来。发言反对包产到户的有福建、江苏、黑龙江几省的省委书记，支持的有贵州、内蒙古和辽宁几省的省（自治区）委书记。9月27日，中央印发了这次会议的纪要——《关于进一步加强和完善农业生产责任制的几个问题》（［中发］1980年75号文件）。该纪要肯定了党的十一届三中全会以来各地建立的各种形式的农业生产责任制，同时指出：集体经济是我国农业向现代化前进的不可动摇的基础；加强和完善农业生产责任制，在不同的地方、不同的社队，要根据实际情况，采取各种不同形式，不可拘泥于一种模式，搞一刀切；在边远山区和贫困落后地区，长期“吃粮靠返销，生产靠贷款，生活靠救济”的生产队，可以包产到户，也可以包干到户，并在一个较长时间内稳定。这是联系群众、发展生产、解决温饱问题的一种必要的措施。该纪要对包产到户的性质作出了新的解释，认为它“是依存于社会主义经济，而不会脱离社会

---

① 《邓小平文选》第2卷，人民出版社1994年版，第315—316页。

② 王郁昭：《中国改革从农村突破：包产到户及其引申》，《改革》2008年第8期。

③ 中共内蒙古自治区委员会党史研究室编：《中国新时期农村的变革　内蒙古卷》，中共党史出版社1999年版，第571页。

主义轨道的，没有什么复辟资本主义的危险，因而并不可怕。”[①] 可见这个纪要尽管是个观点折中的产物，但也是一个很实用的文件，大家都可以从中找到自己需要的依据，从而继续自行其是。自认为贫困的地区终于得以大面积推广包产到户和包干到户，而那些自我感觉较好的地区则继续在人民公社体制的改良上做文章。一直到 1981 年春，仍有少数省区的领导干部用种种办法阻挠群众实行包产到户，有的派出工作队到农村强行“纠偏”（结果越纠越多）。四川省有位市委领导发表公开讲话，声称包产到户是方向问题、性质问题，要坚决纠正，为此不要怕减产，不要怕干部躺倒不干，不要怕群众闹事，甚至扬言要动用专政工具。[②]

进入 1980 年第四季度以后，有三股风吹着农村的改革继续向前推进。

一是《关于建国以来党的若干历史问题的决议》经过半年多的起草后，从 10 月 12 日起，正式进入为期一个多月的大范围讨论期，参加讨论的多达 4000 人以上。这一讨论是一次对新中国成立以来的历史自然也包括对农业合作化史和人民公社史的深刻反思，同时也是解放思想和统一认识的重要过程。正像邓小平所提出的那样，起草这个《决议》，就是要起到像 1945 年那次《历史决议》所起的作用，“就是总结经验，统一思想，团结一致向前看。”“对建国三十年来历史上的大事，哪些是正确的，哪些是错误的，要进行实事求是的分析，包括一些负责同志的功过是非，要做出公正的评价。”[③] 经过这场大范围的讨论和征求意见，第二个《历史决议》在 1981 年上半年又做了几处修改，于 6 月召开的中共十一届六中全会审议通过。

二是对“农业学大寨”运动给出了明确的结论。11 月 23 日，中共中央转发山西省委《关于农业学大寨运动中经验教训的检查报告》（以下简称“《检查报告》”）。中央在批语中指出：山西省委总结了大寨大队从农业战线的先进典型变成执行“左”倾路线的典型的经验教训。各地应

① 《新时期经济体制改革重要文献选编》（上），中央文献出版社 1998 年版，第 58—66 页。

② 陈吉元等主编：《中国农村社会经济变迁（1949—1989）》，山西经济出版社 1993 年版，第 495 页。

③ 《邓小平文选（一九七五——一九八二年）》，人民出版社 1983 年版，第 271、256 页。

认真总结学大寨和三中全会以来农业战线上的经验教训，以利于进一步肃清农业战线上“左”倾路线的影响，更好地贯彻执行三中全会以来中央制定的各项农村政策。“文化大革命”以来，大寨和昔阳县推行“左”倾路线，主要应由陈永贵负责。在全国范围内推行大寨经验的错误，主要责任在当时的党中央。历史已经证明，把先进典型的经验模式化、绝对化、永恒化的做法是错误的，有害的。任何先进技术经验或经营管理经验都必须同当地农民的经济利益联系起来，重视经济效果，在农民自愿接受的基础上，经过试验逐步推广。要接受正反两方面的经验，使培养劳动模范、培养工农干部，有一套完整的、切实可行的制度，不要让他们担任不能胜任的领导职务。山西省委在《检查报告》中分析，大寨和昔阳县“左”的错误的主要内容及其危害是：人为制造阶级斗争，使相当多的干部群众遭到迫害；搞“穷过渡”，阻碍和破坏生产力的发展；不断地“割资本主义的尾巴”，扼杀了集体经济的必要补充部分，阻碍了社会主义经济的全面发展；不断地鼓吹平均主义，破坏按劳分配。①

三是从中央到地方进行了密集的人事调整。11 月 10 日至 12 月 5 日，中共中央政治局连续召开了九次会议，主要议题是讨论、批准向十一届六中全会提出的人事变动方案。中央政治局最后通过三项决议：（1）向将要召开的十一届六中全会建议，同意华国锋辞去中央委员会主席、中央军委主席职务（此前已于五届人大三次会议上辞去国务院总理职务）；（2）向六中全会建议，选举胡耀邦为中央委员会主席，邓小平为中央军委主席；（3）在六中全会前，暂由胡耀邦主持中央政治局和中央常委的工作，由邓小平主持中央军委工作，都不用正式名义。在地方，在此前后对一些省委一把手进行了调整，如霍士廉接替王谦任山西省委第一书记，项南取代廖志高任福建省委常务书记，吉林调强晓初任代理书记，等等，加上 1980 年 4 月万里升任国务院副总理和国家农委主任，一批农村改革的中坚力量站到了前台。有的省委领导通过实际调查转变了思想，成为农村改革的坚定支持者，如接替万里任安徽省委书记的张劲夫。有的省区领导则是通过中央做工作克服了认识上的障碍，如河北、黑龙江等省领导。

---

① 张树军主编：《图文共和国年轮 4（1980—1989）》，河北人民出版社 2009 年版，第 1822 页。

以上三点表明，以农村为突破口的中国经济体制改革的大船已经具备了破浪向前的条件。“青山遮不住，毕竟东流去！”虽然一开始掌握真理的可能只是少数几个人，将真理付诸实践的只有少数几个点，但历史将会证明，不管有多大的曲折，不管有多么大的争论，历史的车轮总会百折不挠地朝着真理指引的方向前行。1981 年 3 月 9 日，中共中央办公厅发出转发国家农委党组《关于为邓子恢同志平反问题的请示报告》的通知，指出邓子恢：“对农业集体化运动中一些重要问题所提出的意见，大都是正确的。过去党内对他和中央农村工作部的批判、处理是错误的，应予平反，强加的一切不实之词，应予推倒，恢复名誉。”① 中央这个时候为邓子恢平反，就是对他在计划经济时期努力探索和指导农业生产责任制（包括包产到户）实践的高度肯定。

在此期间，学术界的讨论同样热烈。从 1979 年到 1981 年见诸报刊的研究成果看，包产到户和包干到户是否改变了农村生产资料所有制的性质，是学界争论的焦点。正如英国《金融时报》的一篇评论所讲的那样：“实际上，在改革开放初期，中国经济学的研究领域，到处是意识形态风险，充斥着政治性的论争。以农村改革为例，人民公社制度，当时是被中国宪法所确定的基本经济制度的一部分——改变这种经济形式，实际上是政治性的变革。”“‘所有制’问题在昔日中国的受重视的程度，在西方经济学界看来，也许难以理解。在中国，‘所有制’是一个学界、政界甚至普通大众都熟悉的经济学词汇，对这个独特领域的研究，实际上成为中国经济改革的导火线和关键。与之巧合相应，农民的包产到户的行动，实际上是没有遵守人民公社制度，从当时的法律上来说甚至是违法行为。而杜润生等经济研究者在进行大量调研后，影响了最高层的决策。他们在农村问题上的研究和后来参与决策推动农村改革，虽然没有改变中国土地的所有制归属问题，但在经济组织形式上，已经改变了人民公社制度，回归到经济学的本源目的，更启动了中国三十年的经济改革。”②

综上可见，一直到 1981 年底，虽然农业生产责任制的实践已经表

① 中共中央党史研究室、中共中央政策研究室、中华人民共和国农业部编：《中国新时期农村的变革（中央卷）》（上），中共党史出版社 1998 年版，第 133 页。

② 沈晓冰：《中国版的经济学》，转引自《农产品市场周刊》2008 年第 45 期。

明，包工不如包产；包产的单位，队不如组，组不如户；而且包产不如包干。但是，无论是决策层还是理论界，对包干到户还有不小的歧见，对包产到户则终于由持肯定态度的主张占了上风。这个时候，为避免1980年75号文件的模糊处理继续成为某些人阻挠改革继续向前推进的借口，需要中央给包产到户和包干到户一个明确的说法。

1981年10月4日至21日，中央召开农村工作会议，讨论起草放宽农业政策的文件。中央书记处于12日接见与会代表时，胡耀邦指出：现在有一个问题，文件需要讲清楚。这就是，农村改革，包产到户，并未动摇农村集体经济。责任制用了“包”字本身，就说明了不是“单干”。土地是最基本的生产资料，坚持土地公有，只是“包”给农民，就不是“分田”。我国农业坚持土地公有制是长期不变的，建立生产责任制也是长期不变的。文件草稿由与会代表带回各地征求意见。[①]会后国务院领导指示，不要再强调不同地区不同形式了，让群众自愿选择，选上啥就算啥，领导不要硬堵了。[②]确实，从当时调查到的情况来看，就连先进地区也倾向于包干到户，这一点可能出乎许多人的意料之外[③]。江苏的农民说：不怕累，就怕捆。河北的农民说：原来是把大家都拴在一个槽子上，挤在一块儿吃那点草料，管吃不管饱，自己找点东西吃都不让，只能一起饿肚子。[④]可见，农民是在要自主、要自由，期待着中央进一步放宽政策，选择最好的出路。于是，全国农村工作会议结束后就按照这样的调子起草出了《全国农村工作会议纪要》，于1982年1月1日经中央批转下发，这就是有名的关于农村改革的第一个中央一号文件。

第一个中央一号文件对十一届三中全会以来的农业政策和农村工作给予了充分肯定，指出：截至目前，全国农村已有百分之九十以上的生产队建立了不同形式的农业生产责任制；大规模的变动已经过去，现在已

---

① 黄道霞：《指导农村改革取得突破的历史文献——五个“中央一号文件”制订经过》，《中共党史研究》1998年第5期。

② 杜润生：《中国农村体制变革重大决策纪实》，人民出版社2005年版，第135页。

③ 1980年中央领导集体改组后，邓小平、胡耀邦等中央主要领导一致赞成不同地区可以搞不同形式的农业生产责任制。当时提出了分三类地区：贫困的搞包产到户；先进的搞专业承包，联产计酬；中间的自由选择。

④ 杜润生：《中国农村体制变革重大决策纪实》，人民出版社2005年版，第124页。

经转入了总结、完善、稳定阶段。“建立农业生产责任制的工作，获得如此迅速的进展，反映了亿万农民要求按照中国农村的实际状况来发展社会主义农业的强烈愿望。生产责任制的建立，不但克服了集体经济中长期存在的‘吃大锅饭’的弊病，而且通过劳动组织、计酬方法等环节的改进，带动了生产关系的部分调整，纠正了长期存在的管理过分集中、经营方式过于单一的缺点，使之更加适合于我国农村的经济状况。目前，我国农村的主体经济形式，是组织规模不等、经营方式不同的集体经济。与它并存的，还有国营农场和作为辅助的家庭经济。这样一种多样化的社会主义农业经济结构，有利于促进社会生产力的更快发展和社会主义制度优越性的充分发挥。它必将给农村经济建设和社会发展带来广阔的前景。实践证明，党在三中全会以来所制定和实行的农村政策是完全正确的，各地各级党组织在这方面所做的工作是卓有成效的、具有深远意义的。”

该文件列举了当时各地实行的农业生产责任制形式，包括小段包工定额计酬，专业承包联产计酬，联产到劳，包产到户、到组，包干到户、到组等，肯定这些“都是社会主义集体经济的生产责任制”。该文件特别对包干到户的责任制形式给出了明确的说法，指出：“前一个时期有些人认为，责任制只是包干到户一种形式，包干到户就是‘土地还家’、平分集体财产、分田单干。这完全是一种误解。包干到户这种形式，在一些生产队实行以后，经营方式起了变化，基本上变为分户经营、自负盈亏；但是，它是建立在土地公有基础上的，农户和集体保持承包关系，由集体统一管理和使用土地、大型农机具和水利设施，接受国家的计划指导，有一定的公共提留，统一安排烈军属、五保户、困难户的生活，有的还在统一规划下进行农业基本建设。所以它不同于合作化以前的小私有的个体经济，而是社会主义农业经济的组成部分；随着生产力的发展，它将会逐步发展成更为完善的集体经济。”①

至此，对包产到户和包干到户，中央高层的争论基本停歇，尽管舆论界一直还有不同的声音。第一个中央一号文件尊重农民的选择，顺应了群众的呼声，为家庭承包经营在全国范围的大面积推开扫清了障碍，

---

① 《三中全会以来重要文献选编》，人民出版社 1982 年版，第 1062—1064 页。

是一个深得民心的文件，农户自合作化以来第一次获得了剩余支配权，有力调动了生产积极性，收入提高，产量增加，温饱问题迅速缓解。为防止农民已经高涨起来的积极性重新受到挫伤，避免已经活跃起来的农村经济再次遭到窒息，中央又分别在1983年、1984年、1985年、1986年连续下发了四个一号文件，将农村经济体制改革一步步引向深入。在第一个中央一号文件下发之后，分户承包的家庭承包经营很快在全国形成燎原之势，而在分户承包的家庭承包经营形式中包干到户迅速取代包产到户确立了主体地位。据统计，1979年，实行包产到户、包干到户的生产队为1.1%，1980年上升到14.4%。1981年为45%左右，1982年为89.7%，1983年达到97%以上。① 由此确立了新时期以来以土地公有制为前提、以家庭承包经营为基础的统分结合、双层经营的农业基本经营制度，为整个国民经济的市场化改革迈出了扎实的一步。

三、可资总结的几条基本经验

从不同的角度回顾20世纪70年代末80年代初农村经济体制改革的历程，可以得出不同的经验和启示。本文试着从经济规律、思想认识、工作方法等角度，列举几点：

（一）经济政策成功与否关键在于是否符合客观经济规律

坚持按照客观经济规律办事，是经济政策成功的关键。邓小平在总结改革开放前后党的执政思路的变化时指出："十一届三中全会以后，我们探索了中国怎么搞社会主义……从何处着手呢？就要尊重社会经济发展规律，搞两个开放"②。而在此以前，经济体制出现弊端、经济发展遭受挫折，就是没有按照社会经济发展的规律办事。评价经济政策是否符合客观经济规律，要看其是否正确地总结和借鉴了先行者的经验教训，是否适应现有的生产力发展水平，是否坚持和贯彻了物质利益原则，是否

① 《当代中国的农业合作制》（上），当代中国出版社2002年版，第47、60页。

② 《邓小平文选》第3卷，人民出版社1993年版，第117页。

坚持了劳动者的生产自主权，是否照顾到了产业发展的特殊性。

早在新中国成立初期，我们党就正确指出："农民在土地改革基础上发扬起来的生产积极性表现在两个方面：一个是个体经济的积极性，另一个是劳动互助的积极性，农民的这些生产积极性乃是迅速恢复和发展国民经济和促进国家工业化的基本因素之一。"[①] 但是，我们在合作化运动中强调更多的是后一种积极性，忽视了前一种积极性，甚至认为农民发展"个体经济的积极性"是小农经济的落后性的表现。然而，即使在合作化和集体化以后，农民这种发展"个体经济"的冲动仍然一再顽强地暴露出来，在多种形式的农业生产责任制的选择上，他们更倾向于包产到户；在生产队组织的集体劳作之余，更倾力于自留地经营。从这个意义上说，农村经济体制改革的结果是农民发展"个体经济的积极性"最终占了上风，与此相伴的是我们党对农业家庭经营方式的重新认识：国内外的发展实践表明，农户家庭经营并不构成农业现代化的障碍，相反在已经实现了现代化的经济体的农业中，农户家庭经营依然是主要形式。究其原因，农业发展有其区别于其他产业发展的特殊性，农业的劳动对象是具有生命的生物体，农产品是不可间断的生命连续过程的结果，其生产过程存在严格的继起性，不能将许多农民集中到一起分工协作，工场手工业式的农业是不存在的。只有使农业生产者同时也成为经营的决策者，才能使决策的层次和环节减到最少；只有使农业生产者独立地对整个生产过程负责，才能把生产者在整个生产周期中付出的劳动与其最终收益直接联系起来；只有农业生产者同时也是经营者，才能自主、有效地安排全部劳动时间，才能使剩余劳动时间和剩余劳动力得到充分、合理的利用，从而扩大就业空间，增加收入。而农户家庭经营就是最符合农业生产特殊性的经营方式。由此可见，我国农业合作化以来包产到户的几落几起、曲折发展及其显示出的顽强生命力，正是这种农业发展特殊性的内在驱动使然；从理论到实践同样证明，只有充分尊重劳动者的生产自主权，才能落实物质利益原则，而"离开一定的物质利益和政治权利，任何阶级的积极性是不可能自然产生的。我们的一切政策是否

① 《建国以来重要文献选编》第 2 册，中央文献出版社 1992 年版，第 510 页。

符合生产发展的需要，就是要看这种政策能否调动劳动者的生产积极性。”[①] 这条原理不但适合于农业，同样适应于其他产业的经营和管理。

如前所述，中共十一届三中全会尽管受时代的局限仍然将包产到户视为禁区，但是会议对经济客观规律和物质利益原则以及劳动者生产自主权的强调，是形成历史的转折点的标志之一。1982 年 11 月 5 日，万里在全国农业和农村思想政治工作会议上指出：“农民最高兴两件事：一个是实惠；一个是自主。过去盲目追求‘一大二公’，搞瞎指挥，大呼隆，生产上不去；现在农民有了自主权，可以独立组织生产，安排活计，结果‘集没有少赶，戏没有少看，粮没有少打，钱没有少得’。有些先进队为什么也愿意搞联产承包制呢？很重要的因素就是经济利益增加了，自主权更多了。一个物质利益，一个自主权，有了这两条，八亿农民的积极性和创造性就能充分地发挥出来，成为发展生产的巨大力量。”[②] 当包产到户和包干到户很快发展成为农业生产责任制的主要形式以后，1983 年的第二个中央一号文件进一步指出：“联产承包责任制迅速发展，绝不是偶然的。它以农户或小组为承包单位，扩大了农民的自主权，发挥了小规模经营的长处，克服了管理过分集中、劳动‘大呼隆’和平均主义的弊病，又继承了以往合作化的积极成果，坚持了土地等基本生产资料的公有制和某些统一经营的职能，使多年来新形成的生产力更好地发挥作用。这种分散经营和统一经营相结合的经营方式具有广泛的适应性，既可适应当前手工劳动为主的状况和农业生产的特点，又能适应农业现代化进程中生产力发展的需要。”[③]

我们党一直强调农村经济体制改革后建立起来的基本经营制度是统分结合的经营方式，“在这种经营方式下，分户承包的家庭经营只不过是合作经济中一个经营层次，是一种新型的家庭经济。它和过去小私有的个体经济有着本质的区别，不应混同。”[④] 这样的强调是要说明我们并不是要从一个极端走向另一个极端，即在强调农民发展“个体经济”的积极性的同

---

① 《十一届三中全会以来党的历次全国代表大会中央全会重要文件选编》（上），中央文献出版社 1997 年版，第 39 页。

② 万里：《进一步发展已经开创的农业新局面》，《人民日报》1982 年 12 月 23 日。

③ 《十二大以来中央文献选编》（上），人民出版社 1986 年版，第 256 页。

④ 《十二大以来中央文献选编》（上），人民出版社 1986 年版，第 256 页。

时忽视了其互助合作的需要和愿望，这也是我们坚持农村土地集体所有的题中应有之义。从理论上讲，改革开放以来的农村基本经营制度是根据农民的创造、按照发展个体生产和发展合作经营两个方面的愿望设计的，是对以往的小生产的私有制经济和合作化以来的公有制经济组织方式的扬弃。农户家庭承包经营适应了农民发展个体生产的愿望，有效调动了农民的生产积极性，是新时期农村基本经营制度的基础性层次。在此基础上，按照政社分设的要求建立农村集体经济组织行使土地所有权，对集体的土地、财产等进行经营和管理，组织农民进行农田水利基本建设，兴办集体企业，对家庭等分散经营单位进行生产的协调和服务。这是我们的初衷所在。但是，30多年来农村改革和发展的实践显示出了与国外先行者同样的趋势，即在“统”这个层级上更有典型意义的是农户在家庭经营基础上的自愿自主联合，亦即所谓的“纵向一体化”。至于农业生产环节的适度规模经营，则要靠农业剩余劳动力的转移和土地使用权的流转来逐步实现，同时要通过体制创新，引入股份合作制等方式逐步解决地块细碎的问题。

（二）公有制实现形式成功与否关键在于是否符合“三个有利于”

新时期以来，农业推行家庭承包经营既是遵循了客观经济规律，也是顺应民意的抉择。早在1962年7月，邓小平就曾经根据当时的情况说：“有些以生产队为核算单位的地方，现在出现一些新的情况，如实行‘包产到户’、‘责任到田’、‘五统一’等等。以各种形式包产到户的恐怕不只是百分之二十，这是一个很大的问题。”他认为，这样的问题应该“百家争鸣”，大家出主意，最后找出办法来。他还说：“现在看来，不论工业还是农业，非退一步不能前进。你不承认这个退？农业不是在退？公社不是在退？公社核算退为大队核算，大队核算又退为生产队核算，退了才能前进。”他甚至提出：“还有一种可能，就是有些包产到户的，要使他们合法化。”因为不管“黄猫、黑猫，只要捉住老鼠就是好猫”，恢复农业生产“在生产关系上不能完全采取一种固定不变的形式”。[①] 可

① 《邓小平文选》第1卷，人民出版社1994年版，第323—324页。

惜，这样的意见在那时还无法让多数人特别是毛泽东接受。由此我们也不难领会“文化大革命”结束后中国发生的巨大进步，不难体会实事求是、解放思想的巨大威力。

改革开放30多年来，我国农村发生了翻天覆地的巨大变化。废除人民公社，确立以家庭承包经营为基础、统分结合的双层经营体制，全面放开农产品市场，取消农业税，对农民实行直接补贴，初步形成了适合我国国情和社会生产力发展要求的农村经济体制；粮食生产不断跃上新台阶，农产品供应日益丰富，农民收入大幅增加，扶贫开发成效显著，依靠自己力量稳定解决了13亿人口吃饭问题；乡镇企业异军突起，小城镇蓬勃发展，农村市场兴旺繁荣，农村劳动力大规模转移就业，亿万农民工成为产业工人重要组成部分，中国特色工业化、城镇化、农业现代化加快推进，切实巩固了新时期工农联盟；农村党的建设、社会主义民主政治建设和精神文明建设不断加强，社会事业加速发展。农村改革发展的伟大实践，极大调动了亿万农民积极性，极大解放和发展了农村社会生产力，极大改善了广大农民物质文化生活。更为重要的是，农村改革发展的伟大实践，为建立和完善我国社会主义初级阶段基本经济制度和社会主义市场经济体制进行了创造性探索，为实现人民生活从温饱不足到总体小康的历史性跨越、推进社会主义现代化作出了巨大贡献，为战胜各种困难和风险、保持社会大局稳定奠定了坚实基础，为成功开辟中国特色社会主义道路、形成中国特色社会主义理论体系积累了宝贵经验。改革开放伊始，邓小平就曾说过：“社会主义的经济政策到底对不对，归根到底要看生产力是否发展，人民收入是否增加，这是压倒一切的标准，空讲社会主义不行，人民不相信。”① 十几年后，邓小平在回顾这段改革初期的艰难历程时，感慨地说：“改革开放迈不开步子，不敢闯，说来说去就是怕资本主义的东西多了，走了资本主义道路。要害是姓‘资’还是姓‘社’的问题。判断的标准，应该主要看是否有利于发展社会主义社会的生产力，是否有利于增强社会主义国家的综合国力，是否有利

---

① 《邓小平文选》第2卷，人民出版社1994年版，第314页。

于提高人民的生活水平。”①

（三）工作方法成功与否关键在于是否坚持了民主和实践的原则

如何判断经济政策正确与否？如何检验经济政策是否符合“三个有利于”的标准？不能靠主观好恶，要靠试验、靠实践。

如前所述，改革是要冒风险的，改革的推进绝不会一帆风顺。当年率先偷偷摸摸搞起包产到户和包干到户的村干部和农民甚至是摁了手印、签了血书的，但是后果不尽相同。山西的南郭村试验了一年就被迫中断，而安徽小岗村的试验就坚持了下去，安徽的多数干部顶得住、允许试，而且不断扩大试验的范围。1979 年《人民日报》发表《张浩来信》和《编者按》后曾在安徽引起严重思想混乱，霍邱县最为突出，就连肥西县也发生了动摇，但基层干部群众表示不解，他们说：“搞了二十多年的农村工作，往往把粮食减少了，或者只是徘徊不前，反而说大方向正确，路线正确；而把粮食搞得大幅度增产了（如 1961、1962 年以及 1979 年夏季），反而说大方向错了，路线错了，这是什么理论？”②时任安徽省委书记的万里为这些县里的干部撑腰打气：“报纸是‘公共汽车’，发表各种不同意见是可以的。别人写读者来信，你们也可以写读者来信。究竟什么意见符合人民的根本利益，靠实践来检验，决不能看了一封读者来信和编者按就打退堂鼓。”他强调：“春耕大忙已经开始，政策决不能变来变去，看准了就定下来就干，秋后再总结经验教训。”他还说：“秋后减了产，农民饿肚子，是找你们县委，还是找《人民日报》，《人民日报》能管你们吃饭吗？”③在省委的支持下，安徽算是相对平稳地度过了这场风波。在中央高层，这个时期吸取了以往的教训，对地方干部主导的一些试验基本上也是宽容的，不抓辫子，不扣帽子，尽管争论非常激

---

① 《邓小平文选》第 3 卷，人民出版社 1993 年版，第 372 页。

② 陆学艺口述、张义德整理：《包产到户：中国改革的最早突破》，《光明日报》1998 年 11 月 5 日。

③ 《万里文选》，人民出版社 1995 年版，第 123 页。参见吴象《中国农村改革实录》，浙江人民出版社 2001 年版，第 125 页。

烈——最典型的就是1980年的“阳关道”与“独木桥”之争。从1978年党的十一届三中全会到1980年的中央75号文件，作出的决定几乎都是观点折中的产物，正是这些开明的决策将改革的步伐一步步向前推进，一直到1982年第一个中央一号文件明确地指明了改革的方向，统一了认识。这一时期的密集调研对中央形成正确的决策也发挥了极其重要的作用。当然，关键的是改革开放总设计师邓小平的态度。抛开他为党的十一届三中全会定下的调子和为全党的思想解放作出的历史性贡献不说，他在关键时刻的几次谈话直接推动了农村政策的放宽和对群众意愿的尊重。他讲过：“农村搞家庭联产承包，这个发明权是农民的”[①]“这些年来搞改革的一条经验，就是首先调动农民的积极性，把生产经营的自主权力下放给农民”。[②]“从当地具体条件和群众意愿出发，这一点很重要”。[③]所以我们的政策即便是看准了的，也不是强制推行，而是把选择权交给农民，直到1982年的中央一号文件仍然规定：对家庭承包，“凡是群众要求实行这种办法的地方，都应当积极支持。当然，群众不要求实行这种办法的，也不可勉强，应当允许多种责任制形式同时并存。”[④]

“允许试，大胆闯，看准了就干”，是邓小平的一贯主张。农村的家庭承包是如此，在沿海地区建立经济特区更是如此。1992年，邓小平在南方视察时对当地省市负责人指出：改革开放胆子要大一些，敢于试验，不能像小脚女人一样。看准了的，就大胆地试，大胆地闯。深圳的重要经验就是敢闯。没有一点闯的精神，没有一点“冒”的精神，没有一股气呀、劲呀，就走不出一条好路，走不出一条新路，就干不出新的事业。不冒风险，办什么事情都有百分之百的把握，万无一失，谁敢说这样的话？一开始就自以为是，认为百分之百正确，没那回事，我就从来没有那么认为。[⑤]

从方法论上讲，思维活动只能在实践基础上发生，其成果也只能在实

---

① 《邓小平文选》第3卷，人民出版社1993年版，第382页。

② 《邓小平文选》第3卷，人民出版社1993年版，第180页。

③ 《邓小平文选》第2卷，人民出版社1994年版，第316页。

④ 《十二大以来重要文献选编》（上），人民出版社1986年版，第256页。

⑤ 深圳市史志办公室编著：《深圳改革开放纪事（1978—2009）》，海天出版社2009年版，第95页。

践中接受检验，正确的就会得到推广、应用，错误的会得到修正。将这一方法应用到决策当中，就是要“允许试，大胆闯，看准了就干”。这是我们党的一条宝贵的工作经验，这条工作方法的实践性原则是中国特色的民主制度的集中体现。在国内外学术界，为了解释中国政府对于引发经济改革中政策和制度创新以及适应瞬息万变的经济环境的能力，许多研究指出分散试验起到了关键作用。[①]“中国的经济转型有一个特征，即在政策制定过程中，中央的政策制定者鼓励地方官员尝试各种解决问题的办法，之后将所取得的经验反馈到国家起草的政策中。这种方法对于许多经济领域的政策制定，比如从解散农村集体经济、对外开放贸易、促进私营经济到改革国有企业和规制资本市场，都起到了决定性的作用。”[②]

（四）好的形势能否巩固关键在于政策是否具有连续性和可预期性

在农村改革的初期，由于“分”有余“统”不足，加上频繁的土地调整，一定程度上导致了农户土地经营行为的短期化，土地投资严重不足，滥占和毁坏耕地的事件随处可见，相当多的村社变成了“空壳村”，农村基础设施毁损严重。针对这些情况，从 1982 年起，中央就三令五申要求健全和完善农业生产责任制，重点是要处理好统与包的关系，建立健全合同制。其后又一再给农民吃定心丸，如 1984 年 1 号文件规定将土地承包期延长到 15 年以上，并允许土地承包权有偿转让；1985 年 1 号文件规定“联产承包责任制和农户家庭经营长期不变”。在 15 年的承包期即将届满之际，1993 年，以家庭承包为主的责任制和统分结合的双层经营体制，又作为我国农村的一项基本经济制度在《农业法》中以法律的形式确定下来。该年年底的中共中央农村工作会议出台了《关于当前农

---

① Thomas G.Rawski, “Implications of China’s Reform Experience”, *The China Quarterly*, No.144（December 1995）, pp.1150–1173; Gérard Roland, *Transition and Economics：Politics, Markets, and Firms*, Cambridge：MIT Press, 2000, pp.63–65; Justin Yifu Lin, Fang Cai, Zhou Li, *The China Miracle, Development Strategy and Economic Reform*, Hong Kong：Chinese University Press, 2003, pp.321–325; Sharun W. Mukand and Dani Rodrik, “In Search of the Holy Grail：Policy Convergence, Experimentation, and Economic Performance”, *American Economic Review*, Vol. 95, No. 1（2005）, pp.374–383.

② 韩博天：《通过试验制定政策：中国独具特色的经验》，《当代中国史研究》2010 年第 3 期。

业和农村经济发展的若干政策措施》，明确提出："在原定的耕地承包期到期之后，再延长 30 年不变。开垦荒地、营造林地、治沙改土等从事开发性生产的，承包期可以更长"，并且"提倡在承包期内实行'增人不增地、减人不减地'的办法"，"经发包方同意，允许土地的使用权依法有偿转让。"①1997 年，中共中央、国务院发布《关于进一步稳定和完善农村土地承包关系的通知》，进一步说明：土地承包期再延长 30 年，指的是家庭土地承包经营的期限，而不是家庭承包经营再实行 30 年，后者作为一项基本制度将长期不变。1998 年，党的十五届三中全会通过的《中共中央关于农业和农村工作若干重大问题的决定》明确指出："家庭承包经营是集体经济组织内部的一个经营层次，是双层经营体制的基础，不能把它与集体统一经营割裂开来，对立起来，认为只有统一经营才是集体经济。要切实保障农户的土地承包权、生产自主权和经营收益权，使之成为独立的市场主体。"② 这一年新修改的《土地管理法》、2003 年和 2007 年先后实施的《农村土地承包法》和《物权法》不仅使农民的土地承包经营权实现了长期化，而且更有了法律保障。

回顾历史，中国共产党在农村的基本政策，是调动农民积极性和创造性的有力武器。在新阶段，必须坚持在农村的基本政策，保持政策的稳定性、连续性和可预期性，这是保持改革开放以来农村大好形势的重中之重。稳定基本政策，核心是稳定和完善土地承包关系。稳定和完善土地承包关系，当前的关键是正确看待和处理适度规模经营问题。邓小平 1990 年曾经指出："中国社会主义农业的改革和发展，从长远的观点看，要有两个飞跃。第一个飞跃，是废除人民公社，实行家庭联产承包为主的责任制。这是一个很大的前进，要长期坚持不变。第二个飞跃，是适应科学种田和生产社会化的需要，发展适度规模经营，发展集体经济。这是又一个很大的前进，当然这是很长的过程。"③ 长期以来，许多学者都在苦苦思索农业改革和发展的"第二个飞跃"如何实现，笔者以为在加速推进城市化和社会保障体系建设的背景下，农业领域通过"纵向

① 《十四大以来重要文献选编》（上），人民出版社 1996 年版，第 481 页。

② 《十五大以来重要文献选编》（上），人民出版社 2001 年版，第 561—562 页。

③ 《邓小平文选》第 3 卷，人民出版社 1993 年版，第 355 页。

一体化”（亦即产业化）和土地使用权流转结合体制创新实现适度规模经营是最可行的路径，当然这会是一个比较漫长的过程。实践中也有一些坚持走集体经济发展道路的成功典型，但是这些集体经济组织的支柱产业大都已是非农产业（乡镇企业发展基础较好），因而已经顺利实现了农业剩余劳动力的转移，已经建立起了比较完善的社会保障体系，有条件在农业领域实行规模经营。但是就全国绝大多数农村而言，这些事例并不具有普遍意义。所以温家宝总理指出：“要坚持土地基本经营制度不动摇……承包地不仅是农民重要的生产资料，而且是农民最基本的生活保障。以家庭承包经营为基础、统分结合的双层经营体制，具有广泛的适应性和旺盛的生命力，有利于而不妨碍农业现代化的推进。在家庭承包经营的基础上，可以通过产业化经营等方式引导农民进入市场，可以在土地承包经营权自愿、依法、有偿流转的基础上逐步扩大土地的经营规模。这是一个渐进的过程，不能不顾条件强制推行。稳定农村基本经营制度，保护农民的土地承包权益，是党在农村的基本政策，是国家宪法的规定，是一项必须长期坚持的方针。”①我们相信，通过30多年来的探索，我们已经找到了一条中国特色的农业现代化之路，这就是：通过工业化和城市化，推动农村劳动力转移，缓解人地矛盾；通过农村劳动力就业结构转换和城乡统筹、建立健全社会保障体系，推动农村土地承包经营权流转；通过农村土地承包经营权流转和引入股份合作制等新机制，推进农业适度规模经营，提高种植业的劳动生产率和比较效益；通过发展新型合作经济和集体经济，完善社会化服务，提高农民的组织化程度，逐步将农业引向产业化经营。我们相信，沿着这条路走下去，中国的农村、农民和农业一定会有一个更加美好的明天，我国全社会的全面小康建设目标一定能够顺利实现。

［作者：李文、周庚旭，原载《经济研究参考》2011年第67期］

---

① 温家宝：《关于当前农业和农村工作的几个问题》，《人民日报》2006年1月20日。

新时期以来农户的兼业化发展及其原因分析

农村推行家庭承包经营以来，农户[①]家庭成为最基本的生产单位，农民有了生产自主权，政府鼓励农民多种经营，恢复了农村集市贸易，随之农林牧副渔全面发展，乡镇企业异军突起，农村产业结构和农业经济结构迅速转变。伴随农业劳动生产率的提高，人地矛盾日益凸显，农户解决了最基本的温饱问题以后，劳动力逐步向收入更高的就业领域转移，先是在农业多种经营领域、在家庭工副业生产，接着是在乡镇企业，然后是在远离家乡的城市，部分农民举家迁往城镇，部分农民身份转换成为产业工人或市民，但是更多的农村劳动力并未完全脱离土地和农业生产，而是亦农亦工亦商。在这部分亦农亦工亦商的农户中，农业收入为主的称农业兼业户（亦称一兼户或Ⅰ兼户），非农业收入为主的称非农业兼业户（亦称二兼户或Ⅱ兼户）。其他完全从事农业生产经营的农户称纯农户，完全从事非农业生产经营的农户称非农业生产经营户（这部分农户的名下也可能拥有承包地），完全脱离生产经营领域的农户称非经营户。

---

① 在中国，在现行户籍制度安排下，农户与非农户不以其职业来判定，而是以其在公安部门登记的户口类型来区分。本文使用的农户概念即是指登记为农业户口的居民。近来，有些省市出台了以取消“农业户口”和“非农业户口”性质划分、统一城乡户口登记制度为主要内容的改革措施，本文从其旧。

一、新时期农户兼业化发展的基本状况

中国自古就有“牛郎织女”发展小农经济的传统，“牛郎们”耕作间隙兼从他业弥补家用[①]。改革开放初期，这一传统得到恢复和发展，但是很快，随着工商业的发展和产业结构、经济结构的变动，特别是随着农业劳动生产率的提高和农业剩余劳动力的显性化[②]，受人均占有可耕地数量的限制，男耕女织的传统逐步被农户兼业经营所取代。在经历了连续几年的粮食大丰收以后，从1985年开始，粮食生产的比较效益下降，农民开始选择种植效益更高的经济作物和发展养殖业，或者跑运输、当小商小贩、外出打工。在人多地少、地块细碎和农村社会保障体系不健全的情况下，对兼业户来说，粮食生产逐步沦为“口粮农业”，投入减少，种下的粮食够一家人吃就行。农民手头的资金宽裕了，对自家承包地的粮食生产也可能会选择资本替代（或者购置机械、施用更多的化肥和农药，或者雇工经营，或者将承包地转给他人、自己从市场购买粮食），但叫他们放弃承包地是困难的，除非“增人不增地”[③]或者耕地被占用以后有些家庭干脆就无地可种。于是，随着工业和服务业就业机会的增多，兼业户经营的农业会逐步成为副业。据调查，早在1988年，以出售粮食

---

① 民国《闻喜县志》载：“业农者十之九，为佃户佃工者有焉，有兼营工商业者，有于农隙熬土碱、制柿酒者，有驱骡马服盐者，而皆以农耕为本业。”（余宝滋修、杨韨田等纂，民国八年石印本，第6卷，“生业”）

② 判定劳动力剩余程度的指标有两个，一个是公开失业率，一个是隐性失业率。在中国，城镇登记失业率以外还有大量的失业人口未能列入政府统计范围，农村的隐性失业状况尤为严重（即赵冈、黄宗智等人所谓“过密化”）。随着体制的变革和劳动生产率的提升，隐性的失业会逐步演变为公开的失业。参见李文《中国新时期劳动力供求形势分析》，《中国经济时报》2006年6月23日。

③ 贵州省湄潭县1987年被确定为“全国农村土地制度改革试验区”，并以“增人不增地，减人不减地”的土地制度创新的“湄潭模式”闻名全国。1993年11月5日发布的《中共中央、国务院关于当前农业和农村经济发展的若干政策措施》肯定了这一经验，提出为避免承包耕地的频繁变动，防止耕地经营规模不断被细分，提倡在承包期内实行“增人不增地，减人不减地”的办法。1995年9月下发的国务院《关于稳定和完善土地承包制的通知》重申了这一规定。2003年付诸实施的《农村土地承包法》，把这一政策用法律的形式固定下来，强调增人不增地，减人不减地，承包方以户为单位。

收入为家庭现金收入主要来源的农户就已经降到37.5%，比1984年下降12.1个百分点，有多达82.6%的农户回答种粮目的时将“满足自家口粮需要”放在第一位，完成国家定购任务放在第二位。越来越多的农户已不再把改善生计寄希望于种粮、卖粮，而是寄希望于非粮食生产或非农产业，因而粮食生产投入减少，物化劳动和活劳动更多投入非粮食生产或非农产业。粮食生产在农户家庭生产中的地位下降，其中，粮食作物收入所占比重降为29.2%，比1984年减少14.9个百分点；粮食作物生产费用所占比重降为25.3%，比1984年减少8个百分点；粮食生产投工量所占比重降为35.7%，比1984年减少10.7个百分点。以粮食生产为主业的被调查户由1984年的79.5%下降为1988年的62.9%，以非粮食生产为主业的农户其粮食生产不同程度地出现投入减少、经营粗放现象。①

鉴于农户种粮积极性下降和兼业化发展倾向，自20世纪80年代中期开始，先是在山东平度，然后推及全国1/3以上的农村，试行过一段时期的“两田制”，即将耕地分为口粮田和责任田：口粮田按家庭人口平均分配，这部分耕地只负担农业税，其他收入归农民；责任田用来招标，能者经营，除了承担农业税外，还需缴纳承包费（提留统筹）。这种方式旨在保障农民吃饭用地的同时克服地块细碎问题、提高土地经营质量，逐步走向规模经营。但是后来，“两田制”被强制推行，许多地方不顾实际“一刀切”，违反了当地农民意愿，不利于农村基本经营制度的稳定，1997年被中央叫停。还有少数地方采取“反租倒包”形式，集中农民不愿经营的土地，连片后再向社会招标。土地流转历来就是中央文件提倡和鼓励的，但只要农户不愿意彻底让渡手中的集体土地承包经营权，其兼业化经营的倾向就不会被遏止。

20世纪90年代以来，农户兼业化现象有了进一步的发展。全国第一次农业普查资料显示，1996年底，在全部农村住户中，农业户所占比重为90.47%，非农业户占9.53%。在全部农业户中纯农业户数占62.81%，农业为主兼营非农业的户数占30.57%，非农业为主兼营农业的户数占

① 国务院发展研究中心农村调查办公室：《1984—1988年粮食生产的微观探视——对155村1.3万农户粮食生产的调查》，《中国农村经济》1990年第3期。

6.62%。如果以农村生产经营住户数为100，那么纯农户数为56.82，农业兼业户数为27.66，非农业兼业户数为5.99，非农业生产经营户数为9.53。相关调查表明，这一时期与80年代下半期一样，随着农业专业化程度的降低，农户播种意向和增产意向在纯农户、农业兼业户、非农业兼业户和非农业生产经营户中递次下降，而且农村劳动力文化程度越高，农业增产的意向越弱，离农倾向越强。[①]进入21世纪以来，2008年公布的全国第二次农业普查资料显示，2006年底，全国共有农业生产经营户20015.9万户，比1996年增加3.7%；在农业生产经营户中，以农业收入为主的户数占58.4%，比10年前减少7.2个白分点；住户中农业从业人员为34246.4万人，比10年前减少了19.4%。显然，农村住户中兼业户和非农户不断增加是不争的事实。

近年来粮食价格持续上涨，农业税取消后农民的负担有所减轻、补贴加大。但是调查发现，由于人工和农业生产资料价格上涨更快，农民并未从粮食价格上涨中得到多少实惠，城乡之间的收入差距仍在拉大，因此农户兼业化发展的势头也并未逆转。农民收入保持连续增长的势头，最主要的是靠工资性收入的增长，也就是农民非农就业收入的增长。农民人均纯收入中工资性收入占的比重，1990年为20.22%，2000年为31.17%，2010年上升到41.07%。即便是在农户家庭经营纯收入中，传统的农、林、牧、渔业的比重也由1990年的87.9%，下降到了2000年的76.4%和2010年的78.8%。[②]人力资源和社会保障部披露，2010年农民外出务工月均收入达1690元，比2005年增长近一倍。[③]同期农民人均家庭经营纯收入只增长50%多一点。[④]

另据媒体报道，湖南是产粮大省，水稻播种面积和总产量都居全国首位，占全国水稻总产量和播种面积的13%左右，大部分水稻田都散布在洞庭湖滨和长江的众多支流两岸。2010年，尽管稻谷价格出现较大幅

---

① 中央政策研究室、农业部农村固定观察点办公室：《从农村固定观察点看主要农产品生产意向——1995年主要农产品生产意向调查汇总分析》,《农业经济问题》1995年第8期。

② 《中国统计年鉴（2011）》，中国统计出版社2011年版，第351页。

③ 《农民工收入五年增一倍》,《人民日报》2011年2月14日。

④ 《中国统计年鉴（2011）》，中国统计出版社2011年版，第351页。

度的上涨，但是农民的收入并没有随之增长，因为化肥、农药等生产资料价格上涨得更快。汨罗市三江乡金桥村的一位村民给前来调查的报社记者算了一笔细账，2010年，种一亩水稻双季收成在1300斤左右，全年收入在1400元左右。但是由于种子、肥料、农药以及收割费用等大幅涨价，种一亩水稻的成本大约要花费650元，纯收入只有700多元，如果再剔除人工成本，就剩不下多少了。由于种粮存在不确定性因素，而且收入低，因此村里稍微强壮一些的劳动力都出外打工去了，水田或者以低价包给了别人，或者干脆种单季水稻。这种情况在全国各大产粮区普遍存在，在农业生产条件比较差的地区更是如此。安徽是劳动力输出大省，庐江县的一位农民也给调查者算了一笔账：种一亩地需要复合肥100斤，大约150元，种子每亩需要60元，水费和农药费每亩要200元，有时候忙不过来需要雇人，这就要支付人工费，每亩地打田垄每天需要140元，收割每天需要150元，一般来讲一亩地需要2天的时间。不计算自己的劳动成本，一亩地也需要投入990多元。以平均亩产800斤水稻计算，收购价是每斤1元到1.2元之间，毛收入在800元到960元之间。这样算下来，种粮一年的结果不但赚不到钱，还要倒贴。[①] 由于种粮的收入不如打工，在一些城郊和灌溉较为困难的地区，甚至出现大片荒废的耕地。国土资源部的调查显示，近年来全国每年因农民撂荒、征而不用或自然因素荒废的耕地近3000万亩。湖南省农业厅的一位工作人员认为，湖南粮食生产最大的问题之一是青壮年劳动力的流失。与外出打工两三千元一个月收入相比，在家种地的收入明显远远不及，不少青壮年劳力不愿意在家种地，田地荒废的现象时有发生。[②]

从国际上看，人多地少的国家，伴随着工业化、城市化的迅速推进，在比较利益、机会成本等相关约束条件没有质的变化的情形下，农户兼业化会愈演愈烈，成为一种普遍的现象。在人地关系与中国相仿的日本，1965年兼业劳动力有778万人，占农业劳动力的50%；1979年有849万人，占农业劳动力的68%；到1999年有414万人，占农业劳动力的

① 张聪：《耕地撂荒："荒"了什么》，搜狐网，2013年5月14日。

② 《极端天气致我国粮食减产粮价飞涨　农民未受惠》，《广州日报》2011年2月14日。

60%。[①] 从农户经营形态看，在 20 世纪 40 年代前，兼业农户占总农户的比例在 30% 左右；到 80 年代中期则在 80% 以上，其中，非农业兼业户发展突出，从 1941 年的 21.2% 上升到 1984 年的 71.1%。[②]20 世纪 60 年代日本曾经试图通过立法扶持专业农户、改变农业生产分散落后的局面，但是事与愿违，农户的经营规模并没有随着新政的出台发生多少变化，而农户的兼业化却愈加普遍。[③]

二、农户兼业化发展的一般趋势和原因所在

传统观点认为，农户兼业化阻碍了农田适度规模经营，不利于农业的现代化。笔者认为，一个事物如果有长久甚至愈来愈强的生命力，它的正面效应就大于其负面效应。不能孤立地考察单个的劳动力，也不能仅仅就农业谈农业，要从总体上把握农村劳动力在各产业、各行业之间的流动和劳动力个体在农户家庭生产经营活动中的有机配置，兼业经营或许在改善农户家庭内部劳动力使用效率进而改善农户整体的劳动生产率方面有其独特的效用。就农业本身来说，兼业经营缓解了人地矛盾，并且有助于农业新技术的推广和使用，有助于农户分散经营风险。对决策者来说，重点应放在如何通过制度设计让这些“事实上的非农家”心甘情愿地把自己手里的土地转让给愿意经营农业的农户，从而实现彻底的身份转换。从这一点来看，兼业经营与专业化经营并不矛盾。日本的例子还能说明一点，那就是在土地私有的情况下可能会比在土地公有的情况下土地的流转率更低。

农民选择兼业而不是离开土地的原因是什么呢？

如前所述，考察这个问题的视角最好是将农户作为一个整体而不是孤立地观察单个的农村劳动力。在农户家庭（即便老人和儿女分开过也

---

① ［日］速水佑次郎、神门善久：《农业经济论》，沈金虎等译校，中国农业出版社 2003 年版，第 272 页。

② 金茂霞、赵肖燕：《对日本农业劳动力结构变化的分析思考》，《现代日本经济》1997 年第 4 期。

③ 欧世健：《战后日本农民兼业化的形成及其原因初探》，《广西社会科学》1998 年第 4 期。

一样）可能已经形成一个相对稳定的劳动力分工体系，如果占有的土地足够多而且外出就业的机会少，整个家庭的劳动力（甚至包括辅助劳动力）就都会投入农业生产；如果是专业粮食生产大户，农忙时甚至还会从家庭外雇工。但是，这样的事例在我国并不占多数，对于多数农户来说，由于占有土地面积小，人均也就 1.3 亩左右，而且现在农业精细程度不高，农活有老人和妇女照料就够了，青壮年劳动力就会外出打工，或者跑运输，或者做小商小贩为家里赚取一些货币收入。起初这些非农活动是间歇性的，农闲时出去，农忙时回来；后来由于在外边找到了比较合适的就业岗位，这些青壮年劳动力就成了农民工[①]，农忙时也不回来了，此时家里的土地或者全凭老人、妇女甚至儿童照料，实在不行就雇人帮忙，或者就临时转给他人耕种，个别的一时转不出去就有抛荒的可能。相关调查资料显示[②]，外出务工农民对承包土地的处置方式中，自家其他人耕种的占 63.86%，转租给亲友耕种的占 20.98%，废弃抛荒的占 8.03%，其他及退耕还林还草的占 7.13%。但是，要是让农民工完全放弃自己承包的土地，问题就不是那么简单了：

首先，是否放弃承包地往往不是外出就业的劳动者个人说了算的，需要农户全家一起做出决策。农户家庭承包土地的数量和质量、劳动力数量、家庭成员的年龄结构（包括学龄儿童数量及其所处受教育阶段）、户主的年龄和受教育程度，以及土地承包方的干预程度，都是影响农户家庭作为基本经济单位做出相关决策的重要因素。

以家庭为单位考察农户的决策行为，是社会学和社会史独特的视角。早在 70 多年前，费孝通先生在其著名的博士论文《江村经济》中就精辟地指出：“农村中的基本社会群体就是家，一个扩大的家庭。这个群体的成员占有共同的财产，有共同的收支预算，他们通过劳动的分工过着共

① “农民工”这个称谓是我国独创的，很特殊，社会上对其讨论颇多。在我国，与非农业人口不同，农业人口的居民从出生那天起就“自动”获取了“农民”的身份（不论其是否从事农业工作）；农民在城市或企业从事非农业工作，就成了“农民工”。正面的理解，“农民工”是保留着农村户口的工人阶级（或者阶层）。

② 王春兰、袁红霞：《农民工城市生活状况的调查》，《统计与决策》2005 年第 23 期。这几年，我们搞低保直补，农民种田不交粮，不纳税，而且还有钱赚，这样很多农户把转包出去的土地又拿回来，拿那份补贴，这也是个问题。

同的生活。”“家，强调了父母和子女之间的相互依存。它给那些丧失劳动能力的老年人以生活的保障。它也有利于保证社会的延续和家庭成员之间的合作。”由于土地是农户的“命根子”，所以，在农户家庭中，“处理土地的权利掌握在家长手中。但在日常管理中，例如决定播种的作物、播种日期等，家长，特别若是女人的话，不行使权利，而把决定留给一个技术熟练的人来作。但出售或出租土地的事，除家长外，没有别人能做决定。实际上他的行动可能受其他成员所驱使或者是根据其他成员的建议来做出决定，但责任由他自己来负。”“在生产技术不改变的情况下，土地所需要的劳力总量一般来说是不变的。一个年轻人的加入便意味着生产队伍里要淘汰一个老人。”[①]反过来说，一个年轻人的离开便意味着农业生产队伍里要留下一个老人（或者妇女）。一般情况下，只要家里有老人或者妇儿留守，并且其健康状况允许，外出就业的劳动者是不会放弃土地的。还要注意，“中国的家是一个事业组织，家的大小是依着事业的大小而决定。如果事业小，夫妇两人的合作已够应付，这个家也可以小得等于家庭；如果事业大，超过了夫妇两人所能担负时，兄弟伯叔全可以集合在一个大家里。这说明了我们乡土社会中家的大小变异可以很甚。”[②]在本文论及的场合，除了上述农户家庭以及“扩大了的家庭”以外，农户邻里间的互助合作也是惯常见到的。

其次，农民工外出就业不稳定。最近几年东部沿海屡屡闹“民工荒”，流出地开始与流入地争抢农民工。但前几年受全球性经济危机的冲击，有成千上万的农民工失去工作被迫回到家乡。据湖南省有关方面统计，截至2008年底，全省外出务工农民达1208万人，其中跨省务工有900万人，2008年全省创造的劳务收入达950亿元。受金融危机影响，有三成农民工返乡，人数在280万—300万之间。2009年春节过后，许多农民工重新踏上了外出打工之路，但也有人选择了留在家乡，重新开垦土地。[③]华中师范大学中国农村问题研究中心“中国百村观察”项目组织并资助的一项针对“六省十村”的调查表明，2008年下半年以来，中

① 费孝通：《江村经济——中国农民的生活》，商务印书馆2002年版，第41、42、67、50页。

② 费孝通：《乡土中国》，北京出版社2004年版，第67—68页。

③ 范亚湘等：《返乡农民工重拾土地梦》，《长沙晚报》2009年7月17日。

国农民工流动出现异动状况，返乡农民工问题日益突出。截至2009年上半年，农民工打工率为26.7%，返乡率为72.5%，留乡率为13.4%。据此测算，全国农民工年内返乡人数约为10875万人，留乡人数约为2010万人。从返乡原因上看，农民工年内返乡的最主要原因是回家过年，其比例高达77.8%。由于经济不景气（包括失业和工厂效益不好）而选择返乡的比例为9.1%。据此测算，全国由于经济不景气而选择返乡的打工人员约为989.6万人。留乡农民工的基本去向与打算大致分为：计划再打工、另谋新职、自主创业、留乡务农、照顾家庭、休息养病、暂无事做七种，分别占留乡人员总数的29.9%、14.6%、5.6%、22.9%、7.6%、9.0%、10.4%。失业与家庭因素是农民工留乡的两大主要原因，分别占留乡总人数的33.7%和33.1%。①

事实上，不稳定、不固定是农民工外出就业的常态。国家统计局的监测报告显示，2011年，在外出农民工中，初次外出的平均年龄为26.7岁。从事现职的平均时间为2.7年，从事现职累计不满1年的占22.7%，1—2年的占43.1%，3—5年的占20.9%，5年以上的占13.3%。②

再次，由于城乡二元结构事实上仍未打破，农民工的工人身份多半是阶段性的，外出打工的年头或长或短，最终相当数量还是要回到家乡，尤其是那些文化程度较低、年龄较大且熟悉农事耕作的农民工③。那些不是举家外出的农民尤其如此。值得注意的是，近年来家庭化迁移现象不断增多，这对增强农民工工作和生活的稳定性是有帮助的。但即便是那些为数较少的在城镇有了稳定职业、住所并且可以将户口落在工作所在城镇的农民工，包括那些“村改居”或“城中村”的村民，大多宁可不要城镇户口也不愿放弃家乡的土地。除非农民放弃土地能够获得应有的补偿，并且获得城镇户口后能够享受与城镇居民同等的福利待遇和公共服务，并且他们还能够适应新的生活方式和生活环境。对土地感情日渐

---

① 黄振华：《农民工返乡和留乡的基本态势与特征分析——基于全国六省十村数据的实证研究》，《财经问题研究》2009年第7期。

② 国家统计局：《2011年我国农民工调查监测报告》，《人民日报》2012年4月28日。

③ 已婚、年纪较大的农民工更倾向于就近、就地转移，大龄农民工不仅外出缺少竞争力，而且需要照顾家庭，这使得他们的外出积极性减弱。

疏远的是那些新生代农民工，他们在城市里成长和生活，已经不懂农业生产，即便城里就业形势不好他们也不愿再回农村了。然而对于他们来说，房价过高、享受不到城市居民的社会保障是其在城里安家立业的最大障碍。

在中国，城镇化已是大势所趋，2011年人口城镇化率达到51.27%，城市人口历史性地超过农村人口，第一产业从业人员占比也下降到38.1%。近年来的流动人口规模已经高达两亿以上，未来30年还将有3亿多农村人口进入城镇。问题是，这两亿多流动人口中，八成左右还保留着农村户口[①]，属于“被城市化”[②]人口。这部分农民如果失去家乡的土地就会处于非常尴尬的境地：一方面是土地已经归属他人或被征用，失去了赖以生存、生活的基本资料；另一方面是成为所谓“城市人”后，在社会保障、就业、孩子入学等待遇上又没有享受到真正的市民待遇。农民工的自我感觉和认知最能说明问题。一项调查资料显示，外出务工农民认为自己是农村人的占44.44%，认为既不是农村人也不是城里人的占18.22%，认为自己是城里人的只占14.31%，认为经常被城里人歧视的占11.41%。[③]有调查者问一位农民工：“在上海打工这么多年，没想过在哪儿安家立业？”“你这不是开玩笑嘛，太不现实了，想都没想过。”农民工说，“大城市不属于我们这些乡下人，城里的房价就能吓死人。在外干活没保障，劳务合同、工伤保险、医疗保险、失业保险等一概没有，可每当企业效益滑坡，就立即让你走人，没什么感情可说。”[④]其实，还有社会上诟病最多的，那就是农民工的工资问题。

---

① 2010年的动态监测显示，当年流动人口总量为2.21亿人，没有城市户籍的农民工高达1.6亿人，占比接近73%。参见田雅婷《别忽视新生代流动人口的新需求》，《光明日报》2011年3月1日；国家人口和计划生育委员会2012年8月发布的《中国流动人口发展报告2012》指出，2011年，中国流动人口总量已接近2.3亿，农村户籍流动人口约占流动人口总量的80%。参见中国政府网，2012年8月7日。

② 也有人称之为“半城市化”“伪城市化”。按现行人口统计方法，流动人口在城镇居住半年以上即统计为城市人口。

③ 王春兰、袁红霞：《农民工城市生活状况的调查》，《统计与决策》2005年第23期。

④ 崔鹏、田洪刚：《农民工：外面的钱不好挣稳定就业在何处？》，《人民日报》2011年2月17日。

以上三个方面，是根据大量的调查材料和笔者的实地走访作出的几点分析，实际情况可能远比上述分析复杂得多。有学者列举了日本自20世纪50年代以来农户兼业化迅猛发展的几条主要原因："（1）个体所有的小农经济，经营规模的狭小，是形成农民兼业化的前提；（2）农业机械化水平的不断提高，使农民有了越来越多的剩余劳动力；（3）工业化、城市化的飞速发展，为农村剩余劳动力到农业以外就业创造了大量的工作岗位；（4）土地是农民赖以生存的根本，以农为本的思想根深蒂固；（5）农民从事兼业多以出卖体力为主，职业及收入不稳定，劳动制度不健全；（6）随着经济的发展和城市的不断扩大，农地被大量征用，地价不断上涨；（7）工厂、企业不断向农村扩散，农村迅速城市化，农民可就近找到工作。前三个原因促使农民外出兼业，后四个原因说明农民虽从事非农活动，但仍不完全脱离农业，而走工农兼顾的兼业化道路。因此，日本农民的兼业化经营越来越普遍，尤其是二兼农户在兼业户中占绝对优势。"①中国农户兼业化在各地区发展不平衡的现实也同样印证了日本的情况。1996年、2006年中国两次农业普查数据都表明，农村生产经营户中，东部地区的非农业生产经营户比重最高；中部地区因靠近东部兼业农户比重最高，而且越是靠近东部非农业兼业户的比重越高；西部地区的纯农户比重最高。从趋势上看，日本农业经营正朝着农户向"事实上的非农家"（非农业兼业户）和"企业型农家"（专业化的大农户）两个方向分化，中国也不会例外。但是在城市化完成、农业劳动生产率达到全社会平均劳动生产率以前，农村青壮年劳动力的大量转移导致的农户家庭的空巢化、农村的空心化、农业劳动力的低质化和土地撂荒等也是不容忽视的问题。

三、简短的结论

从国内外比较来看，农户兼业化是农业生产力提高和比较效益下降双重作用的结果，也是全社会商品经济发展的必然结果。农户获得择业

---

① 梅建明、何新民：《日本农户兼业经营对农地经营规模的影响及启示》，《湖北社会科学》2003年第7期。

自由和非农业需求劳动力是其兼业化发展的基本前提。中国农户兼业化自改革开放以来得到了快速发展，从农户家庭经营纯收入构成上看[①]，第一产业的比重持续下降，第二、第三产业纯收入的比重不断上升，到21世纪，在农村居民收入的主要来源上非农收入与农业收入已平分秋色、甚至已经超过了农业收入，显示现阶段农户的兼业化经营已经到了一个相当的水平。

兼业化是在工业化过程中耕地资源稀缺的国家农业发展的共同现象，中国显然也不例外。从总体上看，农户兼业经营对农业生产有正面效应，也有负面效应，其对全社会资源配置的优化、效率的提升和商品经济发展的促进作用是突出的。从趋势上看，农户兼业经营是一过渡形态，在城市化的后期，在农业产业化发展和农业保护政策力度加大的双重作用下，农业经营的吸引力会再次提升，一部分小规模兼业农户可发展成为专业农户或是专业大农户，大部分小规模兼业农户将由第一种兼业转为第二种兼业，进而成为完全的非农就业者。

显而易见的是，将大部分兼业化经营的农村劳动力释放出来、让他们彻底离开土地，有助于提升农业生产的规模和比较效益——但是这同样需要条件，需要将承包地多方面的功能剥离后让农户获得足够的补偿，也需要土地制度不断创新。在像中国这样一个发展中大国，这将是一段异常艰难的历程。问题不在如何推进农村土地使用权的流转，而在于如何随着工业化、城市化和农业现代化的进程统筹做好“农民工”这篇大文章。

［原载《当代中国史研究》2013年第2期，本次收入有少量增补］

① 详情可以参见国家统计局农村社会经济调查总队编《中国农村住户调查年鉴（2002）》，中国统计出版社2002年版。

中国“三农”问题的演进与乡村社会治理创新

城镇化是现代化发展的必然需求和必然过程，也是中国今后一个时期经济和社会发展的最大内需所在。说它是经济发展的最大内需的人已经很多了，特别是李克强总理曾经多次阐述其中的道理。他早在2010年还是国务院副总理的时候，就在《求是》杂志上撰文指出：“中国城镇化蕴含着巨大的内需空间。据有关部门预测，中国城镇化快速发展还能持续相当长时间，到2030年，城镇化率将达到65%左右，各类城镇将新增3亿多人口，这将为扩大消费和投资需求提供强大、持久的动力：可以有效扩大城市消费群体，增加居民消费；可以提高农村居民消费水平；可以有力拉动投资需求。”[①] 这也是经济学界有底气说中国经济进入新常态后仍能保持若干年的比较快的增长速度的重要原因。目前在学术界对此已形成共识。但是对城镇化是社会发展的最大内需所在，目前讨论得不是很够、很充分，人们关注较多的主要是农村流动人口的市民化问题以及由此产生的农村留守妇女和留守儿童问题。这些当然是城镇化过程中社会发展和社会治理面临的重要问题，也是十分棘手的难题。但是，任务更重的恐怕是我们不得不面对伴随着城镇化进程出现的乡村衰败问题，这将是今后一段时期乡村社会发展和社会治理面临的最大挑战。

---

① 李克强：《关于调整经济结构促进持续发展的几个问题》，《求是》2010年第11期。

一、伴随工业化、城镇化出现的“三农”危机

笔者 2014 年曾经撰文指出，从发达经济体的发展经历可以看到，城镇化并不像田园诗歌般的那样美好，更像是现代化分娩前的一段阵痛。“城镇化是一段曲折的过程，多数经济体的城镇化会以农村和农业一段时期的衰落为代价，与此相伴随的甚至包括广大农民的无产化和赤贫化。”[①]当然这里的农村和农业是传统意义上的农村和农业，换言之，正像法国社会学家孟德拉斯（Mendras，H.）所描述的那样[②]，城镇化带来的是“小农”（paysans——法语）及其生产方式和生活方式的“终结”（la fin——法语），连带着他们固有的聚落形态也走向瓦解。笔者这些年去基层调研，看到很多农村的房屋、道路年久失修，已很少有人居住，几乎只剩下了一些残垣断壁，与此形成鲜明对比的是或者在不远处另建起了整齐的新村，或者是由农户自发地在道路两旁盖起了一些新的院落和住宅，包括那些公路两旁的饭馆、商铺、车店、汽车修理点等。村里没有了人气，记忆中的那种炊烟袅袅、鸡犬之声相闻的景象不多见了。这几年精准扶贫的力度格外大，我们看到许多原本分散居住在贫瘠山区的居民异地搬迁住进了主要靠政府规划和资助建造起来的“幸福新村”。但是，真正在那些崭新的居民楼里居住的大都是些上了年纪的老人，不到过年的时候村里几乎看不到青壮年劳动力的身影。有些地方的农村还有不少留守妇女和儿童，但我毋宁将其视为过渡形态，这些妇女和儿童迟早也会

---

① 李文：《土地流转与城乡一体化》，《当代中国史研究》2014 年第 1 期。

② ［法］孟德拉斯（Mendras，H.）：《农民的终结》（La Fin Des Paysans），李培林译，社会科学文献出版社 2010 年版。此书中文译者、社会学家李培林曾指出：“中国从乡土的自给自足社会到城市的风险社会，农民和村落的终结，是一个巨变，但也是一个漫长的过程，其间伴随着无数不足以为外人知的喜怒哀乐，既有摆脱农耕束缚、踏上致富列车的欣喜和狂欢，也有不堪回首的个体和集体追忆。”（李培林：《从“农民的终结”到“村落的终结”》，载宋亚平主编《三农中国》第 18 辑，湖北人民出版社 2012 年版，第 27 页）

离开的[①]。说得极端一点，这些“幸福新村”几乎就是一座座养老院，而当地政府又大都没有做相应的养老安排[②]。设想一下，如果外出打工的青壮年劳动力（包括那些留守妇女和儿童也陆续随着出去[③]）不再回原户籍所在地居住，那么等留守的老人相继离开（或者离世，或者投靠儿女）后，那些建成不久的“幸福新村”会不会也成了“鬼村”？政府的投资就这样白白浪费掉了。这些年各地的新农村建设取得了一些实质性进展，但是上述问题也都不同程度地存在着，一边是破败的旧村落，一边是寂静的新农村，只有那些交通便利、距离城市不算远的村落靠着发展乡村特色旅游还能看到一些热闹的场景。

说完农村再看农业。这些年中国的粮食生产比较稳定，据统计 2004 年以来全国粮食总产量连年增产[④]，2016 年粮食总产量略有下滑。取得这样的成就靠的是什么？有人说靠的是科技投入（良种良法等），我看化肥和农药在其中仍然起着重要的作用，据统计，我国的化肥施用量 2005 年为 4766.2 万吨，2015 年达到 6022.6 万吨，10 年增长了 26% 以上，这个

---

① 据调查，家庭化迁移近年已成为人口流动迁移的主体模式，新生代流动人口表现更为突出。但大多数家庭不能一次性完成核心家庭成员的整体迁移，近七成的家庭中，家庭成员为分次流入，夫妻首先流入、再把全部或部分子女接来同住是最常见方式。参见国家卫生和计划生育委员会人口流动司编《中国流动人口发展报告 2013》，中国人口出版社 2013 年版。此后几年的《中国流动人口发展报告》也印证了这一结论，参见《中国妇女报》2017 年 11 月 13 日的相关报道。

② 笔者从民政部了解到，近年来有关部门正在不断加大对农村留守人口的关爱和服务，农村居民的养老服务体系建设也在加快推进，初步形成了以家庭赡养为基础、养老机构和互助幸福院为依托、农村老年协会参与、乡镇敬老院托底的农村养老服务供给格局，居家养老服务设施已基本覆盖一半以上的农村社区。但是笔者在基层调研向村干部就有关问题询问时得到的多半是否定性的或者是模棱两可的回答。

③ 2013 年，全国妇联发布了《全国农村留守儿童、城乡流动儿童状况研究报告》。报告显示，根据 2010 年全国第六次人口普查资料推算，全国有农村留守儿童 6102.6 万人，占所有农村儿童比重达 37.7%，占全国儿童的比例为 21.9%。与 2005 年全国 1% 抽样的调查估算数据相比，5 年间全国农村留守儿童增加约 242 万人，增幅为 4.1%。参见《中国妇运》2013 年第 6 期。2016 年，民政部、教育部、公安部在全国范围内首次组织开展农村留守儿童摸底排查工作，结果摸底排查出的农村留守儿童只有 902 万人（其中有 36 万人处于无人监护状态）。参见《经济日报》2016 年 11 月 9 日。前后两个数据相差甚大，究其原因，笔者认为除了统计口径有所不同以外，多半是原来的留守儿童或者已经成人参加工作或者已经随其父母进城。

④ 这是一大奇迹，值得研究。

增长幅度几乎与同期粮食产量增长幅度（28.4%）持平。[①]农业部的专家称中国年化肥使用量占世界的35%，相当于美国、印度的总和；农药利用率仅35%，比发达国家低10—20个百分点。[②]虽然有政府的大力支持，但是由于生产资料价格高居不下、生产率低造成的比较效益低下，农户种粮的积极性并不高，青壮年劳动力都外出打工去了，种粮的都是些出不去的人，这些人的耕作面积有限，不愿多种或者无力多种，过多地依赖化肥和农药，同时也出现了大量的耕地抛荒现象，特别是那些耕地不连片的地方。[③]近年来土地流转现象增多（下文详述），局面有所改观。但是，土地流转现象增多的原因之一，是那些在村里务农的劳动力实在是上了年纪了，而出去务工的子女又不愿意回来接着种地，这种现象多了，村里也就有条件将这些土地调整成片成规模地转包给大户或者公司或者合作社了。可是正像我们所看到的那样，就连公司、大户、合作社也多半不是种粮而是经营别的商品作物去了，对这种行为当地政府将其视同农业产业结构调整持支持态度。于是，在城镇化的进程中，不但农村而且农村的支柱产业也呈衰落之势，无人愿意种粮食了，谁也不愿意在农村居住了。当然我们这里讲的农业，主要的还是传统的小农生产。可见，放眼全国，“农业还是现代化建设的短腿，农村还是全面建成小康社会的短板。”[④]

---

① 数据参见《中国统计年鉴（2016）》表12-5、表12-10，中国统计出版社2016年版。

② 《钱克明：我国年化肥使用量占世界的35%相当于美印总和》，人民网，2015年3月9日。

③ 详细情况参见李文《土地流转与城乡一体化》，《当代中国史研究》2014年第1期。2011年央视报道，国土资源部调查发现全国每年因农民撂荒、征而不用或自然因素荒废的耕地近3000万亩。《学习时报》2008年10月10日发表的一篇文章（张黎：《对农村土地隐形抛荒的调查与分析——以湖南省为例》）称：2007年，种粮大省湖南全省土地抛荒的面积占耕地面积的比例达到了10%以上，另有大量的因双季稻改单季稻造成的隐性抛荒现象。

④ 2013年12月23至24日召开的中央农村工作会议强调：“小康不小康，关键看老乡。一定要看到，农业还是‘四化同步’的短腿，农村还是全面建成小康社会的短板。”（《人民日报》2013年12月29日）2016年4月25日习近平在安徽凤阳县小岗村主持召开农村改革座谈会时指出：“当前，农业还是现代化建设的短腿，农村还是全面建成小康社会的短板。全党必须始终高度重视农业、农村、农民问题，把‘三农’工作牢牢抓住、紧紧抓好，不断抓出新的成效。”（《人民日报》2016年4月29日）

二、“三农”问题演进的必然趋势

当下的中国，伴随着城镇化的快速推进和农村劳动力的大规模的产业转移，“三农”问题的演进有如下三个必然趋势。

（一）农村耕地的流转和适度规模经营是必然趋势

农村土地实行家庭承包经营以来，由于人多地少和分配到户的承包地地块分散、狭小，由于农业比较效益低下和城镇工业化的快速推进，也是由于农村人口获得了自由流动的权力，农村的青壮年劳动力大量地流向了城镇和非农产业，家里的承包地靠留守的妇女和老人足以应付，要求不高，够吃就行。2006 年的第二次全国农业普查显示，全国农业从业人员中 50 岁以上的占 32.5%。而据媒体报道，中西部一些地区 80% 的农民都是 50—70 岁的老人。[①]时至今日，村里留守的妇女也陆续出去了，而原本五六十岁的留守老人也逐渐失去劳动能力，于是就产生了将承包地流转出去的愿望；而村里的干部也明白只有产业化才是带领群众从温饱走向小康的必由之路，而产业化的前提就是要将分散的土地集中起来搞适度规模经营（安徽小岗村、小井庄等更多的例子就是如此），于是在广大农村就出现了当年邓小平所预想的“第二个飞跃”的趋势[②]，中国式的农业现代化的路径也就逐渐清晰起来了。农业部统计数据显示，截至 2016 年 6 月底，全国承包耕地流转面积达到 4.6 亿亩，超过承包耕地总面积的 1/3，在一些东部沿海地区，流转比例已经超过 1/2。全国经营耕地面积在 50 亩以上的规模经营农户超过 350 万户，经营耕地面积超过 3.5 亿多亩。全国家庭农场、农民合作社、农业产业化龙头企业等新型主

---

① 吴秋余：《空心化农村如何“养活中国”》，《人民日报》2012 年 3 月 20 日。

② 1990 年 3 月 3 日，邓小平在与中央负责同志的谈话中指出：“中国社会主义农业的改革和发展，从长远的观点看，要有两个飞跃。第一个飞跃，是废除人民公社，实行家庭联产承包为主的责任制。这是一个很大的前进，要长期坚持不变。第二个飞跃，是适应科学种田和生产社会化的需要，发展适度规模经营，发展集体经济。这是又一个很大的前进，当然这是很长的过程。”（《邓小平文选》第 3 卷，人民出版社 1994 年版，第 355 页）

体数量已经超过270万家。[①]2016年下半年以来国家出台的农村土地确权和所有权、承包权、经营权“三权分置”政策，很好地推动了上述进程。2017年中共十九大宣示的第二轮土地承包到期后再延长30年和即将迎来的《农村土地承包法》修改，也都是顺势而为的重要举措。目前，我国农地户均经营规模仅为同样人多地少的日本的1/4，土地流转集中的潜力还很大。需要指出的是，将村里的承包地以租赁或者股份合作的方式集中起来，也给村里创造了重建集体经济的机会，调查中笔者发现很多原本非常困难的空壳村通过土地集中流转和政府扶贫资金注入，重新获得了组织合作社和服务村民的实力。

（二）撤村并乡、对农村居民点展开治理是必然趋势

城镇化的过程必然是农村人口减少、农村居民点消亡的过程。2011年的一则报道称：2005—2009年，中国农村人口大量减少，平均每天有20个行政村消失，每年减少7000个村委会。[②]到2011年，中国的城镇化率首次超过50%，第一产业从业人员占比也下降到34.8%（约2.66亿人），过去我们常说的“十亿人口八亿农民”的基本国情早已成为历史。2012年的一则报道称：中国城镇化导致农村人走房空，潜在面积达上亿亩。[③]社会学家李培林在《从“农民的终结”到“村落的终结”》一文里是这样描述的：

> 在1990年到2010年的20年时间里，我国的行政村数量，由于城镇化和村庄兼并等原因，从100多万个，锐减到64万多个，每年减少1.8万个村落，每天减少约50个。它们悄悄地逝去，没有挽歌、没有诔文、没有祭礼，甚至没有告别和送别，有的只是在它们的废墟上新建的奠基、落成仪式和伴随的欢呼。[④]

---

① 《农业部：全国承包耕地流转比例已超过三分之一》，央广网，2016年11月17日。

② 《我国平均每天消失20个行政村土地撂荒现象严重》，《新快报》2011年10月28日。

③ 《报告称大批年轻农民迁居城市，导致空心村激增，潜在面积达上亿亩》，《新京报》2012年3月26日。

④ 转引自宋亚平主编《三农中国》第18辑，湖北人民出版社2012年版，第29页。

为了更加直观地显示这种村落的减少状况，笔者将村民委员会的单位数及其基本走势列表图示如下。从中可以看出，从 2000—2014 年，在城镇化加速的大背景下，村民委员会单位数趋于减少的同时是城镇社区居民委员会单位数的日益增长，前者从 734715 个减少到 585451 个，每年减少上万个。2015 年，村民委员会单位数为 580856 个，社区居民委员会单位数为 99679 个。

表 1　中国历年基层自治组织单位数变动情况（2000—2014）

	2000 年	2002 年	2004 年	2006 年	2008 年	2010 年	2012 年	2014 年
村民委员会单位数（个）	734715	694515	652718	631184	603589	594658	588407	585451
社区居民委员会单位数（个）	108424	86087	77884	80717	83413	87057	91153	96693

资料来源：国家统计局官网。注意：2000 年左右社区规模因体制变动而有所调整。

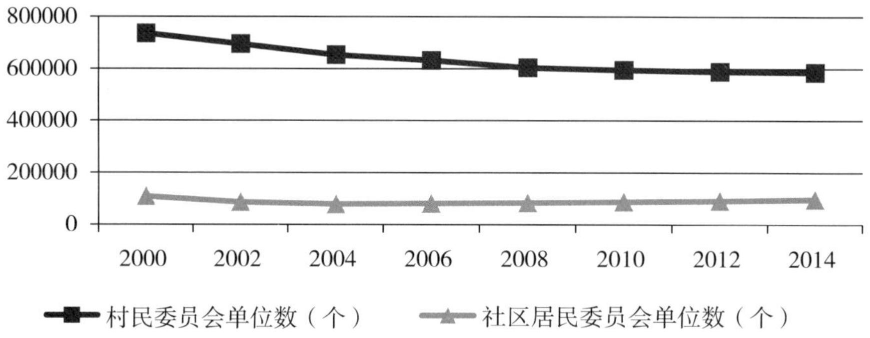

图 1　中国历年基层自治组织单位数变动走势（2000—2014）

资料来源：国家统计局官网。

今后一段时期，伴随留守老人的陆续退出，农村居民点的消亡还会加快。近年来，各地结合大力开展社会主义新农村建设，大力开展精准扶贫、精准脱贫攻坚战，有意识地撤村并乡，减少了一些比较分散、生产和生活条件比较差的农村居民点。农村居民点的减少是必然趋势，农业人口的减少也是农业现代化的客观需求。可是问题在于，我们花了很大的成本、付出很大的代价建起来的许多新居民点的可持续性是成问题的，因为它多半不是城乡建设统一规划的产物，因为它还不具备条件将外出打工的年轻人吸引回来，同时也没有将农村养老问题很好地结合起来。对此我们后文进一步讨论。

（三）培养新型农民是必然趋势

笔者曾经在2013年发表过一篇文章，分析了农户兼业化发展的一般趋势和原因所在，同时指出在城市化完成、农业劳动生产率达到或接近全社会平均劳动生产率以前①，农村青壮年劳动力的大量转移导致的农户家庭的空巢化、农村的空心化、农业劳动力的低质化和土地撂荒等也是一个不容忽视的问题。尽管一代农民工的工人身份多半是阶段性的，外出打工的年头或长或短，最终相当数量还是要回到家乡的，尤其是那些文化程度较低、年龄较大且熟悉农事耕作的农民工，已婚、年纪较大的农民工更倾向于就近、就地转移。但是对新生代农民工来说，他们在城市里成长和生活，已经不懂农业生产，即便城里就业形势不好他们也不愿再回乡下了。然而对于他们来说，飞涨的房价是其在城里安家立业的最大障碍（在那些特大城市面临的困难会更多更大）。特别是近些年国外经济持续不景气，国内产能过剩问题突出，多数企业面临去产能、降成本、设备升级换代的问题，低端劳动力的就业岗位大量流失，而村里的产业扶贫却搞得有声有色，“村村通”工程成效显著，电商也进去了，村里的生产、生活条件大为改善，这也为吸引外出的青壮年劳动力回来并将其逐步改造成为新型农民提供了机遇。事实上，近年来农民工外出流动的拐点已经出现，国家统计局抽样调查结果显示，2012年、2013年、2014年和2015年农民工总量增速分别比上年回落0.5、1.5、0.5和0.6个百分点，并且出现了青壮年农民工比重下降、跨省流动农民工区域减

① 尽管我国水稻和小麦单产达到发达国家水平、玉米单产达到中等发达国家水平，但我国农业劳动生产率约为世界平均值的47%、高收入国家平均值的2%、美国的1%。2014年第一产业就业人员占比为29.5%、增加值占比为9.2%，近3/10的劳动力只创造了近1/10的增加值。参见中国科学院中国现代化研究中心发布的《中国现代化报告2012：农业现代化研究》（北京大学出版社2012年版）。另见叶兴庆《农业现代化的核心是提劳动生产率》，《中国经济时报》2015年7月20日。

少的现象。[①]越来越多的农民工选择了就近转移和返乡创业，他们的收入并不比在城里务工低多少，在村里也过上了比较舒适的生活，照顾老人和孩子当然也方便多了。

面对新形势和新需要，政府因势利导，自2005年起，逐步将培养农村农业实用人才、专业人才的提法变更为培养职业农民、新型农民的新要求，至2012年定型为“培养新型职业农民”的提法并沿用至今。[②]近年来，这方面的工作力度逐渐加大，2013年试点，2014年全面起步，截至2015年底，全国新型职业农民达到1272万人，比2010年增长55%，农民职业化进程不断提速。[③]2016年的中央一号文件着眼农业现代化的需要，要求“将职业农民培育纳入国家教育培训发展规划，基本形成职业农民教育培训体系，把职业农民培养成建设现代农业的主导力量。”[④]2017年的中央一号文件基于深化农业供给侧改革的新要求，提出“重点围绕新型职业农民培育、农民工职业技能提升，整合各渠道培训资金资源，建立政府主导、部门协作、统筹安排、产业带动的培训机制。”[⑤]本着这一要求，2017年初，农业部作出了到2020年全国总量超过2000万人的“十三五”全国新型职业农民培育发展规划发展目标，提出：以提高农民、扶持农民、富裕农民为方向，以吸引年轻人务农、培养职业农民为重点，通过培训提高一批、吸引发展一批、培育储备一批，加快构建一支有文

① 《2015年农民工监测调查报告》，国家统计局官网，2016年4月28日。

② 农业部2005年出台的农村实用人才培养计划开始强调面向“职业农民”（《关于实施农村实用人才培养“百万中专生计划”的意见》，参见《中华人民共和国农业部公报》2005年第12期）；2006年提出培养农村专业人才（《农业部今年要为农民办15件实事》，《人民日报》2006年2月10日）。2006年中央一号文件首次提出培养“‘有文化、懂技术、会经营’的新型农民”，将其作为建设新农村的一项重要任务（《中共中央、国务院关于积极发展现代农业扎实推进社会主义新农村建设的若干意见》，《人民日报》2007年1月30日）；2012年提出“新型职业农民”概念（《中共中央国务院印发〈关于加快推进农业科技创新持续增强农产品供给保障能力的若干意见〉》，《人民日报》2012年2月2日）。

③ 《农业部办公厅关于做好2017年新型职业农民培育工作的通知》，农业部官网，2017年7月4日。

④ 《中共中央、国务院关于落实发展新理念加快农业现代化实现全面小康目标的若干意见》，《人民日报》2016年1月28日。

⑤ 《中共中央、国务院关于深入推进农业供给侧结构性改革加快培育农业农村发展新动能的若干意见》，新华网，2017年2月5日。

化、懂技术、善经营、会管理的新型职业农民队伍。[①]

今后的农民不是一种身份而是一种职业，现代化的农业需要具备相应的知识和能力的劳动力，而培养新型农民的希望就寄托在农村一定数量的青壮年劳动力身上。习近平总书记曾指出：“农村经济社会发展，说到底，关键在人。要通过富裕农民、提高农民、扶持农民，解决好‘谁来种地’的问题，让农业经营有效益，让农业成为有奔头的产业，让农民成为体面的职业，让农村成为安居乐业的美丽家园。”[②]

三、乡村建设重在推进城乡统筹

对时下各地大力推进的新农村建设，这里要多说几句。2005 年 10 月，中共十六届五中全会提出要按照“生产发展、生活宽裕、乡风文明、村容整洁、管理民主”的要求，扎实稳步推进新农村建设，并将其视为中国现代化进程中的重大历史任务。但是实际贯彻中，很多人忽视了这一任务是在统筹城乡发展、落实“工业反哺农业、城市支持农村”的方针的背景下提出来的。中共中央和国务院在随后下发的《关于推进社会主义新农村建设的若干意见》中开篇就作出了“统筹城乡经济社会发展，扎实推进社会主义新农村建设”的具体要求。此后，中央文件和领导人讲话中一提到建设社会主义新农村，总是要强调“统筹城乡”的基本出发点。中共十八大以来，这一要求就更明确了。2013 年 7 月，习近平在湖北考察时强调，实现城乡一体化，建设美丽乡村，是要给乡亲们造福，不要把钱花在不必要的事情上，比如说“涂脂抹粉”，房子外面刷层白灰，一白遮百丑。不能大拆大建，特别是古村落要保护好。他进一步指出，即使将来城镇化达到 70% 以上，还有四五亿人在农村。农村绝不能成为荒芜的农村、留守的农村、记忆中的故园。城镇化要发展，农业现代化和新农村建设也要发展，同步发展才能相得益彰，要推进城乡一

---

① 《农业部办公厅关于做好 2017 年新型职业农民培育工作的通知》，农业部官网，2017 年 7 月 4 日。

② 《习近平总书记系列重要讲话读本》“四、实现实实在在没有水分的增长”，《人民日报》2014 年 7 月 7 日。

体化发展。[①]2015年4月，习近平在中共中央政治局第二十二次集体学习时强调：加快推进城乡发展一体化，是党的十八大提出的战略任务，也是落实“四个全面”战略布局的必然要求。他说：要把工业和农业、城市和乡村作为一个整体统筹谋划，促进城乡在规划布局、要素配置、产业发展、公共服务、生态保护等方面相互融合和共同发展。着力点是通过建立城乡融合的体制机制，形成以工促农、以城带乡、工农互惠、城乡一体的新型工农城乡关系，目标是逐步实现城乡居民基本权益平等化、城乡公共服务均等化、城乡居民收入均衡化、城乡要素配置合理化，以及城乡产业发展融合化。[②]2016年的一号文件也强调，要加快补齐农业农村短板，必须坚持工业反哺农业、城市支持农村，促进城乡公共资源均衡配置、城乡要素平等交换，稳步提高城乡基本公共服务均等化水平。总之，新农村建设是否可持续，关键就在于是否坚持了“统筹城乡”的基本出发点。在这方面，一些省市已经积累起了不少成功的经验。笔者日前在安徽调研时了解到，该省自2012年全面推进美好乡村建设以来，乡村面貌发生了很大变化，截至2016年底，全省已建和在建省级中心村3209个，开展整治建设的乡镇1133个，自然村环境整治逐步推开，一大批“脏乱差”的旧村庄变成了美丽宜居新农村。据介绍，该省在编制村庄布点规划时，主要基于两点考虑：一是未来城镇人口分布；二是未来农村人口分布。考虑到将来农村人口会适度集聚、一些自然村落逐步消亡的客观趋势，按照未来每个行政村保留一个中心村的要求，优先选择交通便利、基础条件较好、人口相对集中的村庄布点中心村，确保成为永久居住点。在建设过程中，省里再三强调不搞大广场、大门楼等劳民伤财的面子工程，坚持把建设重点放在农村环境整治和改善基本生活条件上，以垃圾污水处理、安全饮水、村庄道路、危房改造、电力通信、村庄绿化亮化、沟塘清淤等为主要建设内容，一些长期脏乱差的旧村庄实现了华丽的蜕变。安徽的做法值得推广。但据我观察，该省在具体实践中，尤其是各市县纷纷试点推进的市级中心村、县级中心村的建设热

① 《习近平眼中的“三农短板”》，新华网，2016年2月7日。

② 《习近平：健全城乡发展一体化体制机制让广大农民共享改革发展成果》，新华网，2015年5月1日。

潮中，“统筹城乡”的方针并没有得到应有的贯彻和体现。

2017年中共十九大提出的乡村振兴战略可以视为社会主义新农村建设的升级版。十九大报告强调“要坚持农业农村优先发展，按照产业兴旺、生态宜居、乡风文明、治理有效、生活富裕的总要求，建立健全城乡融合发展体制机制和政策体系，加快推进农业农村现代化。”[①]可见，在最新提出的乡村振兴战略中，“城乡融合发展”依然是需要把握的核心要义，相信随后会提出更加系统明确的关于体制机制和政策体系的顶层设计。有学者提出：“为适应乡村振兴的新要求，乡村要成为与城市并行的发展主体，要站在乡村发展角度去设计政策，更加注重发挥乡村主动性，充分激发乡村活力。城乡融合也是在保持乡村独立性和差异化前提下的融合发展，以差异化发展路径来突出乡村的比较优势，由此推动城乡关系改革势在必行。”为此，一要建立城乡要素双向流动的机制，二要推动城市基础设施向乡村延伸，三要以特色小镇为载体加快乡村振兴进程，四要借助城乡人口流动趋势盘活乡村闲置建设用地。[②]笔者赞同这一认识，还要注意，党的十九大提出的乡村振兴战略还对乡村建设的要求做了更新，首次将农业的现代化与乡村的现代化并提，突出强调乡村要跳出单一的农业，实现一二三产业融合发展。

振兴乡村，产业是根基，富民是核心，城市里的基本公共服务能够辐射到农村，如此才能吸引资本和人才，才能吸引外出打工的青壮年劳动力返乡创业。这就越发显示出上文强调的本着“统筹城乡”的原则对现有的农村居民点加以整理和建设的重要性。关键是要有统一的城乡规划，就像习近平总书记所讲的：“要完善规划体制，通盘考虑城乡发展规划编制，一体设计，多规合一，切实解决规划上城乡脱节、重城市轻农村的问题。要完善农村基础设施建设机制，推进城乡基础设施互联互通、共建共享，创新农村基础设施和公共服务设施决策、投入、建设、运行管护机制，积极引导社会资本参与农村公益性基础设施建设。要推动形成城乡基本公共服务均等化体制机制，特别是要加强农村留守儿童、妇

① 《中国共产党第十九次全国代表大会文件汇编》，人民出版社2017年版，第25—26页。

② 范毅：《乡村振兴战略：从十九大报告看全新城乡关系》，财新网，2017年10月20日。

女、老人关爱服务体系建设。”[①] 如此等等。

四、简短的结论

如上所述，中国的现代化正面临新的挑战，伴随着城镇化的快速推进和农村劳动力的大规模的产业转移，农户承包地的流转和适度规模经营，撤村并乡、开展对农村居民点的整理，吸引青壮年劳动力返乡创业、并将其培养成一大批适应农业现代化发展需要的新型农民，这样的三个客观需求和必然趋势是当前和今后一段时期乡村社会治理的主攻课题，乡村社会治理的创新必须从如何适应三个客观需求和必然趋势上去做文章。这是一篇大文章，关系到农业的现代化，关系到农民全面进入小康社会，关系到城乡关系的和谐和社会主义新农村建设。这篇文章做好了，将会大大充实中国现代化道路的世界意义。

［原载《宁夏社会科学》2018 年第 2 期］

① 《习近平：健全城乡发展一体化体制机制让广大农民共享改革发展成果》，新华网，2015 年 5 月 1 日。

乡村振兴需要统筹城乡融合发展

乡村振兴战略是党的十九大提出的一项重大决策部署，经2017年中央农村工作会议研究讨论，在2018年的中央一号文件中给出了完整具体的时间表、路线图，事关重大，在2018年初的两会和新近的推进会已经讨论并转化为各级政府的具体行动，层层传导，层层压实。可鉴于以往推动新农村建设的经验教训，或许文件的落实在“层层传导”中会出问题，一些基层干部或许会把这段好经给念歪了。

一、社会主义新农村建设的历史经验

2005年10月，党的十六届五中全会提出了推进社会主义新农村建设的重大历史任务，随后，次年的中央“一号文件”对推进新农村建设作出全面部署，各级党委、政府对相关精神立即作了传达，全国上下很快掀起建设社会主义新农村的热潮。但是，2006年底笔者应邀前往某省的一个市里向基层干部宣讲新农村建设的精神，宣讲结束后与当地干部交流时吃惊地发现，在这场宣讲会之前当地基层干部理解的新农村建设的内容极其有限，“生产发展、生活宽裕、乡风文明、村容整洁、管理民主”的总体要求只记住了“村容整洁”一条，而且这个“村容整洁”的落实也就是布置打扫了一下村里的卫生而已。这件事给我的震撼非同寻常，它使我认识到千万不能过高地估计基层干部的素质，深切体会到重大决策出台后相应地做认真细致的宣传动员工作的重要性。这还不是过去我们常说的“政策不出中南海”的问题，而是政策的内容经逐级传达后到了基层就所剩无几了，基层干部或者了解不多，或者理解有偏差又得不到及时纠正。近十几年来，新农村建设各地进展参差不齐，效果差强人意，农业基础薄弱、农村发展滞后、城乡差距较大的局面仍未根本改变，原因值得深思。

此次出台乡村振兴战略与十多年前出台建设社会主义新农村战略决策相类似，同样是党代会先提出意见，当年年底的中央农村工作会议进行顶层设计，然后在第二年年初以中央“一号文件”的形式作出全面安排和具体部署，后续的宣传工作未见更加有针对性的具体安排，有了以往的前车之鉴，笔者难免产生实际落实效果大打折扣的忧虑。

各地的工作重心都在抓美丽乡村建设。笔者的担忧并不是空穴来风。有报道称，北京、江苏、浙江等多个地区日前陆续召开2018年农村工作会议，围绕本地实施乡村振兴战略作出全面部署。其中，推进乡村生态环境保护和治理、加快美丽乡村建设，成为各地今年“三农”工作的重中之重。这似乎又与当年贯彻新农村建设精神时的做法如出一辙了。[①]

二、乡村振兴战略内涵丰富，是一项系统工程

党的十六届五中全会提出推进社会主义新农村建设，是基于我国总体上进入以工促农、以城带乡的发展阶段，在初步具备了加大力度扶持“三农”的能力和条件下，把握机遇所作出的战略安排；党的十九大提出乡村振兴战略，是新时代社会主要矛盾发生转变、全面建成小康社会进入攻坚阶段解决发展不平衡不充分问题的必然要求，二者虽然有继承和发展的关系，但从背景上看，显然今天的中国已经在解决许多过去长期想解决而没有解决的难题。过去是想以工促农、以城带乡，如今是真正具备了推动城乡一体化发展的能力。

从内容上看，建设社会主义新农村提出的总体要求是“生产发展、

① 《多地打响乡村振兴战略“第一枪” 美丽乡村建设成重要抓手》，《经济参考报》2018年4月10日。

生活宽裕、乡风文明、村容整洁、管理民主”，乡村振兴战略提出的总体要求是“产业兴旺、生态宜居、乡风文明、治理有效、生活富裕”，几字之差，反映出的要求更高、覆盖面更全，既注重物质的一面，更强调精神的一面，而后者也正是基层干部实际工作中最容易忽视的一面，尤其是“乡风文明”。

以往的“三农”工作对农业发展和农民增收强调较多，对农村建设相对有所忽视，导致在粮食等主要农产品连年增产、农民收入持续增长的同时，农村人居环境相对落后的局面没有根本改变，农村社区治理和精神文明建设滑坡现象不同程度地存在。时至今日，如果说农业现代化水平低、可持续增产能力不足、农产品供给还存在许多结构性问题的话，农村的发展水平更是与现代化的要求相去甚远，是全面建成小康社会最大的短板。正如 2017 年中央农村工作会议所指出的，如期实现第一个百年奋斗目标并向第二个百年奋斗目标迈进，最艰巨最繁重的任务在农村，最广泛最深厚的基础在农村，最大的潜力和后劲也在农村。如此说来，我们有必要在经常强调的新型工业化、信息化、城镇化、农业现代化同步发展的“四化同步”中增加些内容，变“农业现代化”为“农业和农村现代化”。

三、贯彻乡村振兴战略要做好统筹城乡这篇大文章

说到“农村现代化”，基层干部不少人会眼前立即浮现出连排的楼房、宽阔的马路等场景。笔者在基层调查中发现，这些年的新农村建设最大的成就体现在人居环境改善方面，尤其是那些原本居住在生态环境极其恶劣地方的贫困人口赶上了生态移民的好政策，依靠政府的投入搬进了整齐漂亮的新居。可是问题在于，当下的新农村建设大多没有城乡一体通盘考虑，伴随新型城镇化和农业现代化的推进，农村居民点势必将经历一个重新整合的过程，不仅居住在乡下的人口会大量减少，而且农村居民点同样会大量减少，那么建起来的新农村是否有可持续性就不会是当地政府的一厢情愿了。如果政府出资新建的居民点很少有人居住或者只有少量老年人居住，那么用不了多少年就荒废掉了。政府好心办

事，却有可能造成极大的浪费。当下的中国，伴随城镇化的快速推进和农村劳动力的大规模的产业转移，“三农”问题的演进有如下三个必然趋势：一是农村耕地的流转和适度规模经营是必然趋势；二是撤村并乡、对农村居民点展开治理是必然趋势；三是培养新型农民是必然趋势。[①] 事实也确实如此。2015 年，我国的村委会数量是 58.0856 万个，比 2000 年减少了 15.3859 万个，年均减少 3 万多个。随着城镇化的发展，将来全国大部分人口都会搬到城里居住。

与新型城镇化发展通盘考虑的新农村建设，着眼点不在于简单的盖楼修路，而在于建立起一整套城市和乡村人、财、物双向多层次交流的机制，而不是现在农村青壮年劳动力向城镇的单向流动。也就是说，要实现基本公共品城镇和乡村全覆盖、均等化，这些基本的公共品既包括路、水、气、环保、电网、物流、信息、广播电视等基础设施的互联互通，也包括就业、教育、医疗、住房、社会保障体系的完善和统一，然后才是农村人居环境的整体改善。当然还要有城乡产业融合、产城景融合，等等。所以，落实乡村振兴战略要规划在先，要一张蓝图绘到底，做好统筹城乡这篇大文章，尽可能做到以城带乡、整体推进、城乡一体、均衡发展。2013 年 7 月，习近平总书记在湖北考察时强调，实现城乡一体化，建设美丽乡村，是要给乡亲们造福，不要把钱花在不必要的事情上，比如说“涂脂抹粉”，房子外面刷层白灰，一白遮百丑。不能大拆大建，特别是古村落要保护好。即使将来城镇化达到 70% 以上，还有四五亿人在农村。农村绝不能成为荒芜的农村、留守的农村、记忆中的故园。城镇化要发展，农业现代化和新农村建设也要发展，同步发展才能相得益彰，要推进城乡一体化发展。2015 年 4 月，习近平总书记在中共中央政治局第二十二次集体学习时强调：要把工业和农业、城市和乡村作为一个整体统筹谋划，促进城乡在规划布局、要素配置、产业发展、公共服务、生态保护等方面相互融合和共同发展。着力点是通过建立城乡融合的体制机制，形成以工促农、以城带乡、工农互惠、城乡一体的新型工农城乡关系，目标是逐步实现城乡居民基本权益平等化、城乡公共服

① 李文：《中国“三农”问题的演进与乡村社会治理创新》，《宁夏社会科学》2018 年第 2 期。

务均等化、城乡居民收入均衡化、城乡要素配置合理化，以及城乡产业发展融合化。2018 年的中央一号文件也强调，建立健全城乡融合发展体制机制和政策体系，统筹推进农村各方面建设，这是贯彻乡村振兴战略的指导思想，也是确保新农村建设健康发展的关键所在。同年 5 月 31 日，中央政治局在审议《乡村振兴战略规划（2018—2022 年）》时也强调指出，各地区各部门要树立城乡融合、一体设计、多规合一理念，抓紧编制乡村振兴地方规划和专项规划或方案，做到乡村振兴事事有规可循、层层有人负责。

总之，贯彻落实乡村振兴战略是一项系统工程，对各级干部特别是基层干部提出了很高的要求，宣传工作要深入、要细致、要讲清政策，要加强队伍建设，要强化规划引领，既要避免一刀切，也要防止工作中的盲动性。习近平总书记日前对实施乡村振兴战略作出重要指示，强调“要坚持乡村全面振兴，抓重点、补短板、强弱项，实现乡村产业振兴、人才振兴、文化振兴、生态振兴、组织振兴，推动农业全面升级、农村全面进步、农民全面发展。”[①] 这一指示进一步提示我们，乡村振兴需要全面振兴，要统筹谋划，科学推进。

［原载《社会治理》2018 年第 8 期］

① 习近平：《把实施乡村振兴战略摆在优先位置　让乡村振兴成为全党全社会的共同行动》，新华网，2018 年 7 月 5 日。

民生改善与社会进步研究

从“小康社会”到“中国梦”

梦是一种主体经验，是人在睡眠时产生想象的影像、声音、思考或感觉，通常是非自愿的。也就是说，梦大都是一种不自觉的虚拟意识。因之，“梦想”通常被视为某种潜意识的不切实际的幻想，典故“黄粱美梦”讲的就是这一道理。但是，“梦想”同样可以是一种憧憬和渴望，俗话说“日有所思，夜有所梦”，人们对某种美好事物的执着追求往往会化为持久的精神动力，于是“梦想”也就成为“理想”的近义词。19 世纪英国著名诗人阿尔弗雷德·丁尼生（Alfred Tennyson）讲过：“梦想只要能持久，就能成为现实。我们不就是生活在梦想中的吗？”[①] 美国第 28 任总统托马斯·伍德罗·威尔逊（Thomas Woodrow Wilson）说得更好：“我们因梦想而伟大，所有的成功者都是大梦想家：在冬夜的火堆旁，在阴天的雨雾中，梦想着未来。有些人让梦想悄然绝灭，有些人则细心培育、维护，直到它安然度过困境，迎来光明和希望，而光明和希望总是降临在那些真心相信梦想一定会成真的人身上。”[②] 中共十八大以来，中国新一届领导人提出的“中国梦”就是这样一种梦想：承载着亿万海内外中华儿女的共同期盼，寄托着近百年来民族复兴的不懈追求。而且，正像尼日利亚前总统奥卢塞贡·奥巴桑乔（Olusegun Obasanjo）所评价的那样：“中

---

① ［英］哈耶克（Friedrich August Hayek）主编：《哈佛家训Ⅰ：改变一生的智慧》，陕西师范大学出版社 2009 年版，第 21 页。

② ［英］哈耶克（Friedrich August Hayek）主编：《哈佛家训Ⅲ：决定成功的细节》，陕西师范大学出版社 2009 年版，第 28 页。

国梦不是政治口号，它勾画出了一个完全可以实现的愿景”[①]。为了说明这一点，让我们从邓小平提出的“小康社会”讲起。

一、从温饱到总体小康

“小康社会”是由邓小平于20世纪70年代末80年代初在规划中国经济社会发展蓝图时提出的战略构想。新中国第一代领导集体曾经在三届全国人大一次会议上提出了经济发展“两步走”的设想：“第一步，建立一个独立的比较完整的工业体系和国民经济体系；第二步，全面实现农业、工业、国防和科学技术的现代化，使我国经济走在世界的前列。”[②]到20世纪70年代末80年代初，第一步设想已经基本实现了，但是距离第二步设想的目标还差得很远。“小康社会”是邓小平借用传统的具有浓厚儒家色彩的概念，针对中共既定的第二步发展设想提出来的新提法，并赋予了其新的内涵。1979年12月6日和1984年3月25日，邓小平先后在会见日本首相时指出：“我们要实现的四个现代化，是中国式的四个现代化。我们的四个现代化的概念，不是像你们那样的现代化的概念，而是‘小康之家’。到本世纪末，中国的四个现代化即使达到了某种目标，我们的国民生产总值人均水平也还是很低的。要达到第三世界中比较富裕一点的国家的水平，比如国民生产总值人均一千美元，也还得付出很大的努力。就算达到那样的水平，同西方来比，也还是落后的。所以，我只能说，中国到那时也还是一个小康的状态。”[③]“翻两番，国民生产总值人均达到八百美元，就是到本世纪末在中国建立一个小康社会。这个小康社会，叫做中国式的现代化。翻两番、小康社会、中国式的现代化，这些都是我们的新概念。”[④]1982年9月，中共十二大报告正式把邓小平提出的本世纪末实现小康目标的构想确定为今后20年中国经济发

① 《百年追梦——电视政论片〈百年潮·中国梦〉解说词（第一集）》，《人民日报》2014年5月27日。

② 《建国以来重要文献选编》第19册，中央文献出版社1998年版，第483页。

③ 《邓小平文选》第2卷，人民出版社1994年版，第237页。

④ 《邓小平文选》第3卷，人民出版社1993年版，第54页。

展的战略目标："从1981年到本世纪末的20年，力争使全国工农业的年总产值翻两番，即由1980年的7100亿元增加到2000年的2.8万亿元左右。"报告指出："实现了这个目标，我国国民收入总额和主要工农业产品的产量将居于世界前列，整个国民经济的现代化过程将取得重大进展，城乡人民的收入将成倍增长，人民的物质文化生活可以达到小康水平。"[①]

其实，这个"小康社会"是邓小平针对当时中国的国情及其与西方发达国家之间的差距提出的务实的阶段性发展目标。要知道，1978年的中国还只是个温饱不足的低收入国家，按现价汇率计算，人均国内生产总值（GDP）只有区区155美元，相当于世界平均水平的7.9%，在135个国家和地区中排名第133位；人均国民总收入（GNI）只有190美元，相当于世界平均水平的10.2%，在188个国家和地区中居第175位。[②]这是世界银行公布的数据。农村居民和城市居民的恩格尔系数[③]分别高达67.7%和57.5%，即便是按中国自己当时比较低的贫困线标准衡量，也有多达1/4的人口（约2.5亿）属于尚未解决温饱的极端贫困人口。

如何达到"小康社会"？邓小平提出了"三步走"的发展战略："第一步在80年代翻一番。以1980年为基数，当时国民生产总值人均只有250美元，翻一番，达到500美元。第二步是到本世纪末，再翻一番，人均达到1000美元。实现这个目标意味着我们进入小康社会，把贫困的中国变成小康的中国。那时国民生产总值超过一万亿美元，虽然人均数还很低，但是国家的力量有很大增加。我们制定的目标更重要的还是第三步，在下世纪用30年到50年再翻两番，大体上达到人均4000美元。做到这一步，中国就达到中等发达的水平。这是我们的雄心壮志。目标不高，但做起来可不容易。"[④]在这里，邓小平已经将"翻两番"的标准

---

① 《十二大以来重要文献选编》（上），人民出版社1986年版，第14页。

② 余芳东、杨红军、解明明：《我国人均GDP和人均GNI国际位次稳步提高》，《中国信息报》2011年5月18日。

③ 恩格尔系数是国际上衡量生活质量的一项综合指标，它客观上反映了不同收入不同价格水平下各国居民的生活状况。据联合国粮农组织提出的用恩格尔系数判定生活发展阶段的一般标准：60%以上为贫困，50%至60%为温饱，40%至50%为小康；30%至40%为富裕，30%以下为最富裕。目前欧美等发达国家一般为20%左右。

④ 《邓小平文选》第3卷，人民出版社1993年版，第226页。

由人均800美元明确提高到了人均1000美元。而且，“小康社会”绝非仅仅人均GDP翻两番那么简单。按照邓小平1984年的预想，所谓“小康社会”就是像当时经济比较发达的江南地区的一些地方那样：“第一是人不往上海、北京跑，恐怕苏南大部分地方的人都不往外地跑，乐于当地的生活；第二，每个人平均二十多平方米的住房；第三，中小学教育普及了，自己拿钱办教育；第四，人民不但吃穿问题解决了，用的问题，什么电视机，新的几大件，很多人也都解决了；第五，人们的精神面貌有了很大的变化，什么违法乱纪、犯罪行为大大减少。”① 6年以后，中共十三届七中全会通过的《中共中央关于制定国民经济和社会发展十年规划和“八五”计划的建议》做出了进一步的概括：“所谓小康水平，是指在温饱的基础上，生活质量进一步提高，达到丰衣足食。这个要求既包括物质生活的改善，也包括精神生活的充实；既包括居民个人消费水平的提高，也包括社会福利和劳动环境的改善。”到20世纪末，“人民生活从温饱达到小康，生活资料更加丰裕，消费结构趋于合理，居住条件明显改善，文化生活进一步丰富，健康水平继续提高，社会服务设施不断完善。”②

为了便于衡量“小康社会”的实现程度，原国家计划委员会、国家统计局等部门于20世纪90年代初曾提出过一整套全国、城镇、农村有别的评价标准（如表1、表2、表3所示）。就全国的基本标准而言，包括五个方面共16项指标。第一类为经济发展水平，由人均国内生产总值（人均GDP）1项指标组成；第二类为物质生活水平，由城镇人均可支配收入、农民人均纯收入、城镇人均居住使用面积、农村居民人均钢筋砖木结构住房面积、人均蛋白质日摄入量、城市居民每万人拥有铺装道路面积、农村通公路的行政村比重、恩格尔系数8项指标组成；第三类为人口素质，由成人识字率、人均预期寿命和婴儿死亡率3项指标组成；第四类为精神生活，由教育娱乐支出比重和电视机普及率2项指标组成；第五类为生活环境，由森林覆盖率和农村初级卫生保健基本合格

① 《邓小平文选》第3卷，人民出版社1993年版，第88页。

② 《十三大以来重要文献选编》中，人民出版社1991年版，第1401页。

以上县百分比 2 项指标组成。城镇和农村的小康生活标准在全国基本标准的基础上各有损益，符合城乡差别巨大的客观现实。从上述三个表罗列的指标来看，除了全国和城镇基本指标中反映经济发展水平的指标以外，其余绝大部分指标（特别是农村）都与社会建设和社会生活有直接关系。结果经过测算①，1990 年全国小康实现程度为 48%，2000 年为 96%。到 2000 年尚有 3 项指标没有达到小康标准，即农民人均纯收入为 1066 元，实现 85%；人均蛋白质日摄入量为 75 克，实现 90%；农村初级卫生保健基本合格以上县占比实现 80%。分地区来看，东部基本实现，中部实现 78%，西部实现 56%。同一时期，城镇居民恩格尔系数从 1991 年的 53.8% 下降到 2000 年的 39.4%，农村居民恩格尔系数从 57.6% 下降到 49.1%。这便是总体实现小康时的基本情况。这一时期在扶贫开发方面获得的成就尤为瞩目，农村贫困人口按当时的口径减少了 2.2 亿，世界银行认为中国是 20 年来对全球扶贫事业做出最大贡献的国家。②

但需要指出的是，在农村贫困人口大幅减少的同时，由于下岗职工增多，失业导致的城镇贫困人口增加。据民政部统计，截至 2002 年 11 月，3.2 亿非农业人口中仍有 1998 万人属于"城市贫民"③，政府为此设置了"三条保障线"（国有企业下岗职工基本生活保障制度、失业保险制度和城市居民最低生活保障制度），基本做到"应保尽保"。

表 1　全国居民小康生活水平基本标准

指标类型	指标名称	指标临界值			
		单位	1980 年	小康值	权数
一、经济水平	1. 人均国内生产总值	元	778	2500	14
二、物质生活					48
收入	2. 人均收入水平				16
	（1）城镇人均可支配收入	元	974	2400	6
	（2）农民人均纯入	元	315	1200	10

① 《全面小康社会什么样？——访国家统计局副局长贺铿》，《人民日报》2002 年 11 月 18 日。

② 《人民日报》2004 年 5 月 27 日。

③ 陆地、李一：《我国 1998 万城市居民陷入极度贫困》，《21 世纪环球报道》2002 年 12 月 23 日。

续表

指标类型	指标名称		指标临界值		
居住	3. 人均居住水平				12
居住	（1）城镇人均使用面积		5.5	12	5
	（2）农村人均钢砖木结构住房面积		4.5	15	7
营养	4. 人均蛋白质日摄入量	克	50	75	6
交通	5. 城乡交通状况				8
	（1）城市每万人拥有铺路面积		2.8	8	3
	（2）农村通公路行政村比重	%	50	85	5
结构	6. 恩格尔系数	%	60	50	6
三、人口素质					14
文化	7. 成人识字率	%	68	85	6
健康	8. 人均预期寿命	岁	68	70	4
	9. 婴儿死亡率	‰	34.7	31	4
四、精神生活					10
	10. 教育娱乐支出比重	%	3	11	5
	11. 电视机普及率	%	11.9	100	5
五、生活环境					14
	12. 森林覆盖率	%	12	15	7
	13. 农村初级卫生保健基本合格以上县占比	%		100	7
总　计	共 16 项分指标				100

资料来源：李文：《当代中国社会》，五洲传播出版社 2014 年版，第 15 页。

表 2　全国城镇居民小康生活水平基本标准

指标名称	单位	指标临界值		权数
		1980 年	小康值	
一、经济水平				21
1. 人均国内生产总值	元	1750	5000	12
2. 第三产业增加值比重	%	20.6	40	9
二、物质生活				37
3. 人均可支配收入	元	974	2400	15
4. 人均住房使用面积		5.5	12	10
5. 人均蛋白质日摄入量	克	60	75	5

续表

指标名称	单位	指标临界值		权数
		1980 年	小康值	
6. 恩格尔系数	%	62	50	7
三、人口素质				12
7. 人口平均预期寿命	岁	67	70	5
8. 中学入学率	%	70	90	7
四、精神生活				12
9. 电视机普及率	%	58	100	5
10. 文教娱乐支出比重	%	6	16	7
五、生活环境与社会保障				18
11. 人均绿地面积		3	9	9
12. 万人刑事案件立案数	件		20	9
总　计				100

资料来源：李文：《当代中国社会》，五洲传播出版社 2014 年版，第 16 页。

表 3　全国农村居民小康生活水平基本标准

指标	单位	权数	温饱值	小康值
一、收入分配		35		
1. 人均纯收入	元	30	300	1200
2. 基尼系数	%	5	0.2	0.3— 0.4
二、物质生活		25		
3. 恩格尔系数	%	6	60	≤ 50
4. 蛋白质摄入量	克	9	47	75
5. 衣着消费支出	元	3	27	70
6. 钢木结构住房比重	%	7	43	80
三、精神生活		12		
7. 电视机普及率	台 / 百户	6	1	70
8. 文化服务支出比重	%	6	2	10
四、人口素质		9		
9. 人口平均预期寿命	岁	4	68	70
10. 劳动力平均受教育程度	年	5	6	8
五、生活环境		11		
11. 已通公路的行政村比重	%	3	50	85
12. 安全卫生水普及率	%	3	50	90

续表

指标	单位	权数	温饱值	小康值
13. 用电户比重	%	3	50	95
14. 已通电话的行政村比重	%	2	50	70
六、社会保障与社会安全		8		
15. 享受社会五保人口比重	%	4	50	90
16. 万人刑事案件立案件数	件	4	5	≤ 20
合　计				

资料来源：李文：《当代中国社会》，五洲传播出版社 2014 年版，第 17 页。

二、全面小康

显而易见的是，2000 年中国政府宣布实现的“总体小康”还只是一个低标准、偏重于物质消费、发展不均衡的小康。2000 年底，中国人均 GDP 只有 900 多美元，属于中下等收入国家的水平。全国尚有 3000 万人没有完全解决温饱，城镇也有一批人口困在最低生活保障线以下。西部地区贫困发生率高、贫困程度深，相当一部分地方与“总体小康”还有一段距离，农村实现小康的难点主要在西部地区。总体上看，除了“人民日益增长的物质文化需要同落后的社会生产之间的矛盾仍然是我国社会的主要矛盾”以外，“我国生产力和科技、教育还比较落后，实现工业化和现代化还有很长的路要走；城乡二元经济结构还没有改变，地区差距扩大的趋势尚未扭转，贫困人口还为数不少；人口总量继续增加，老龄人口比重上升，就业和社会保障压力增大；生态环境、自然资源和经济社会发展的矛盾日益突出；我们仍然面临发达国家在经济科技等方面占优势的压力；经济体制和其他方面的管理体制还不完善；民主法制建设和思想道德建设等方面还存在一些不容忽视的问题。巩固和提高目前达到的小康水平，还需要进行长时期的艰苦奋斗。”[①] 有鉴于此，在实现“总体小康”的过程中，1997 年，中共十五大将邓小平提出的“三

① 江泽民：《全面建设小康社会，开创中国特色社会主义事业新局面——在中国共产党第十六次全国代表大会上的报告》，《人民日报》2002 年 11 月 9 日。

步走”战略中的第三步具体化，进一步提出了一个“新三步走”战略，即在21世纪前50年，我们的目标是，第一个10年实现国民生产总值比2000年翻一番，使人民的小康生活更加富裕，形成比较完善的社会主义市场经济体制；再经过10年的努力，到中国共产党建党一百年时，使国民经济更加发展，各项制度更加完善；到21世纪中叶新中国成立一百年时，基本实现现代化，建成富强民主文明的社会主义国家。自此，一个以低水平的“总体小康”为基础的、更高水平的“全面小康”发展规划逐步形成。

2000年，中共十五届五中全会宣布“从新世纪开始，我国将进入全面建设小康社会，加快推进社会主义现代化的新的发展阶段。”指出“这是中华民族发展史上一个新的里程碑”。[①] 2002年，中共十六大根据十五大提出的“新三步走”战略，确定在21世纪前20年“全面建设惠及十几亿人口的更高水平的小康社会，使经济更加发展、民主更加健全、科教更加进步、文化更加繁荣、社会更加和谐、人民生活更加殷实。”其中，经济和民生方面的目标是：“在优化结构和提高效益的基础上，国内生产总值到2020年力争比2000年翻两番，综合国力和国际竞争力明显增强。基本实现工业化，建成完善的社会主义市场经济体制和更具活力、更加开放的经济体系。城镇人口的比重较大幅度提高，工农差别、城乡差别和地区差别扩大的趋势逐步扭转。社会保障体系比较健全，社会就业比较充分，家庭财产普遍增加，人民过上更加富足的生活。”[②] 除此之外，中共十六大还为这个更高水平的“小康社会”提出了政治、文化和生态环境等全方位的奋斗目标。2007年的中共十七大在十六大提出2020年实现比2000年GDP总量翻两番的基础上，进一步提出了同期实现人均GDP翻两番的新要求。从中共十六大提出的以及后来在十七大、十八大一再被充实了内容的“小康社会”奋斗目标来看，新的小康目标与“总体小康”相比，一是水平更高，要从一个国际上中等偏下收入的经济体

---

① 《中共中央关于制定国民经济和社会发展第十个五年计划的建议》,《人民日报》2000年10月19日。

② 江泽民:《全面建设小康社会，开创中国特色社会主义事业新局面——在中国共产党第十六次全国代表大会上的报告》,《人民日报》2002年11月9日。

向中等偏上收入的经济体迈进；二是范围更全，不但经济、政治、文化、社会、生态无所不包，而且农村不能拖了城镇的后腿，西部地区不能拖了东部地区和中部地区的后腿。因而，国家统计局为全面建设小康社会设计的监测指标有六个方面 23 项之多[①]。10 年后的监测结果显示，2010 年全国全面建设小康社会的实现程度达到 80.1%，比 2000 年提高 20.5 个百分点，平均每年提高 2.05 个百分点（见表 4）。

表 4　2000—2010 年中国全面建设小康社会及在六大方面的实现程度

单位：%

年份	2000	2001	2002	2003	2004	2005	2006	2007	2008	2009	2010
全面建设小康社会	59.6	60.7	61.8	63.0	64.8	67.2	69.9	72.8	74.7	77.5	80.1
经济发展	50.3	52.2	54.4	56.3	58.2	60.6	63.4	66.6	69.1	73.1	76.1
社会和谐	57.5	59.6	57.1	56.3	59.9	62.8	67.6	72.1	76.0	77.7	82.5
生活质量	58.3	60.7	62.9	65.5	67.7	71.5	75.0	78.4	80.0	83.7	86.4
民主法制	84.8	82.6	82.5	82.4	83.7	85.6	88.4	89.9	91.1	93.1	93.6
文化教育	58.3	59.1	60.9	61.8	62.2	63.0	64.1	65.3	64.6	66.1	68.0
资源环境	65.4	64.6	66.3	67.2	67.7	69.5	70.6	72.6	75.2	76.8	78.2

资料来源：国家统计局科研所：《中国全面建设小康社会进程统计监测报告（2011）》。

仔细观察“全面小康”前半程建设的具体情况，经济发展方面的进展最为突出。2000—2010 年，中国的 GDP 总量（当年价格）由 99215 亿元增长到 401513 亿元，扣除价格因素，年均增长 10.3%；人

① 这六个方面 23 项指标分别是：（1）经济发展：人均 GDP，R&D 经费支出占 GDP 比重，第三产业增加值占 GDP 比重，城镇人口比重，失业率；（2）社会和谐：基尼系数，城乡居民收入比，地区经济发展差异系数，基本社会保险覆盖率，高中阶段毕业生性别差异系数；（3）生活质量：居民人均可支配收入，恩格尔系数，人均住房使用面积，5 岁以下儿童死亡率，平均预期寿命；（4）民主法制：公民自身民主权利满意度，社会安全指数；（5）文化教育：文化产业增加值占 GDP 比重，居民文教娱乐服务支出占家庭消费支出比重，平均受教育年限；（6）资源环境：单位 GDP 能耗，耕地面积指数，环境质量指数。

均 GDP（当年价格）由 7858 元增长到 30015 元，扣除价格因素，年均增长 9.5%。具体情况如图 1、图 2 所示。这一阶段取得这样的成就殊为不易，因为中国这一时期面对的形势可以说是外忧内患、面临的挑战不断。外忧，主要是美国次贷危机引发的国际金融危机肆虐全球；内患，则是国内非典、雨雪冰冻灾害、汶川特大地震等自然灾害

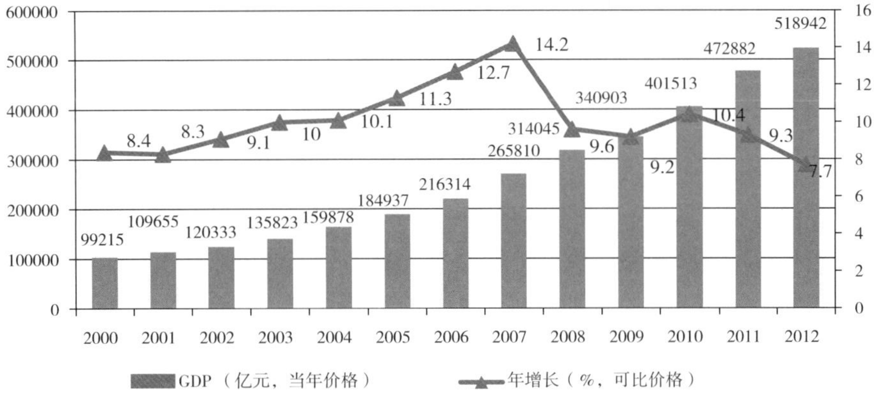

图 1　2000—2012 年中国国内生产总值增长状况

资料来源：国家统计局：《中国统计年鉴（2012）》。2011、2012 年的数据为初步核实数。

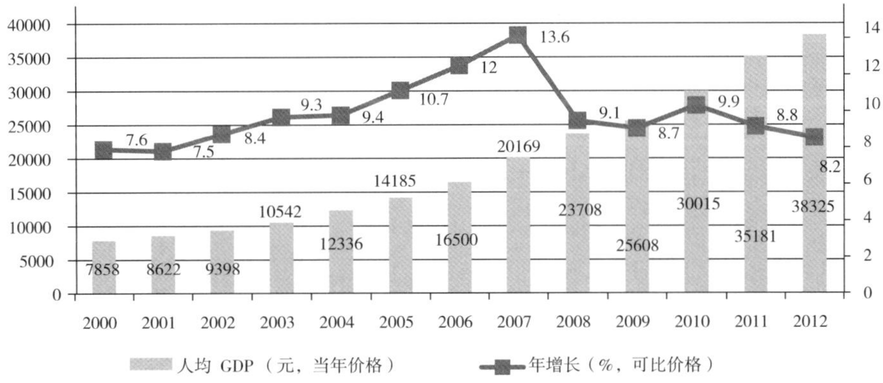

图 2　2000—2012 年中国人均国内生产总值增长状况

资料来源：国家统计局：《中国统计年鉴（2012）》。2011、2012 年的基础数据为初步核实数，2012 年的增长率为笔者匡算数。

和重大挑战接连不断。这一时期，中国经济增长对全球经济发展的贡献也是十分显著的。国家统计局的统计数据显示，2003—2011 年，中国经济年均增长 10.7%，而同期世界经济的平均增速为 3.9%。中国经济总量占世界经济总量的份额，从 2002 年的 4.4% 提高到 2011 年的 10% 左右；中国经济总量在世界各经济体的排序位次，从 2002 年的第 6 位上升至 2010 年的第 2 位。[①] 从人均水平看，根据世界银行的报告，2010 年中国的人均国民总收入为 4260 美元，虽然还不及世界平均水平的 47%，但已经首次超过世界银行当年界定的中高收入（Upper Middle Income, UMC）国家 3976 美元的分界线，进入中上收入经济体行列。[②] 从 2006 年到 2010 年，中国人均国民总收入增长了 1 倍多，这种发展速度举世瞩目。

但是，同一时期，与经济发展方面的表现相比较，中国社会发展方面的情形还不尽如人意，有几个指标甚至退步了。2000—2010 年，城乡差距从 99.8% 倒退为 70.3%，基尼系数、社会安全等均不及 2000 年。东部、中部、西部和东北四大区域全面建设小康社会的实现程度均有上升，但区域间差距仍然较大。人均预期寿命增长速度虽然比建设“总体小康”期间有所加快，但依然与新中国前 30 年有不小的差距。放到国际层面看，中国仍然是一个发展中国家的国际经济地位没有变化，人均 GDP 和消费水平均不及世界平均水平，按联合国的标准中国大约还有 1.5 亿贫困人口，而且经济结构不合理，公共教育和医疗服务投入不足，社会保障体系尚不健全，整体科技水平仍显落后，人均资源和能源拥有量少、供应不足但总量消耗大，环境污染严重。还应当指出的是，像前述这种加权综合所得出的数据并不能客观真实地反映全貌，因为它重视的是平均水平，忽视了悬殊的内部差别。解决过大的地区差别、城乡差别和贫富差距是建设全面小康社会的一个核心内容，解决城乡发展不均衡问题是实现工业化、信息化、城镇化、农业现代化均衡发展的焦点所在。或者可以这么说，全面建设小康社会，重点在社会建设层面，难点也在社

---

① 《中国经济平稳较快发展，总量跃居世界第二》，新华网，2012 年 6 月 3 日。

② 世界发展指标数据库，世界银行 2011 年 7 月 1 日发布。

会建设层面。中国能否实现顺利转型、跨越所谓“中等收入陷阱”，考验就在这里。

三、“中国梦”

“总体小康”也好，“全面小康”也罢，都是“中国式”的现代化的阶段性目标，同时也说明了现代化是中华民族的不懈追求，带领全国人民致力于实现这一目标是历史赋予中国共产党人的重大使命。新中国成立后，以毛泽东为核心的中共第一代中央领导集体对于在中国实现工业化和现代化始终怀有强烈的愿望和坚定的信念，并为此进行了不懈的追求和探索。他们成功地在中国建立起一整套比较完整的国民经济体系和门类齐全的工业体系，并于20世纪五六十年代就为中国确立了在20世纪末实现农业、工业、国防和科学技术现代化的战略目标。他们所经历的曲折和失误，多数都与经验不足、急于求成、违反客观规律有关。基于以往的经验和教训，以邓小平为核心的中共第二代中央领导集体调低了目标，认为20世纪末我们所能实现的只是一个中国式的现代化，也就是较低水平的“小康社会”，在21世纪中叶也只能达到中等发达国家水平。1979年10月4日，邓小平在与省、市、自治区党委第一书记座谈时说：“所谓政治，就是四个现代化。我们开了大口，本世纪末实现四个现代化。后来改了个口，叫中国式的现代化，就是把标准放低一点。特别是国民生产总值，按人口平均来说不会很高。”①1987年8月，邓小平在会见意大利客人时明确指出：“我国经济发展分三步走，本世纪走两步，达到温饱和小康，下个世纪用三十年到五十年时间再走一步，达到中等发达国家的水平。这就是我们的战略目标，这就是我们的雄心壮志。”②这个目标在全党达成共识，写入了中共十三大报告。此后，从中共十四大到十八大都重申了这一目标，并且都在完成了或是将要完成上个阶段的目标的基础上，适时提出了下个阶段的新目标。如十四大进一步提出，在20世纪90年代达到小康水平目标；到中国共产

① 《邓小平文选》第2卷，人民出版社1994年版，第194页。
② 《邓小平文选》第3卷，人民出版社1993年版，第251页。

党建党一百年（2021 年）时，在各方面形成一整套更加成熟更加完整的制度；到 21 世纪中叶新中国成立一百年（2049 年）时，基本实现社会主义现代化。十五大新增了 21 世纪前 10 年国内生产总值比 2000 年翻一番的任务；十六大新增了 21 世纪前 20 年国内生产总值比 2000 年翻两番、全面建设更高水平的小康社会的任务；十七大新增了 21 世纪前 20 年人均国内生产总值比 2000 年翻两番、全面建设小康社会的任务；十八大新增了 2020 年实现国内生产总值和城乡居民人均收入比 2010 年翻一番、全面建成小康社会的任务。从十四大到十八大，充实和调整的只是新阶段新目标，不变的是建党一百年全面建成小康社会、新中国成立一百年全面实现现代化的总规划、总追求。

这个总规划、总追求被以习近平为总书记的中共新一代中央领导集体继承下来，构成实现国家富强、民族振兴、人民幸福的“中国梦”的基础性内容（参见表 5）。

表 5　从“小康社会”到“中国梦”

时间	内容	出处
1987 年	我国经济发展分三步走，本世纪走两步，达到温饱和小康，下个世纪用三十年到五十年时间再走一步，达到中等发达国家的水平。这就是我们的战略目标，这就是我们的雄心壮志。	《邓小平文选》第 3 卷，人民出版社 1993 年版，第 251 页
中共十三大	党的十一届三中全会以后，我国经济建设的战略部署大体分三步走。第一步，实现国民生产总值比一九八〇年翻一番，解决人民的温饱问题。这个任务已经基本实现。第二步，到本世纪末，使国民生产总值再增长一倍，人民生活达到小康水平。第三步，到下个世纪中叶，人均国民生产总值达到中等发达国家水平，人民生活比较富裕，基本实现现代化。然后，在这个基础上继续前进。	中共十三大政治报告
中共十四大	从现在起到下个世纪中叶，对于祖国的繁荣昌盛和社会主义事业的兴旺发达，是很重要很宝贵的时期。我们的担子重，责任大。在九十年代，我们要初步建立起新的经济体制，实现达到小康水平的第二步发展目标。再经过二十年的努力，到建党一百周年的时候，我们将在各方面形成一整套更加成熟更加定型的制度。在这样的基础上，到下世纪中叶建国一百周年的时候，就能够达到第三步发展目标，基本实现社会主义现代化。	中共十四大政治报告

续表

时间	内容	出处
中共十五大	展望下世纪，我们的目标是，第一个十年实现国民生产总值比二○○○年翻一番，使人民的小康生活更加宽裕，形成比较完善的社会主义市场经济体制；再经过十年的努力，到建党一百年时，使国民经济更加发展，各项制度更加完善；到世纪中叶建国一百年时，基本实现现代化，建成富强民主文明的社会主义国家。	中共十五大政治报告
中共十五届五中全会	从新世纪开始，我国将进入全面建设小康社会，加快推进社会主义现代化的新的发展阶段。……我们已经实现了现代化建设的前两步战略目标，经济和社会全面发展，人民生活总体上达到了小康水平，开始实施第三步战略部署。这是中华民族发展史上一个新的里程碑。	中共中央关于制定国民经济和社会发展第十个五年计划的建议
中共十六大	全面建设小康社会的目标是： ——在优化结构和提高效益的基础上，国内生产总值到二○二○年力争比二○○○年翻两番，综合国力和国际竞争力明显增强。基本实现工业化，建成完善的社会主义市场经济体制和更具活力、更加开放的经济体系。城镇人口的比重较大幅度提高，工农差别、城乡差别和地区差别扩大的趋势逐步扭转。社会保障体系比较健全，社会就业比较充分，家庭财产普遍增加，人民过上更加富足的生活。……	中共十六大政治报告
中共十七大	在十六大确立的全面建设小康社会目标的基础上对我国发展提出新的更高要求。 ——增强发展协调性，努力实现经济又好又快发展。转变发展方式取得重大进展，在优化结构、提高效益、降低消耗、保护环境的基础上，实现人均国内生产总值到二○二○年比二○○○年翻两番。……	中共十七大政治报告
中共十八大	根据我国经济社会发展实际，要在十六大、十七大确立的全面建设小康社会目标的基础上努力实现新的要求。 ——经济持续健康发展。转变经济发展方式取得重大进展，在发展平衡性、协调性、可持续性明显增强的基础上，实现国内生产总值和城乡居民人均收入比二○一○年翻一番。……	中共十八大政治报告

续表

时间	内容	出处
中共十八届五中全会	今后五年，要在已经确定的全面建成小康社会目标要求的基础上，努力实现以下新的目标要求。 ——经济保持中高速增长。在提高发展平衡性、包容性、可持续性的基础上，到二〇二〇年国内生产总值和城乡居民人均收入比二〇一〇年翻一番。主要经济指标平衡协调，发展空间格局得到优化，投资效率和企业效率明显上升，工业化和信息化融合发展水平进一步提高，产业迈向中高端水平，先进制造业加快发展，新产业新业态不断成长，服务业比重进一步上升，消费对经济增长贡献明显加大。户籍人口城镇化率加快提高。农业现代化取得明显进展。迈进创新型国家和人才强国行列。 ——人民生活水平和质量普遍提高。就业比较充分，就业、教育、文化、社保、医疗、住房等公共服务体系更加健全，基本公共服务均等化水平稳步提高。教育现代化取得重要进展，劳动年龄人口受教育年限明显增加。收入差距缩小，中等收入人口比重上升。我国现行标准下农村贫困人口实现脱贫，贫困县全部摘帽，解决区域性整体贫困。 ——国民素质和社会文明程度显著提高。中国梦和社会主义核心价值观更加深入人心，爱国主义、集体主义、社会主义思想广泛弘扬，向上向善、诚信互助的社会风尚更加浓厚，人民思想道德素质、科学文化素质、健康素质明显提高，全社会法治意识不断增强。公共文化服务体系基本建成，文化产业成为国民经济支柱性产业。中华文化影响持续扩大。 ——生态环境质量总体改善。生产方式和生活方式绿色、低碳水平上升。能源资源开发利用效率大幅提高，能源和水资源消耗、建设用地、碳排放总量得到有效控制，主要污染物排放总量大幅减少。主体功能区布局和生态安全屏障基本形成。 ——各方面制度更加成熟更加定型。国家治理体系和治理能力现代化取得重大进展，各领域基础性制度体系基本形成。人民民主更加健全，法治政府基本建成，司法公信力明显提高。人权得到切实保障，产权得到有效保护。开放型经济新体制基本形成。中国特色现代军事体系更加完善。党的建设制度化水平显著提高。	中共中央关于制定国民经济和社会发展第十三个五年规划的建议

2012 年 11 月 29 日，习近平在参观“复兴之路”展览时指出：“现在，大家都在讨论中国梦，我以为，实现中华民族伟大复兴，就是中华民族

近代以来最伟大的梦想。这个梦想，凝聚了几代中国人的夙愿，体现了中华民族和中国人民的整体利益，是每一个中华儿女的共同期盼。”[①]

2013 年 3 月 17 日，习近平在第十二届全国人民代表大会第一次会议上指出：“实现全面建成小康社会、建成富强民主文明和谐的社会主义现代化国家的奋斗目标，实现中华民族伟大复兴的中国梦，就是要实现国家富强、民族振兴、人民幸福，既深深体现了今天中国人的理想，也深深反映了我们先人们不懈追求进步的光荣传统。”“实现中国梦必须走中国道路。”“实现中国梦必须弘扬中国精神。”“实现中国梦必须凝聚中国力量。”“中国梦归根到底是人民的梦，必须紧紧依靠人民来实现，必须不断为人民造福。”[②]

2013 年 3 月 27 日，习近平在金砖国家领导人第五次会晤时发表主旨讲话指出：“大家都很关心中国的未来发展。面向未来，中国将相继朝着两个宏伟目标前进：一是到 2020 年国内生产总值和城乡居民人均收入比 2010 年翻一番，全面建成惠及十几亿人口的小康社会。二是到 2049 年新中国成立 100 年时建成富强民主文明和谐的社会主义现代化国家。为了实现这两大目标，我们将继续把发展作为第一要务，把经济建设作为中心任务，继续推动国家经济社会发展。我们将坚持以人为本，全面推进经济建设、政治建设、文化建设、社会建设、生态文明建设，促进现代化建设各个方面、各个环节相协调，建设美丽中国。”[③]此后，4 月 7 日他在博鳌亚洲论坛 2013 年年会上做主旨演讲时再次指出：“我们的奋斗目标是，到 2020 年国内生产总值和城乡居民人均收入在 2010 年的基础上翻一番，全面建成小康社会；到本世纪中叶建成富强民主文明和谐的社会主义现代化国家，实现中华民族伟大复兴的中国梦。”“我们也认识到，中国依然是世界上最大的发展中国家，中国发展仍面临着不少困难

---

① 张烁：《习近平在参观〈复兴之路〉展览时强调承前启后继往开来继续朝着中华民族伟大复兴目标奋勇前进》，《人民日报》2012 年 11 月 30 日。

② 习近平：《在第十二届全国人民代表大会第一次会议上的讲话（2013 年 3 月 17 日）》，《人民日报》2013 年 3 月 18 日。

③ 习近平：《携手合作　共同发展——在金砖国家领导人第五次会晤时的讲话（2012 年 3 月 27 日）》，《人民日报》2013 年 3 月 28 日。

和挑战，要使全体中国人民都过上美好生活，还需要付出长期不懈的努力。我们将坚持改革开放不动摇，牢牢把握转变经济发展方式这条主线，集中精力把自己的事情办好，不断推进社会主义现代化建设。”[①]

2013 年 4 月 28 日，习近平在同全国劳动模范代表座谈时指出：“我们已经确定了今后的奋斗目标，这就是到中国共产党成立 100 年时全面建成小康社会，到新中国成立 100 年时建成富强民主文明和谐的社会主义现代化国家，努力实现中华民族伟大复兴的中国梦。”[②]

“中国梦”的丰富内涵见之于“两个一百年”的总规划、总追求，见之于“五位一体”总体布局的“大社会”，更见之于以不断保障和改善民生为核心内容的“小社会”，这一点是与当年的“小康社会”一脉相承的。“人民对美好生活的向往，就是我们的奋斗目标”。2012 年 11 月 15 日，在新一届中央政治局常委同媒体的见面会上，习近平总书记近 20 分钟的讲话，说得最多的是人民，分量最重的是民生。对老百姓来说，这么一番话尤其温暖人心：“我们的人民热爱生活，期盼有更好的教育、更稳定的工作、更满意的收入、更可靠的社会保障、更高水平的医疗卫生服务、更舒适的居住条件、更优美的环境，期盼着孩子们能成长得更好、工作得更好、生活得更好。”[③]这里面，一共列举了老百姓期盼的 10 个“更”字，可谓对接现实、顺应民情。教育、就业、收入分配、医疗、住房……一直就是民生领域的关键词，也是社会关切、百姓呼声的集中点。从这个意义上说，党的十八大报告中提出的一系列民生发展目标、习近平总书记后来在讲话中提出的 10 个“更”字，都是对民生关切的一个积极回应，具体而明确地向人民描绘了未来的幸福生活图景，这也便是“中国梦”为我们勾勒的未来社会建设的美好愿景。就像《环球时报》发表的一篇社评所指出的：“中国最近几十年发展太快了，同时堆积了一些

---

① 习近平：《共同创造亚洲和世界的美好未来——在博鳌亚洲论坛 2013 年年会上的主旨演讲（2013 年 4 月 7 日）》，《人民日报》2013 年 4 月 8 日。

② 习近平：《在同全国劳动模范代表座谈时的讲话（2013 年 4 月 28 日）》，《人民日报》2013 年 4 月 29 日。

③ 新华社：《习近平在十八届中共中央政治局常委同中外记者见面时强调人民对美好生活的向往就是我们的奋斗目标》，《人民日报》2012 年 11 月 16 日。

问题，对所取得成就的意义也需用更长的时间来认识。我们不太容易搞清我们今天相对于历史和横向世界所处的位置，‘中国梦’的提出，是中国人边行进边梳理我们到底想要什么、走向哪里的过程。”①

“且行且揣摩”，了解了上述从“小康社会”到“中国梦”的演进历程，就不难认识“中国梦”绝对不是痴人说梦，而是实实在在的一定能实现的阶段性发展目标。再过30余年，当中国基本实现现代化、达到中等发达国家的水平时，我们回过头看新中国这一个世纪的奋斗史，上述“基本建立起独立的比较完整的工业体系和国民经济体系”、“总体小康”、“全面小康”以及“两个一百年”的奋斗目标，就一定是矗立在国家富强、民族振兴、人民幸福的伟大“中国梦”实现历程中的一座座里程碑。

当前，中国进入发展关键期、改革“深水”期和攻坚期，面对社会利益格局和经济关系深刻调整变化，利益冲突、社会矛盾呈现出多发易发的复杂态势，改革和发展的顺利推进需要凝聚起全体中华儿女的共同力量，于是就有了“中国梦”的新提法。习近平2012年当选中共中央总书记以来，在国内国际多个场合，结合不同工作内容就“中国梦”的具体内涵、奋斗目标、总体布局、实现路径等进行系统阐释。一时间，“中国梦”成为较之“小康社会”更加热门的词语，“中国梦”也容纳了较之“小康社会”更丰富的内容。如上所述，“中国梦”是中国共产党成立以来历史赋予的民族使命，更是改革开放以来国家层面发展战略和发展目标一以贯之的继承和发展，中共十八大以来，全面深化改革的每一项安排、每一个举措，都在朝着这一既定目标一步一步向前推进，同时也在不断提升中国人民对中国特色社会主义的道路自信、理论自信和制度自信。“中国梦”根植于中国的传统文化，凝聚了几代中国人的夙愿，体现了中华民族和中国人民的整体利益和共同期盼。“中国梦是民族的梦，也是每个中国人的梦。只要我们紧密团结，实现梦想的力量就无比强大，我们每个人为实现自己梦想的努力就拥有广阔的空间。生活在我们伟大祖国和伟大时代的中国人民，共同享有人生出彩的机会，共同享有梦想成真

① 《“中国梦”凝聚中国人共同利益和价值》，《环球时报》2013年3月18日。

的机会，共同享有同祖国和时代一起成长与进步的机会。有梦想，有机会，有奋斗，一切美好的东西都能够创造出来。”[①]

［原载《当代中国史研究》2014 年第 5 期，本次收入有修订］

① 习近平:《在同全国劳动模范代表座谈时的讲话（2013 年 4 月 28 日）》,《人民日报》2013 年 4 月 29 日。

新中国社会发展的成就、经验和展望

今年是中华人民共和国成立66周年。60多年来，新中国在社会建设和社会发展方面取得了辉煌的成就，积累了宝贵的经验，也经历了多次曲折和失误。对这段历史作一系统的梳理和总结，无疑具有重要的学术价值和现实意义。

一、60余年社会建设历程的主线和分期

按照马克思主义的观点，矛盾是事物发展的动力和源泉。据此我们可以认为，社会的基本矛盾决定着社会发展的主线。中国共产党对新中国社会主义改造完成后的社会基本矛盾的判断经历了一个曲折的过程。1956年中共八大明确提出："我们国内的主要矛盾，已经是人民对于建立先进的工业国的要求同落后的农业国的现实之间的矛盾，已经是人民对于经济文化迅速发展的需要同当前经济文化不能满足人民需要的状况之间的矛盾。这一矛盾的实质，在我国社会主义制度已经建立的情况下，也就是先进的社会主义制度同落后的社会生产力之间的矛盾。党和全国人民的当前的主要任务，就是要集中力量来解决这个矛盾，把我国尽快地从落后的农业国变为先进的工业国。"[①] 八大对新中国社会主义改造完成后的社会基本矛盾的判断是正确的，但是由于当时党对于全面建设社会

---

① 《中国共产党第八次全国代表大会关于政治报告的决议》，《人民日报》1956年9月28日。

主义的思想准备不足，八大提出的正确意见后来没有能够坚持下去。“文化大革命”结束后，实现了指导思想上的拨乱反正，1981 年作出的《中国共产党中央委员会关于建国以来党的若干历史问题的决议》正确地总结了新中国成立以来 32 年特别是 10 年“文化大革命”的历史，再次明确指出：“在社会主义改造基本完成以后，我国所要解决的主要矛盾，是人民日益增长的物质文化需要同落后的社会生产之间的矛盾。党和国家工作的重点必须转移到以经济建设为中心的社会主义现代化建设上来，大大发展社会生产力，并在这个基础上逐步改善人民的物质文化生活。”[①]这一提法一直沿用下来。6 年之后的中共十三大提出了更为成熟的社会主义初级阶段理论，指出：“我国从五十年代生产资料私有制的社会主义改造基本完成，到社会主义现代化的基本实现，至少需要上百年时间，都属于社会主义初级阶段。这个阶段，既不同于社会主义经济基础尚未奠定的过渡时期，又不同于已经实现社会主义现代化的阶段。我们在现阶段所面临的主要矛盾，是人民日益增长的物质文化需要同落后的社会生产之间的矛盾。阶级斗争在一定范围内还会长期存在，但已经不是主要矛盾。”[②]既然社会主义初级阶段的主要矛盾是人民日益增长的物质文化需要同落后的社会生产之间的矛盾，那么不断解决这一矛盾就构成这个阶段经济和社会发展的主线。经济是基础，是手段，落实到社会层面就是要着眼于民生问题的解决，这也是与中国共产党全心全意为人民服务的宗旨完全一致的。

基于上述认识，我们把新中国中共十八大以前 60 余年的历史分作六个阶段加以讨论。从 1949 年新中国成立到 1956 年中共八大召开之前是第一个阶段。这个阶段革故鼎新，为新中国未来的社会建设奠定环境基础和制度基础。从 1956 年中共八大到 1976 年“文化大革命”结束是第二个阶段。这个阶段历经曲折，但是大规模开展的工业化建设为下一步的民生改善打下了比较坚实的经济基础，而且人们从亲身经历的探索和曲折的反思中获得了开辟新路、改革开放的精神动力。之所以将这 20 年

① 《三中全会以来重要文献选编》(下)，人民出版社 1982 年版，第 168 页。
② 《十三大以来重要文献选编》(上)，中央文献出版社 2011 年版，第 11 页。

放在一起来看，主要是基于这一时期的民众生活变化不大，相关体制包括计划经济、二元结构、单位体制等也一直延续下来，还有以重工业为主导的工业化战略和越来越“左”倾的指导思想等。从 1976 年“文化大革命”结束以后到 1982 年是第三个阶段。这个阶段时间不长，是一个结束动乱后休养生息、拨乱反正的阶段，执政党的工作重点重新转移到现代化建设上来，并从酝酿、徘徊、躁动中逐步形成改革开放的新思路，中国再次迎来发展经济、改善民生的春天。从 1982 年到 1992 年是第四个阶段。这个阶段开启了全面改革的新征程，基本解决了人民群众的温饱问题。从 1992 年到 2002 年是第五个阶段，建立了社会主义市场经济新体制，人民生活总体达到小康水平。接下来的 10 年是第六个阶段，提出要建设更高水平更为全面的小康社会，民生建设民生保障受到空前重视。也正是在这个阶段，中国成为中等收入国家，社会结构发生深刻变化，各阶层利益多元化，社会矛盾易发多发且极为复杂，为避免陷入“中等收入陷阱”，中国需要实现更加和谐更加协调的发展，因而社会建设的地位大大提高。

新中国 60 余年的社会发展史，也就是围绕民生主线开展的社会建设史。特别是改革开放以来几个阶段的民生进步和发展取向，也暗合着马斯洛揭示的人类需求层次阶段性台阶式提升的基本走势。

二、分阶段看社会发展的主要成就

新中国成立后，用了 6 年的时间完成了从半殖民地半封建社会到新民主主义社会、再到社会主义社会的两次历史性跨越，为当代中国一切发展进步奠定了根本政治前提和制度基础。在这 6 年里，新生的政府通过建章立制保障和维护人民群众当家作主的地位和权力，通过恢复经济、稳定物价、解决就业、社会救济等手段积极改善民生，通过移风易俗、扫除文盲、教育引导、树立英模净化社会风气、培养一代新人。人民群众不仅获得了和平、安宁的生活环境，而且生活水平的提高和公共服务的改善也让老百姓真切体验到了新中国、新社会的美好和优越。国民经济恢复后的 1952 年到 1956 年，年人均 GDP 从 119 元增加到 166 元，总人口从 5.7482 亿人增加到 6.2828 亿人，年居民消费水平从 80 元增加到 104 元。[①] 全国人口预期寿命从 1949 年的 35 岁左右提高到 1957 年的 57 岁[②]，平均每年都有上百万劳动人口扫除文盲。

其后，中国用了 20 年的时间在计划经济体制下进行了社会主义建设的探索和实践。这 20 年里，中国有许多不成功的尝试，指导思想不时出现偏差，甚至出现了“大跃进”和“文化大革命”两次严重失误，付出了沉重的代价，但是也取得不少成功的经验。中国的人均 GDP 从 1957 年的 168 元增加到 1976 年的 318 元，增长近 90%，但居民消费水平只增长 45%，农村居民的恩格尔系数不降反升，职工工资从人均 624 元下降到 575 元，生活必需品供应匮乏；[③] 中国的教育、科技、文化、卫生、体育事业有很大发展，尤其是城乡人民的健康水平大大提高，人均预期寿命从 1957 年的 57 岁提高到 1975 年的 68 岁以上[④]，增长速度为世人所瞩目；中国依靠独特的体制保障了全体人民的基本民生需要，在此基础上节衣缩食、艰苦奋斗，发挥集中力量办大事的优势优先发展重工业，逐步建立了独立的比较完整的工业体系和国民经济体系，并且维护了国家的安全和独立。

其后，中国用了 5 年的时间实现了伟大的历史性转折，开启了改革开放的新征程。在这 5 年里，在结束了十年动乱之后，党和政府在采取休养生息政策的同时，清算和改正“左”倾错误，调整了社会关系，开展了一场广泛深刻的思想解放运动，恢复了实事求是的思想路线，成功地实现了全党工作重心向现代化建设的转移，经济发展的目标也重新回到基本民生建设上来；农村实行家庭承包经营，不但解放了生产力，同时也深刻地改变了农村的社会结构和社会生活；而城市开启的自主择业、

---

① 原始数据参见国家统计局编《新中国 60 年》，中国统计出版社 2009 年版，第 611、608、616 页。

② 原始数据参见国家统计局编《中国社会统计资料（1993）》，中国统计出版社 1994 年版，第 33 页。

③ 原始数据参见国家统计局编《新中国 60 年》，中国统计出版社 2009 年版，第 611、616、610 页。

④ 原始数据参见国家统计局编《中国社会统计资料（1993）》，中国统计出版社 1994 年版，第 33 页。

扩大企业自主权，以及设立经济特区和对外开放的改革，不但增强了经济发展的活力，也给传统的计划经济体制和社会管理体制打开了缺口；高考制度的恢复则不但促进了教育事业的发展和人力资源的开发，同时也为新时期的社会流动开辟了新的途径。

其后，中国用了10年的时间进行了计划与市场相结合的改革。在这10年里，中国明确了自己仍处于社会主义初级阶段的基本判断，形成了“一个中心、两个基本点”的基本路线，实现了对“什么是社会主义”和“怎样建设社会主义”认识上的飞跃，提出了从“翻两番”到“三步走”的社会发展战略以及从先富到共富的发展策略。在党和政府的正确领导下，这一时期，中国的人均GDP增长1.28倍，农民人均纯收入增长0.75倍，城镇居民人均可支配收入增长0.71倍，[①] 人均粮食占有量超过世界平均水平，城市副食品供应问题基本得到解决，除极少数贫困地区外基本上解决居民的温饱问题；计划生育和环境保护成为基本国策，教育事业有了较快的发展，尤其是初等教育得到加强，但合作医疗解体，农村医疗体系基本处在空白状态；城市户籍制和单位体制逐渐松动，“乡政村治”格局初步形成；农村剩余劳动力转移加快，小城镇发展迅速，社会开始分化，新的社会阶层得到发育和成长。

其后，中国又用了10年的时间进行了以建立社会主义市场经济体制为目标的创新性改革。这是一次经济体制的全面转型，中国改革开放的步伐由此进一步加快。在这10年里，实施了科教兴国、可持续发展、西部大开发、加入世界贸易组织等一系列重大发展战略，经受住了异常复杂的国内外环境的考验，提前实现“翻两番”的发展目标，人民生活总体达到小康水平。按照有关部门提出的关于总体小康的评价标准衡量，2000年，除了农民人均纯收入、人均蛋白质日摄入量、农村初级卫生保健基本合格以上县占比以外，其余13项指标都满足了总体小康的要求。城镇居民恩格尔系数从1991年的53.8%下降到2000年的39.4%，农村居民恩格尔系数从57.6%下降到49.1%，农村贫困人口按当时的口径减

① 原始数据参见国家统计局编《新中国60年》，中国统计出版社2009年版，第614、627页。

少了2.2亿人。[①]与此同时，经济的改革发展引发了整体性的社会变迁：人口增长实现根本转型[②]，社会结构发生深刻变化；社会保障体制改革加快，教育、医疗等领域也相应进行了市场化探索；人口流动和社会分化加剧，城镇化提速，“三农”问题凸显，社会建设依然滞后于经济建设的矛盾逐渐暴露出来。

再其后，中国用了10年的时间进行了完善市场经济体制、加快进行民生建设的系统化改革。在这10年里，陆续提出转变发展方式、全面建设小康社会的发展目标和以人为本的科学发展观，提出增强党的执政能力建设和构建社会主义和谐社会的战略要求，把社会建设纳入中国特色社会主义事业的总体布局；民生立法显著加快，民生政策密集出台；针对社会结构的深刻变化和快速转型，党和政府把加强和创新社会管理作为重要课题来抓，不断健全社会管理格局，建设以公共财政为基础的服务型政府和公共服务体系，基本公共品供给能力得到有效提高。在这一时期，人民得到了更多的实惠，生活质量显著改善。2002—2012年，在人均GDP年均增长9.9%的同时，城镇居民人均可支配收入年均实际增长9.29%，农村居民人均纯收入年均实际增长8.37%，城乡居民收入年均增速超过1979—2011年7.4%的年均增速，是历史上增长最快的时期之一。城镇居民人均现金消费支出从6030元增加到16674元，农村居民人均现金消费支出从1468元增加到5415元；城乡居民家庭恩格尔系数分别从37.7%和46.2%下降到了36.2%和39.3%。[③]随着居民收入增长和市场商品供应日趋丰富，居民消费升级快速推进。人力资源相关指标也显示，这一时期中国居民整体受教育水平显著提高，健康水平已处于发展中国家前列。但是，社会建设不能满足民众需求的矛盾依然突出，而且社会转型尚未完成，社会矛盾复杂多样，社会上存在一定程度的心理

① 李文：《从“小康社会”到“中国梦”》，《当代中国史研究》2014年第5期。

② 随着社会经济的不断发展，人口的增长一般会经历一个由高出生、高死亡、低自然增长的传统型人口再生产类型，发展到高出生、低死亡、高自然增长的过渡型，然后向低出生、低死亡、低自然增长的现代型转化的过程。这一时期，中国在人类历史上以最短的时间，实现了到低出生、低死亡、低自然增长的重大转变，进入到现代型的人口再生产类型。

③ 原始数据参见国家统计局官网。

失衡和信仰危机，与社会主义市场经济体制相适应的社会关系和核心价值体系的构建任重道远。

三、横向对比显示的成绩和不足

社会史的视角看重的不是增长而是发展，当然这样的视角并不是社会学家的专利。比如，对于新中国计划经济时期的社会进步，国际上一些经济学家就给出了这样的评价：

> “关于中国的基本事实是”，“它为每一个人提供了粮食、衣服和住房，使他们保持健康，并使绝大多数人获得了教育，千百万人并没有挨饿，道路旁和街道上没有一群群昏昏欲睡、目不识丁的乞丐；千百万人并没有遭受疾病的折磨”，“依此而论，中国的成就超过世界上任何一个不发达国家。”[①] 中国“总的来说，创造了一个极为平等的社会”。“国家保证最低限度的粮食需要，小学入学率很高，绝大部分人都可以享受基本医疗卫生服务和计划生育服务。结果是，其他国家中极端贫苦的人民所遭受的苦难，比如饥饿、疾病、高出生率、高婴儿死亡率、文盲，以及时刻担心沦为赤贫和成为饿殍，在中国差不多消灭了。”[②]“毛泽东时代取得的重要发展成果是消灭了所有重要的以财产为基础的不平等，同时将农村内部以及城市内部的不平等大大缩短。工人阶级取得了终身职业安全、优厚的津贴和福利，社会地位提高，人均家庭收入略为提高。就全国来说，营养、平均寿命以及教育与健康水平都大为提高。”[③]

可见，即便是经济学界，通过新中国前30年的发展人们也不能否认

---

① ［美］保罗·萨缪尔森（Paul A.Samuelson）：《经济学》第10版，高鸿业译，商务印书馆1981年版，转引自沙健孙《正确理解马克思主义的生产力观点》，《马克思主义研究》2006年第9期。

② 世界银行1984年经济考察团：《中国：长期发展的问题和方案（主报告）》，中国财政经济出版社1985年版，第42页。

③ ［美］马克·薛尔顿：《中国社会主义的政治经济学》，《台湾社会研究丛刊》1991年第1期。

一个基本事实，即社会主义制度即使是在经济水平比较低的条件下也能够在推动社会进步方面获得巨大成就。这样的观察视角与国际上发展观的演变其实是相合拍的。人们已经注意到，经济增长要“以人为本”，经济增长是手段而不是目的，发展固然以增长为基础，但增长未必就一定能够带来相应的发展。基于这一理念，联合国开发计划署 1990 年开始提出由人口平均预期寿命、教育和收入三个维度构成的综合评价指标即人类发展指数（HDI）来全面衡量社会进步，与单独使用国民总收入（GNI）或国内生产总值（GDP）相比，HDI 在考虑了经济增长因素的同时，还考虑了教育、卫生等对社会发展的影响。从国际上看，通常一国社会发展水平与其经济发展水平大致对应，但计划经济时期的中国却是一个突出的例外，其社会发展的世界排名远远超过其经济水平的世界排名[①]，而且是世界上两者名次差别最大的国家。在改革开放前夕，中国按人均收入排在世界最贫穷国家之列，人口的过快增长稀释了经济发展的成果，而其人文发展却接近中等发达国家的水平。1960—1980 年间，世界上从低人文发展水平上升到中等水平的国家不过十几个，中国就是其中之一。更突出的是，在这十几个国家中，中国取得的进步最显著，位次上升的幅度最大，取得了绝大多数其他发展中国家难以企及的社会进步，显示了中国经济社会制度在促进人文社会进步上具有优越性。

自改革开放以来，中国依然是社会发展水平提升较快的国家。按照联合国开发计划署《2013 年人文发展报告》的口径测算，中国的人文发展指数 1980 年只有 0.407，2012 年达到 0.699，提升幅度在所有国家中排名靠前。2012 年的世界排名已经高于东亚、太平洋地区国家以及金砖国家的平均值，处于中等人文发展水平国家上游位置。新时期以来中国人文发展指数排名的大幅提高，首先要归功于国民经济的快速发展，这一时期中国经济年均增长速度高达 9.8%，比世界平均增速高出 7 个百分点。由于人口自然增长率大幅下降，同期按照 PPP 计算的人均国民收入提高 14 倍，是 20 世纪 90 年代以来增长速度最快的经济体。其次就是要

① 当然对这个时期中国的经济发展水平也应当辩证地看，没有这个时期构建的独立的比较完整的工业体系和国民经济体系，改革开放新时期的经济腾飞就失去了物质基础。

归功于计划经济时期打下的基础，因为中国虽然自改革开放以来在健康和教育方面同样成绩显著，人口平均预期寿命增加近 6.7 岁，平均受教育年限和学龄儿童预期受教育年限分别提高了 3.8 年和 3.3 年，居民素质得到大幅提高，但是这些成绩与计划经济时期的提升速度相比是逊色的，与同期经济上的辉煌成就相比更是逊色不少，社会发展落后于经济发展，人文发展指数提升的速度已经明显不如改革开放以前。

更进一步的观察显示，计划经济时期的中国几乎是一个人人都有基本保障、人人都能享受发展成果的社会，人们的收入水平低但差距不大。从世界上其他经济体的发展中也不难看到这样一个事实，即社会平等、社会公平是社会进步的重要变量。为此，近年来联合国对 HDI 的指标体系作了进一步改进，其中就包括综合衡量不平等状况对社会进步产生的负面影响。经过不平等状况的调整，部分国家的人类发展指数排名发生显著变化。还是以中国为例，2012 年，中国人均国民总收入在 187 个经济体中排名第 89 位，但 HDI 排名却比人均国民收入排名低 12 位。而在剔除收入指数后，中国的 HDI 排名下降了 5 位，跌落到世界第 106 位。可见，中国人文发展指数的提高主要由经济高速发展拉动，与经济的高速发展相比，健康、教育等社会方面的进步明显滞后，而且地区之间、城乡之间、阶层之间发展的不平衡、不平等问题严重。这一现象可能是中国改革开放前后社会发展的最大不同。早在 2005 年，联合国开发计划署在当年的《人类发展报告》中就明确指出“中国目前面临的挑战就是将其令人瞩目的收入增长转化为非收入方面的人类发展的可持续增长”[①]。

总之，从 1949 年到 2012 年，新中国走过了 60 余年的光辉历程。在这 60 余年里，在中国共产党的领导下，亿万人民团结一心、发愤图强、艰苦奋斗，实现了社会全面进步，让一个积贫积弱的旧中国实现快速发展，“中国的社会生产力、综合国力实现了历史性跨越，人民生活实现了从贫困到温饱再到总体小康的历史性跨越。这不仅使中国彻底抛掉了‘东亚病夫’的帽子，而且为人类战胜贫困、为发展中国家寻找发展道路

① 《〈2005 年人类发展报告〉指出中国人类发展指数排名升至第 85 位》，《新华每日电讯》2005 年 9 月 9 日。

提供了成功的实例。”①

四、经验与展望

新中国60余年的社会建设和社会发展，留下了极为宝贵的经验和启迪。概括起来说，至少有如下几点。

（一）一定要以经济建设为中心

新中国是在“一穷二白”的基础上发展起来的，国家富强、民族振兴、人民幸福，是近百年来中华儿女的共同愿望；新中国是在一个半殖民地半封建社会的基础上建立起社会主义的，从那时起直到未来相当长一段时期将一直处在社会主义初级阶段，人民的物质文化需要同不发达的生产力之间的矛盾是社会主要矛盾。实现中华民族的共同愿望，克服欠发达的主要矛盾，都需要始终以经济建设为中心，不断发展生产力，加快构建物质文化基础。如果说新中国历史上的“大跃进”失败是经验不足的产物，那么“文化大革命”十年动乱所造成的损失就主要是错误地“以阶级斗争为纲”、偏离了经济建设的主攻方向所导致的。邓小平1988年9月5日接见外宾时指出：“我们根本否定‘文化大革命’，但应该说‘文化大革命’也有一‘功’，它提供了反面教训……三中全会确定将工作重点由以阶级斗争为纲转到以发展生产力、建设四个现代化为中心，受到了全党和全国人民的拥护。为什么呢？就是因为有‘文化大革命’作比较，‘文化大革命’变成了我们的财富。”②邓小平是将不断发展生产力当作社会主义的本质要求和社会主义制度的优越性来看的。早在1978年9月16日他在听取工作汇报时就指出：“我们是社会主义国家，社会主义制度优越性的根本表现，就是能够允许社会生产力以旧社会所没有的速度迅速发展，使人民不断增长的物质文化生活需要能够逐步得到满足。按照历史唯物主义的观点来讲，正确的政治领导的成果，归根

① 习近平：《在庆祝中华人民共和国成立65周年招待会上的讲话》，《人民日报》2014年10月1日。

② 《邓小平文选》第3卷，人民出版社1993年版，第272页。

结底要表现在社会生产力的发展上，人民物质文化生活的改善上。如果在一个很长的历史时期内，社会主义国家生产力发展速度比资本主义国家慢，还谈什么优越性？我们要想一想，我们给人民究竟做了多少事情呢？我们一定要根据现在的有利条件加速发展生产力，使人民的物质生活好一些，使人民的文化生活、精神面貌好一些。”[①]1979 年 6 月 29 日，他在五届全国人大二次会议上说：“这次大会把阶级斗争问题讲清楚了。概括起来，就是既反对阶级斗争熄灭论，又反对阶级斗争扩大化，不再搞急风暴雨式的阶级斗争了……讲阶级斗争，归根到底是体现社会主义的优越性，批资本主义、封建主义，就要看社会主义有什么优越性。共产主义是‘各尽所能，按需分配’，要物质极大丰富，满足整个社会需要而有余。社会主义同资本主义怎么比较？是比生产力的发展。”[②] 基于上述认识，改革开放以来，中国共产党把“一个中心，两个基本点”确立为社会主义初级阶段的基本路线，“一个中心”就是指以经济建设为中心。邓小平讲：“基本路线要管 100 年，动摇不得”[③]；江泽民讲：“坚持党的基本路线不动摇，关键是坚持以经济建设为中心不动摇”[④]；胡锦涛讲：“以经济建设为中心是兴国之要，是我们党、我们国家兴旺发达、长治久安的根本要求。只有推动经济又好又快发展，才能筑牢国家发展繁荣的强大物质基础，才能筑牢全国各族人民幸福安康的强大物质基础，才能筑牢中华民族伟大复兴的强大物质基础。改革开放三十多年来，我们坚持以经济建设为中心，推动社会生产力以前所未有的速度发展起来，这是我国综合国力、人民生活水平、国际地位大幅度提升的根本原因。今后，我们必须继续牢牢坚持发展是硬道理的战略思想，牢牢扭住经济建设这个中心，决不能有丝毫动摇”[⑤]。这样的认识不是凭空而来，而是历史经验的结晶。

---

① 《邓小平文选》第 2 卷，人民出版社 1994 年版，第 128 页。

② 中共中央文献研究室编：《邓小平思想年编（1975—1997）》，中央文献出版社 2011 年版，第 246 页。

③ 《邓小平文选》第 3 卷，人民出版社 1993 年版，第 370 页。

④ 《十四大以来重要文献选编》（上），中央文献出版社 2011 年版，第 12 页。

⑤ 《十七大以来重要文献选编》（下），中央文献出版社 2013 年版，第 444—445 页。

（二）一定要以人为本

发展的目的不是 GDP，而是为了满足人民的物质文化需要。所以，经济建设一定要以保障基本民生为中心，“勒紧裤带搞建设”只能是一时之需，绝不是长久之计，执政党须臾不可忽视广大群众的物质利益。过去中国搞了几十年的经济建设，人民群众依然没有过上富足的日子，就是由于种种原因，没有妥善处理增加国家积累同改善人民生活的关系，没有将人民群众的当前利益与长远利益很好地结合起来。对此，中国改革开放的总设计师邓小平可谓深感于怀。1977 年 12 月 26 日他便质疑道：“怎样才能体现列宁讲的社会主义的优越性，什么叫优越性？不劳动、不读书叫优越性吗？人民生活水平不是改善而是后退叫优越性吗？如果这叫社会主义优越性，这样的社会主义我们也可以不要。”[①]1978 年 3 月 10 日，他又说：“什么叫社会主义？社会主义总是要表现出它的优越性嘛。它比资本主义好在哪里？每个人平均六百几十斤粮食，好多人饭都不够吃，二十八年只搞了二千三百万吨钢，能叫社会主义优越性吗？干社会主义，要有具体体现，生产要真正发展起来，相应的全国人民的生活水平能够逐步提高，这才能表现社会主义制度的优越性。”[②]1978 年 9 月在东北三省视察期间，他进一步提醒道：“外国人议论中国人究竟能够忍耐多久，我们要注意这个话。我们要想一想，我们给人民究竟做了多少事情呢？”[③]“我们太穷了，太落后了，老实说对不起人民。”[④]1985 年 4 月 15 日，他在会见外宾时深刻指出：“社会主义的首要任务是发展生产力，逐步提高人民的物质和文化生活水平。从 1958 年到 1978 年这二十年的经验告诉我们：贫穷不是社会主义，社会

---

① 中共中央文献研究室编：《邓小平思想年编（1975—1997）》，中央文献出版社 2011 年版，第 97 页。

② 中共中央文献研究室编：《邓小平思想年编（1975—1997）》，中央文献出版社 2011 年版，第 108 页。

③ 中共中央文献研究室编：《邓小平思想年编（1975—1997）》，中央文献出版社 2011 年版，第 168 页。

④ 中共中央文献研究室编：《邓小平思想年编（1975—1997）》，中央文献出版社 2011 年版，第 168 页。

主义要消灭贫穷。不发展生产力，不提高人民的生活水平，不能说是符合社会主义要求的。”①

同样道理，经济发展也绝不能以牺牲人民的长远利益为代价，发展要可持续，要能够惠及子孙后代；经济发展也绝不能以牺牲最广大人民的利益为代价，要把维护社会公平正义放在最为突出的位置，努力实现包容性发展，发展成果由人民共享。

（三）一定要坚持经济社会的协调发展

早在2003年，胡锦涛在总结抗击非典斗争的经验时就精辟地指出：“通过抗击非典斗争，我们比过去更加深刻地认识到，我国的经济发展和社会发展、城市发展和农村发展还不够协调；公共卫生事业发展滞后，公共卫生体系存在缺陷；突发事件应急机制不健全，处理和管理危机能力不强；一些地方和部门缺乏应对突发事件的准备和能力，极少数党员干部作风不实，在紧急情况下工作不力、举措失当。我们要高度重视存在的问题，采取切实措施加以解决，真正使这次防治非典斗争成为我们改进工作、更好地推动事业发展的一个重要契机。”改进工作最首要的一点就是要推进经济社会协调发展。他就此进一步指出：“促进经济社会协调发展，是建设中国特色社会主义的必然要求，也是全面建设小康社会的必然要求。我们讲发展是党执政兴国的第一要务，这里的发展绝不只是指经济增长，而是要坚持以经济建设为中心，在经济发展的基础上实现社会全面发展。”因此，“在促进发展的进程中，我们不仅要关注经济指标，而且要关注人文指标、资源指标和环境指标；不仅要增加促进经济增长的投入，而且要增加促进社会发展的投入，增加保护资源和环境的投入。”②还要注意的是，经济的发展和繁荣并不能必然地解决现存的社会矛盾问题，比如对于中国的社会结构严重滞后经济结构的问题，就不能单纯依靠经济发展，而是更多地要靠加快社会建设来解决。

---

① 《邓小平文选》第3卷，人民出版社1993年版，第116页。

② 《十六大以来重要文献选编》（上），中央文献出版社2011年版，第395—397页。

（四）一定要正确处理人民内部矛盾

加强社会建设最重要的一点，就是要做好群众工作，为此必须正确认识并善于处理人民内部矛盾。早在20世纪50年代，中国共产党对此就有清醒的认识，毛泽东发表的《关于正确处理人民内部矛盾的问题》直到今天仍有现实意义。比如："团结—批评—团结"是处理人民内部是非矛盾的重要方针；"统筹兼顾、全面安排"是处理人民内部利益矛盾的重要方针；"百花齐放、百家争鸣"是指导我国艺术和科学发展的重要方针；"长期共存、互相监督"是处理中国共产党同各民主党派关系的重要方针等。遗憾的是，新中国历史上几次政治斗争扩大化，都与没有坚持正确处理人民内部矛盾的原则有关。实行社会主义市场经济改革、进入转型期以后，面临的社会矛盾更为复杂多样，执政者面临的考验更为严峻，因此中共十六大以来陆续提出构建和谐社会问题、加强和改进党的执政能力问题、加强和创新社会管理问题，等等。2014年的中共十八届四中全会的精神给我们以重要启示，那就是要注意将正确处理社会矛盾纳入法治化的轨道。

当年，对于如何依法办事来处理社会内部矛盾，中共中央也进行过反思和探索。1962年5月23日，刘少奇对1958年以来的政法工作谈了几点意见：第一，这几年的政法工作，就问题方面来说，总的经验教训是混淆两类不同性质的矛盾，主要是误我为敌，打击面过宽。用敌对手段处理人民内部问题，甚至党内问题，这样处理的结果，不仅不会解决矛盾，相反会使矛盾更加激化，甚至造成分裂。有的党政负责人，随便批准捕人，根本不要公安局、检察院这一套。甚至有的公社、工厂、工地也随便捕人。这种破坏法制的行为，必须坚决制止。第二，法制不一定是指专政方面的，人民内部也要有法制，国家工作人员和群众也要受公共章程的约束。不要提政法机关绝对服从各级党委领导。它违法，就不能服从。如果地方党委的决定同法律、同中央的政策不一致，服从哪一个？在这种情况下，应该服从法律、服从中央的政策。第三，公安机关、检察院、法院三个机关，对敌人是专政机关，对人民来说，要成为处理人民内部矛盾的机关。为了缩小打击面，我们党有时把一些属于敌我矛盾的问题，当作人民内部矛盾问题处理。这样做，有利于造成又有集中又有民主，又有纪律又有自由，又有统一意志，又有个人心情舒畅、生动活泼的政治局面。[①]这些经验和教训直到今天仍然具有鲜活的现实意义。

总结新中国60余年的社会发展历程，成就突出，问题也不少，但是除了一个时期的工作失误和指导思想出现偏差以外，存在的问题大多是发展不足、不平衡造成的，问题的解决过程便是不断发展的过程，不断进步的过程。当代的中国由计划经济体制转向市场经济体制，由农业大国转向工业大国，将由“世界工厂”转向制造业强国，由粗放的外延式扩张转向资源节约型、环境友好型的绿色发展，以及将要实现城镇化、现代化、信息化，这些发展都给这个巨大的经济体带来日新月异的急速的变化。因之，中国日日夜夜都在取得新的成就，也时时刻刻都在产生新的问题。这当中最为重要的，一个是不平衡，一个是不平等，表现在城乡、区域、不同领域、不同阶层，这些都是中国未来发展中必须面对的挑战和难题，也正是中国能否跨越“中等收入陷阱”、顺利实现全方位转型的关键所在。我们已经看到，致力于社会公平正义，让发展成果更多更公平惠及全体人民，正是中共十八大以来全面深化改革规划的重点。完善基本公共服务体系，调整、理顺收入分配关系，健全覆盖城乡居民的社会保障体系，加强和创新社会管理，是中国政府“十二五”规划中的重要内容。中共十八大报告对社会建设和社会管理做了更加全面的论述，明确指出：“加强社会建设，是社会和谐稳定的重要保证。必须从维护最广大人民根本利益的高度，加快健全基本公共服务体系，加强和创新社会管理，推动社会主义和谐社会建设。”强调加强社会建设必须以保障和改善民生为重点，并为社会建设设定了“在学有所教、劳有所得、病有所医、老有所养、住有所居上持续取得新进展，努力让人民过上更好生活”的具体目标。[②]中共十八届三中全会以来，政府主导的社会管理被明确导向政府、市场、社会齐抓共管的社会治理，中国政府紧紧

① 丁明、李文主编：《中华人民共和国史编年（1962年卷）》，当代中国出版社2014年版，第303—304页。

② 《十八大以来重要文献选编》（上），中央文献出版社2014年版，第27页。

围绕更好保障和改善民生、促进社会公平正义深化社会体制改革，一系列推进社会体制改革的创新之举相继出台，既释放社会活力，又造福亿万群众。

目前，中国已经进入“经济新常态”，经济建设减速增效和社会建设全面提速将成为新阶段的突出特征。以习近平为总书记的新一代中央领导集体已经为中国未来几十年的发展设定了全面建成小康社会、努力实现中华民族伟大复兴的中国梦的奋斗目标，并为此作出了全面建成小康社会、全面深化改革、全面依法治国、全面从严治党的“四个全面”的战略安排，指向明确，前景可期。

［原载《马克思主义研究》2015 年第 10 期］

国民素质和社会文明程度与全面建成小康社会

“全面小康”是进入21世纪中国共产党领导全国人民为建设中国特色社会主义事业设定的阶段性奋斗目标。2016年7月1日，习近平总书记在庆祝中国共产党成立95周年大会上的讲话中指出：“现阶段，建设中国特色社会主义的主要任务，就是到2020年中国共产党成立100年时实现第一个百年奋斗目标、全面建成小康社会，为进而到本世纪中叶中华人民共和国成立100年时实现第二个百年奋斗目标、建成富强民主文明和谐的社会主义现代化国家打下坚实基础。”①

自2000年中共十五届五中全会提出“全面建设小康社会”以来，“全面小康”的内涵经历了一个不断充实的过程。将其与此前的“总体小康”相比较，新的奋斗目标“一是水平更高，要从一个国际上中等偏下收入的经济体向中等偏上收入的经济体迈进；二是范围更全，不但经济、政治、文化、社会、生态无所不包，而且农村不能拖了城镇的后腿，西部地区不能拖了东部地区和中部地区的后腿。”②进一步看，全面小康既然要“全面”，就不能只盯着物的方面（两个“翻两番”），不能只盯着局部的一点（现有贫困人口的脱贫问题），也要关注人的方面，人的全面小康是“全面小康社会”的基本要义之一。换言之，如果说“总体小康”

① 习近平：《在庆祝中国共产党成立95周年大会上的讲话》，《人民日报》2016年7月2日。
② 李文：《从“小康社会”到“中国梦”》，《当代中国史研究》2014年第5期。

着重于解决全体国民的温饱问题或者进一步温饱有余的问题，那么“全面小康”关注的就主要是发展的问题了，关注发展的问题就不能不考虑满足温饱后需求的多样性（包括可持续性）问题。2000 年联合国《千年宣言》确定的发展目标包括消灭极端贫穷和饥饿，普及小学教育，促进男女平等并赋予妇女权利，降低儿童死亡率，改善产妇保健，与艾滋病毒 / 艾滋病、疟疾和其他疾病作斗争，确保环境的可持续能力，全球合作促进发展，共有八项之多。这些目标与中国实现总体小康后的新的目标追求是基本吻合的，不过中国提出的全面小康目标更广、标准更高。

全面小康，要在“全面”。习近平总书记在党的十八届五中全会第二次全体会议上指出：“全面小康社会要求经济更加发展、民主更加健全、科教更加进步、文化更加繁荣、社会更加和谐、人民生活更加殷实（六个“更加”——引者）。要在坚持以经济建设为中心的同时，全面推进经济建设、政治建设、文化建设、社会建设、生态文明建设，促进现代化建设各个环节、各个方面协调发展，不能长的很长、短的很短。”[①]《中共中央关于制定国民经济和社会发展第十三个五年规划的建议》为未来五年“全面建成小康社会”提出了五个方面的新的目标要求：“经济保持中高速增长，人民生活水平和质量普遍提高，国民素质和社会文明程度显著提高，生态环境质量总体改善，各方面制度更加成熟更加定型。”我理解，这五个方面的目标要求有个参照物，那就是要逐步向中等发达国家的水平看齐，为实现第二个百年奋斗目标打下一个扎实的基础。若如此，联系现实来看，对于新的目标要求来说，我们的国民素质和社会文明程度就明显是个“十三五”时期需要克服的“短板”中的“短板”了，需要花大力气从人民思想道德素质、科学文化素质、健康素质三个方面全力推进才可望达致，三个素质共同决定着人力资源的质量和全社会的文明程度，亦即“小康社会”在人的方面的实现程度。

① 习近平：《在党的十八届五中全会第二次全体会议上的讲话（节选）》，《求是》2016 年第 1 期。

一、树立规矩意识，提升思想道德素质

“德，国家之基也”，思想道德素质是国民总体素质和社会文明程度的首要标志，“德”“智”“体”三者中“德”为先。我们党历来重视人民思想道德建设，为提升国民素质做出了不懈的努力。中共十八大以来，更是在新的基础上推进公民道德建设工程，提出要“加强社会公德、职业道德、家庭美德、个人品德教育，弘扬中华传统美德，弘扬时代新风。”[①] 中共十八届四中全会强调提出，全面推进依法治国，建设中国特色社会主义法治体系，建设社会主义法治国家，必须坚持依法治国和以德治国相结合。“徒善不足以为政，徒法不能以自行”，古人的这句话很好地诠释了德治与法治的关系。但是，我们不能不承认，当下的国民素质和社会文明程度与全面小康的目标要求还有较大的差距，素质低下、不文明的现象还比较普遍。2001 年出台的《公民道德建设实施纲要》在肯定了我国公民道德建设的良好态势的同时，明确指出：“我国公民道德建设方面仍然存在着不少问题。社会的一些领域和一些地方道德失范，是非、善恶、美丑界限混淆，拜金主义、享乐主义、极端个人主义有所滋长，见利忘义、损公肥私行为时有发生，不讲信用、欺骗欺诈成为社会公害，以权谋私、腐化堕落现象严重存在。这些问题如果得不到及时有效解决，必然损害正常的经济和社会秩序，损害改革发展稳定的大局，应当引起全党全社会高度重视。”[②] 应当说，十多年过去了，上述现象依然严重存在，阻碍着全面依法治国的实现，不利于全面建成小康社会的大局。

公民思想道德建设当然包括很多内容，但是我认为，这项工作要从基础抓起，那就是要适应工业化、现代化转型的要求，在全社会树立起规矩意识。人是社会中的人，社会中的人彼此交往和在社会中生活是要有规矩的，“没有规矩，无以成方圆”。社会生活中的规矩就是人们在社

---

① 胡锦涛：《坚定不移沿着中国特色社会主义道路前进，为全面建成小康社会而奋斗——在中国共产党第十八次全国代表大会上的报告》，《人民日报》2012 年 12 月 18 日。

② 《中华人民共和国国务院公报》2001 年第 32 期。

会生活中说话、做事所依据的标准，也就是所有社会成员都应当遵守的行为准则。社会活动是人的活动。人们在社会中活动的目的、动机往往各不相同，如果没有规矩，人们各行其是，社会生活就会混乱不堪，就会像驾车在道路上行走没有红绿灯那样，陷入毫无秩序的彼此冲突之中。所以，有规矩、懂规矩、守规矩十分重要。社会生活离不开规矩，久而久之，规矩本身就成为人们生活方式的一部分，这也是社会文明程度的重要标志。客观地讲，欠发达国家与发达国家之间的差距，主要的不是体现在物质技术方面，而是体现在国民素质、社会整体的文明程度方面，这当中最直观的就是人们的行为举止所体现的规矩意识。值得思考的是，人们私下里都说中国人不文明、不讲规矩，但是这些年出境旅游的中国人在国外已经比其在国内言谈举止强多了，有排队意识了，也很少随地抽烟、随地乱扔垃圾、随地吐痰了，由此来看，规矩固然需要养成，环境也是很重要的一面，我们缺少一个讲规矩、守规矩的社会氛围。我们国家以前是个农业社会，工业化、城市化尚未完成，市场化的历程更短，缺乏法治的传统，工业化、城市化、市场化的规矩还处在逐步养成之中，所以社会上通行的还不是照规矩办事，而是靠关系，靠那些形形色色的潜规则，因而人们彼此之间的信任度很低，对政府、对官员也是如此，人们的心态并不平和，这样的环境如果不能迅速扭转过来，势必导致风气不正、腐败丛生，社会矛盾多发易发、和谐度降低，社会主义核心价值观也就很难在人们的心目中生根发芽。习近平当年在《摆脱贫困》一书中曾经深刻指出："我们必须有意识地促使人们在商品经济活动中逐步地认识商品生产的规律，学习和掌握商品生产经营的知识，逐步形成与现代生产和生活需要相适应的思想观念、道德品质和生活方式。我们切不可物质上脱贫了，精神上却愚昧了。我们需要的是'仓廪实而知礼节''衣食足而知荣辱'。"[①]2013 年，他在浙江考察时进一步指出："构建社会主义和谐社会，需要有鲜明的社会价值导向，以此引领和保证全体人民有共同的道德遵循，整个社会有稳定的内在秩序。"[②]共同的道德遵循

① 习近平:《摆脱贫困》，福建人民出版社 1992 年版，第 116 页。

② 习近平:《干在实处，走在前列——推进浙江新发展的思考与实践》，中共中央党校出版社 2013 年版，第 250 页。

最基础的构件就是为人处世的规矩；依法治国的关键就是国民要有规矩意识，从小就要懂规矩，国民中的先进分子、带头人首先都能自觉地在日常的活动中有规矩、懂规矩、守规矩，率先垂范，开风气之先。正如习近平所指出的："小智治事，中智治人，大智立法。治理一个国家、一个社会，关键是要立规矩、讲规矩、守规矩。"①

二、推进教育公平，提升科学文化素质

教育是国家发展的基石，决定着国民的科学文化素质。习近平指出："百年大计，教育为本；强国富民，育人为先。""教育决定着人类的今天，也决定着人类的未来。""当今世界的综合国力竞争，说到底是人才竞争，人才越来越成为推动经济社会发展的战略性资源，教育的基础性、先导性、全局性地位和作用更加突显。'两个一百年'奋斗目标的实现、中华民族伟大复兴中国梦的实现，归根到底靠人才、靠教育。"② 有鉴于此，"十三五"规划提出未来五年坚持把提高质量作为教育改革发展的核心任务，更加注重教育内涵发展，为如期全面建成小康社会提供可靠的人力资源支持。

如何看待当前国民的科学文化素质？衡量的指标主要有人口文盲率（或识字率）和人均受教育年限等。第六次全国人口普查资料显示，2010 年，中国的青壮年文盲率从 2000 年的 2.80% 降至 1.08%；15 岁及以上人口文盲率为 4.1%，比 2000 年下降三成以上；15 岁及以上人口的平均受教育年限为 9.05 年，比 2000 年提高了 1.26 年，表明人口平均受教育水平已经迈入高中程度。25 岁及以上人口人均受教育年限 1990 年为 5.8 年，与当时世界平均水平基本持平；2000 年为 7.4 年，比当时世界平均水平 6.8 年高 0.6 年；2010 年为 8.6 年，明显超过当前世界 7.4 年的平均水平。新增劳动力平均受教育年限由 2005 年的 10.9 年提高到 12.7 年，

---

① 中共中央文献研究室编：《习近平关于全面依法治国论述摘编》，中央文献出版社 2015 年版，第 12 页。

② 习近平：《做党和人民满意的好老师——同北京师范大学师生代表座谈时的讲话》，《光明日报》2014 年 9 月 10 日。

短短5年就增加了接近两年。在人口受教育结构方面，出现了小学受教育人口不断减少、中等教育保持稳定、大专及以上受教育程度人口快速增长的重心上移趋势。[①]有学者指出，从2010年起，中国进入人口红利下降期，劳动年龄人口（16—64岁）占总人口比例从74.5%下降至2014年的73.4%。与此同时，大专以上文化程度人口占总人口比例从8.75%提高至11.01%。高中（含中专）文化程度人口占总人口比例从13.72%提高至16.35%，已经明显超过劳动年龄人口下降幅度，显示教育红利、人力资源红利大大抵消了人口红利下降的影响。但是与发达国家相比，还有不小的差距。仍以2010年为例，同一时期美国25岁及以上人口的人均受教育年限为12.4年（相当于大学一年级水平），日本为11.6年（相当于高中三年级水平），分别比中国高出近3.8年和3年，中国的大专及以上教育程度人口所占比重依然偏低。2009年经济合作与发展组织国家25—64岁人口中接受高等教育人口所占比重为30.0%，相当于中国2010年水平（9.7%）的3倍多。[②]中国科协公布的第八次中国公民科学素养抽样调查结果显示，2010年中国具备基本科学素养的公民比例为3.27%，也就是说100个公民中只有3名具备基本的科学素养，比2005年的1.60%仅提高1.67个百分点。目前中国公民科学素养水平相当于日本、加拿大和欧盟等主要发达国家和地区20世纪80年代末的水平。[③]进入新常态后，中国经济必须走上一条以创新驱动的增长之路。但是创新需要人才，中国的教育体系能否承担起培养创新型人才的重任，对未来国民经济的可持续发展至关重要。美国国家经济研究署（The National Bureau of Economic Research）依据1950年至2010年146个国家的数据分析发现，人均受教育年限每增加1年，由此转化而来的经济总量至少增加2%。世界银行的相关研究也表明，劳动力受教育的平均时间每增

① 《我国国民整体受教育水平进一步提高》，《中国信息报》2012年4月12日。关于2000年的情况，详见教育部课题组：《中国教育与人力资源问题报告》，2003年，参见《教育发展研究》2003年Z1期（未发表文献）。关于同一时期的中国公众科学素养情况，参见中国科学技术协会课题组《2001年中国公众科学素养调查报告》，科学普及出版社2002年版。

② 《我国国民整体受教育水平进一步提高》，《中国信息报》2012年4月12日。

③ 《中国科协发布第八次中国公民科学素养调查结果》，《科协论坛》2010年第12期。

加 1 年，GDP 就会增加 9%。毫无疑问，如果真的走上了创新驱动的经济增长之路，劳动力受教育水平的作用就愈加凸显了。《国家中长期教育改革和发展规划纲要（2010—2020 年）》提出到 2020 年将我国新增劳动力平均受教育年限从 12.4 年提高到 13.5 年；主要劳动年龄人口平均受教育年限从 9.5 年提高到 11.2 年，其中受过高等教育的比例达到 20%。“十三五”规划纲要草案提出：今后五年，我国的劳动年龄人口平均受教育年限将从 10.23 年提高到 10.8 年。届时即使实现了这样的目标，如前所述，与发达国家相比也还有一定的差距。

问题还在于，中国的教育发展和人口科学文化素质存在城乡、区域、校际、群体之间的较大差距，尽管近年来政府采取了一系列措施，包括全面免除城乡义务教育阶段所有学生的学杂费、为农村学生提供免费教科书、进一步完善城乡义务教育经费保障机制、允许进城务工人员随迁子女接受义务教育后在当地参加升学考试、统筹推进县域内城乡义务教育一体化改革发展、继续加大教育资源向中西部和农村倾斜、义务教育减负提质、完善高校学生资助政策、推进西部高校发展和人才培养等，但教育公平问题依然突出，“十三五”时期最需要着力补的“短板”，就是贫困农村地区教育事业和家庭经济困难学生学习机会。有研究表明，家庭社会经济地位、家庭文化背景对教育获得的影响将随着入学阶段的上升而降低，而学校等级的影响将升高，因此早期教育的公平问题必须得到更多重视。[①] 相关的实证研究证实，城乡教育不平等将会加大城乡收入差距，城乡收入差距也会促使城乡教育不平等的程度进一步加大。[②] 而获得公平的受教育机会，是实现社会流动、增强脱贫能力的助推器。正像习近平所指出的那样：促进教育公平，必须解决好农村和贫困家庭孩子的教育问题。扶贫要扶智，治贫先治愚。政府要保障贫困家庭的孩子都能够接受义务教育，并为他们提供进一步求学的机会；基础教育资源要向农村倾斜，向边远地区、贫困地区、民族地区倾斜；进一步健全资

---

① 唐俊超：《输在起跑线——再议中国社会的教育不平等（1978—2008）》，《社会学研究》2015 年第 3 期。

② 吕炜等：《城乡收入差距、城乡教育不平等与政府教育投入》，《经济社会体制比较》2015 年第 3 期。

助体系，想方设法解决贫困地区、贫困家庭孩子上学面临的实际困难；等等。[①]2016 年 9 月 9 日，习近平同志在北京市八一学校考察时进一步明确指出：教育公平是社会公平的重要基础，要不断促进教育发展成果更多更公平惠及全体人民，以教育公平促进社会公平正义。要加强对基础教育的支持力度，办好学前教育，均衡发展九年义务教育，基本普及高中阶段教育。要优化教育资源配置，逐步缩小区域、城乡、校际差距，特别是要加大对革命老区、民族地区、边远地区、贫困地区基础教育的投入力度，保障贫困地区办学经费，健全家庭困难学生资助体系。要推进教育精准脱贫，重点帮助贫困人口子女接受教育，阻断贫困代际传递，让每一个孩子都对自己有信心、对未来有希望。[②]

我认为，基本公共教育服务均等化需要一个逐步实现的过程。在这一目标实现之前，我们应当正视教育资源非均衡分布导致的受教育人口的起跑线的不同，研究实施一些有针对性的差异化扶持政策。比如，高考录取我们一直对少数民族生源有优惠政策，能不能将这一政策推而广之，使其惠及所有的“起跑线比较低”的生源？有了这样的政策，来自贫困地区的农村的学子们通过自身的努力考上北大、清华的愿望不就更有保障了吗？

三、加大健康投入，提升全民身体素质

健康无论对国家来说还是对个人来说都是最大的资本，人民身体健康是事关个人生活幸福和国家繁荣昌盛的一切事业的重要前提。2015 年中共十八届五中全会已经作出了推进健康中国建设的决策部署，正在抓紧制定健康发展中长期规划。在持续深化医药卫生体制改革的同时，2016 年国务院和有关部门又陆续下发了《全民健身计划（2016—2020 年）》《全民健康素养促进行动规划（2014—2020 年）》等，全国人大常

---

① 转引自瞿振元《发展中国特色世界水平的现代教育——深入学习贯彻习近平同志关于教育工作的重要论述》，《人民日报》2014 年 9 月 10 日。

② 《习近平在北京市八一学校考察时强调全面贯彻落实党的教育方针努力把我国基础教育越办越好》，《人民日报》2016 年 9 月 10 日。

委会执法检查组对食品安全法实施情况进行了专项检查，这一切行动既是对未来一个时期更好地维护国民健康的制度性安排，也凸显了党和政府对保护国民健康的高度重视和坚定决心。

人口平均预期寿命是衡量人口健康水平的综合指标，其他辅助性指标还有婴儿死亡率和孕产妇死亡率等。21 世纪以来，中国的孕产妇死亡率从 2002 年的 51.3/10 万下降到 2011 年的 26.1/10 万、2015 年的 20.1/10 万，同期婴儿死亡率从 29.2‰下降到 12.1‰和 8.1‰，5 岁以下儿童死亡率从 34.9‰下降到 15.6‰和 11‰。2010 年平均预期寿命达到 74.8 岁，比 2000 年的 71.4 岁提高了 3.4 岁，增速明显快于前 20 年。2015 年达到 76.34 岁。[①] 中国的人口预期寿命远高于中等收入国家，全国婴儿死亡率和 5 岁以下儿童死亡率已于 2007 年实现了联合国千年发展目标，全国孕产妇死亡率也于 2014 年提前 1 年实现了联合国千年发展目标，为促进全球实现千年发展目标作出了重要贡献，这些成就是值得肯定的。但是，从国内看，地区间发展不平衡，2014 年西部地区孕产妇死亡率是东部的 2.6 倍，5 岁以下儿童死亡率是东部的 3.1 倍。从国外看，与发达国家相比仍有较大差距。如 2013 年，孕产妇死亡率法国是 9/10 万、英国是 8/10 万、日本是 6/10 万，5 岁以下儿童死亡率世界发达地区平均水平为 6‰，其中日本是 3‰、韩国是 4‰、美国是 7‰。[②]2012 年美国彭博通讯社发表了以幼儿平均寿命、成年人吸烟率等健康相关指数为基础的“世界最健康的国家”排行榜，结果显示，中国在列入排名的 145 个国家中排在第 55 位，而与我国邻近的新加坡排在第 1 位、日本第 5 位、韩国第 29 位。[③]

总体上看，中国的国民健康水平还极不平衡，医疗卫生事业的发展尚不适应全面建成小康社会的要求，与发达经济体的先进水平相比还有

---

① 《新闻办介绍卫生事业改革发展进展情况》，中国政府网，2012 年 9 月 17 日。2015 年的数字参见国家卫计委发布的《2015 年我国卫生和计划生育事业发展统计公报》和联合国儿童基金会、世界卫生组织、世界银行、联合国经济与社会事务部人口司共同发布的《2015 年儿童死亡率水平和趋势报告》。

② 《我国孕产妇死亡率下降提前一年达到联合国千年目标》，人民网，2015 年 3 月 24 日。

③ 《世卫组织调查显示中日国民健康水平相差悬殊》，环球网，2012 年 8 月 15 日。

相当的距离。这方面人民群众的诉求也很强烈，党和政府也给予了高度重视，“十三五”规划中专门就“健康中国行动计划”从疾病防治和基本公共卫生服务、妇幼健康保障、出生缺陷防治、基层卫生服务能力提升、中医药传承与创新、智慧治疗、全民健身、食药安全八个方面作出了全面部署。2016 年 8 月 19 日至 20 日召开的全国卫生与健康大会[①]，中共中央政治局常委悉数出席，反映出中央高层对卫生健康工作的高度重视。习近平总书记在会上发表重要讲话，指出：当前，由于工业化、城镇化、人口老龄化，由于疾病谱、生态环境、生活方式不断变化，我国仍然面临多重疾病威胁并存、多种健康影响因素交织的复杂局面，我们既面对着发达国家面临的卫生与健康问题，也面对着发展中国家面临的卫生与健康问题。如果这些问题不能得到有效解决，必然会严重影响人民健康，制约经济发展，影响社会和谐稳定。他强调，没有全民健康，就没有全面小康。要把人民健康放在优先发展的战略地位，以普及健康生活、优化健康服务、完善健康保障、建设健康环境、发展健康产业为重点，加快推进健康中国建设，努力全方位、全周期保障人民健康，为实现“两个一百年”奋斗目标、实现中华民族伟大复兴的中国梦打下坚实健康基础。[②]

笔者认为，在推进健康中国建设方面，除了坚持把基本医疗卫生制度作为公共产品向全民提供、深入推进医药卫生体制改革、完善医疗卫生服务体系、持续优化医疗资源配置、不断提高医疗服务质量和水平以外，尤其要加强公共卫生和重大疾病预防控制，特别是要有针对性地加大目前对国民健康威胁最大的慢性病的防治力度。2011 年世界银行发布报告称，癌症、糖尿病、心血管疾病、慢性呼吸道疾病等慢性病已成为居民的头号健康威胁，占死亡人数的比例超过 80%，占国家疾病总负担的比重达到 68.6%。如果不加以有效控制，慢性病不仅将会加剧预期的劳动力短缺，还会危及人力资本的质量，进而增加未来中国出现经济减速的概率，并对社会构成严重的挑战。该报告还指出，中国人当前的健

① 要知道上一次规格相若的此类会议，要追溯到 1996 年的第一次全国卫生工作会议。

② 《全国卫生与健康大会 19 日至 20 日在京召开》，中国政府网，2016 年 8 月 20 日。

康寿命（即没有疾病和残疾困扰的健康年数）仅为66岁，比二十国集团一些主要成员国少10岁；慢性病死亡率高于二十国集团的其他主要成员国：中风死亡率比日本、美国和法国高4—6倍，慢性阻塞性肺部疾病死亡率约为日本的30倍。[①]我们国内的监测也印证了这一点。卫计委披露的《中国居民营养与慢性病状况报告（2015）》显示：与2002年相比，2012年中国居民的高血压、糖尿病、慢性阻塞性肺病、癌症患病率均呈上升趋势，其中18岁以上成人的高血压患病率高达25.2%。全国居民慢性病死亡率为533/10万，占总死亡人数的86.6%。心脑血管病、癌症和慢性呼吸系统疾病为主要死因，占总死亡的79.4%。总体上看，中国似乎快速迎来与发达国家极为类似的健康威胁，而其解决起来的难度要远远超过发达国家。

从发达国家的经验来看，遏制慢性病的蔓延趋势，政府可大有作为：一是对国民进行生活方式和工作方式的教育和引导，持续开展全民健身计划，倡导绿色出行，增强体育锻炼，减轻工作和生活压力；二是要强化营养干预，矫正国民不良的饮食习惯和膳食结构，提高健康意识，禁烟、节酒、控盐，推进膳食平衡；三是要切实加大环境污染治理力度，搞好食品、药品安全，强化制度约束作用，加强生态文明宣传教育，等等。总之，正像前述世界银行报告所指出的那样，未来10年对于中国防控慢性病流行是一个关键时期。只要根据国情采取国际上证明有效的良好做法，中国大部分的慢性病负担都是可以避免或控制的。如此产生的经济效益也是十分可观的，据世界银行测算，在未来30年（2010—2040年）内，如果中国每年能将心血管病死亡率降低1%，所产生的总体经济效益就相当于2010年中国实际GDP的68%，超过10.7万亿美元。

新中国成立以来，中国政府坚持“预防为主、防治结合”的方针，不断加大疾病预防控制工作力度，取得了举世瞩目的成就，有力保障了人民群众健康，为促进经济社会发展作出了重要贡献。习近平总书记在全国卫生与健康大会上强调，今后我们要继续坚定不移贯彻预防为主方针，坚持防治结合、联防联控、群防群控，努力为人民群众提供全生命

---

① 《世行称慢性病威胁中国经济社会福祉》，人民网，2011年7月28日。

周期的卫生与健康服务。他并提出，要倡导健康文明的生活方式，树立大卫生、大健康的观念，把以治病为中心转变为以人民健康为中心，建立健全健康教育体系，提升全民健康素养，推动全民健身和全民健康深度融合。这些都是非常先进的健康理念。

推进健康中国建设是一项系统工程，建议政府设立一个机构加以统筹协调，此外也可以考虑将上百万的基层计划生育工作人员充实到这项事业的队伍中来。

总之，“全面建成小康社会，是我们党向人民、向历史作出的庄严承诺，是13亿多中国人民的共同期盼。”① “十三五”时期是全面建成小康社会的决胜阶段。在这个关键时期，中国要真正跻身中等发达国家之列，不能只是关注新常态下的经济增长速度，而是要更多地着眼于国民素质和社会文明程度的显著跟进上来。正像习近平总书记所讲的：“谋划‘十三五’时期经济社会发展，必须全力做好补齐短板这篇大文章，着力提高发展的协调性和平衡性。”②

［原载《当代中国史研究》2016年第1期，原题为《提升三种素质，实现人的全面小康》，本次收入有修改］

① 习近平：《在庆祝中国共产党成立95周年大会上的讲话》，《人民日报》2016年7月2日。

② 习近平：《关于〈中共中央关于制定国民经济和社会发展第十三个五年规划的建议〉的说明》，《人民日报》2015年11月4日。

我国改革开放以来的民生福祉增进

改善民生是推动改革和发展的最终目标。改革开放以来，我国国民经济的快速发展最终都体现在广大人民民生福祉的不断增进上面，现从收入和消费、生活质量、基本民生保障几个方面进行总结，并分析其阶段性特征。

一、居民收入和消费水平不断提高

（一）居民收入水平和收入构成

城乡居民收入稳步提高。按可比口径计算，2017 年，全国居民人均可支配收入 25974 元，比 1978 年实际增长 22.8 倍，年均实际增长 8.5%。其中，城镇居民人均可支配收入从 1978 年的 343 元提高到 2000 年的 6256 元、2017 年的 36396 元，农村居民人均可支配收入在同一时间点从 134 元先后提高到 2282 元、13432 元。①

收入构成发生显著变化，收入来源多元化。就农村居民而言，一是得益于家庭承包经营的普遍推行，家庭经营性收入取代改革开放以前的集体经营性收入成为收入的主体；二是得益于农村人口自由流动和工业化、城镇化的推进，农业剩余劳动力大量流向非农产业和城镇，农村居

---

① 国家统计局：《居民生活水平不断提高　消费质量明显改善——改革开放 40 年经济社会发展成就系列报告之四》，国家统计局官网，2018 年 8 月 31 日。

民的工资性收入快速增长，在农户总收入中的比重越来越高；三是财产性收入和转移性收入从无到有、地位日渐凸显，社会保障体系的建立健全和扶贫攻坚的有力推进，住房出租行为的增多和农村土地“三权分置”，显然有助于农村居民转移性收入和财产性收入的增长；四是农民收入的货币化程度不断提高，可支配性显著增强，这是改革开放以来农村居民的生产和生活商品化、市场化、社会化进程的重要体现。就城镇居民而言，工薪阶层的工薪收入大幅增长，但所占比重有所下降；在工资性收入比重降低的同时，是经营性收入和财产性收入的成倍增长；与此同时，转移性收入的比重也有提高。从2013年起，有了统一的城乡居民收支核算，结果显示，转移净收入和财产净收入占比提高是近几年来居民可支配收入构成变动的突出特点。

（二）居民消费水平

居民消费水平伴随居民收入同步提高。2017年，全国居民人均消费支出18322元，比1978年实际增长18.0倍，年均实际增长7.8%。其中，城镇居民人均消费支出从1978年的311元增加到2000年的5027元、2017年的24445元，农村居民人均消费支出在同一时间点从116元先后提高到1714元、10955元。[①]从绝对数看，城镇居民和农村居民的消费水平都在提高，但二者的差距20世纪80年代下半期持续缩小、90年代以后不断扩大、2000年以来又缓慢缩小。2010年以来农村居民人均消费水平增长持续快于城镇居民，这是以此前若干年以来农村居民人均收入水平增长速度开始接近乃至超过城镇居民为基础的。从总体上看，居民消费走势与居民收入走势以及人均GDP走势有较高的吻合度。进入21世纪以来，居民人均消费水平与居民人均收入水平逐渐拉开了差距，表明实现了总体小康以后，无论是城镇居民还是农村居民手头都有了越来越多的剩余。1978年城镇居民人均生活消费支出是人均可支配收入的90.7%，农村居民人均生活消费支出是人均可支配收入的86.6%；2017

---

① 国家统计局：《居民生活水平不断提高　消费质量明显改善——改革开放40年经济社会发展成就系列报告之四》，国家统计局官网，2018年8月31日。

年城镇居民人均消费支出是人均可支配收入的 67.2%，农村居民人均消费支出是人均可支配收入的 81.6%。[①] 收入超出消费的剩余可以用于储蓄，也可以用来投资。

二、居民消费质量明显改善

恩格尔系数逐步降低，是居民生活质量不断提高的重要指标体现，而这一提高同样也体现在食衣住用行等日常生活的各个方面，体现为居民消费结构的不断升级。

（一）恩格尔系数

恩格尔系数由食物支出金额在总支出金额中所占的比重来显示，一般地讲，居民消费支出中食物消费占的比重与该居民的收入水平成反比。按照国际通用标准衡量，我国在改革开放初期的 1978 年，农村家庭的恩格尔系数约 67.7%，城镇家庭约 57.5%，平均计算超过 60%，表明此时温饱还没有解决。改革开放以来，随着国民经济的发展和居民整体收入水平的提高，农村家庭、城镇家庭的恩格尔系数都不断下降，城镇家庭 1996 年、农村家庭 2000 年先后下降到 50% 以下，显示此时的居民生活已温饱有余进入小康。此后，恩格尔系数再降到 40% 以下，农村用了 12 年，城镇只用了 4 年。根据统计公报，2017 年我国居民的恩格尔系数为 29.3%，首次低于 30%，但是综合多个指标看，特别是 2017 年中国人均 GDP 按平均市场汇率来算还不到 9000 美元，我们还不能妄言中国已经进入富裕国家的行列。[②]

---

① 1978 年的原始数据出自国家统计局：《中国统计年鉴（2016）》，《表 3–18 居民消费水平》，《表 6–16 城乡居民人均收入》；2017 年的原始数据系初步核算数，出自国家统计局：《中华人民共和国 2017 年国民经济和社会发展统计公报》，2018 年 2 月 28 日。

② 1978 年的数据引自国家统计局数据库。恩格尔系数较低有可能是非食品消费挤占性的，比如居民家庭医疗、教育、住房消费巨大，不得不省吃俭用，从而人为地降低了食物消费的比重；恩格尔系数居高不下，也有可能是由于食物消费质量高出一般水平导致的，比如广东和浙江等地居民就在吃的方面比较讲究，颇有古人“食不厌精，脍不厌细”的传统。

（二）食品消费

改革开放初期，伴随着食物供给能力的全面增强，在人均粮食消费量持续增长的同时，肉、蛋、水产品等各种主要食物的消费也都呈现不断增加的态势。居民的营养水平明显提高，膳食质量有所改善。20 世纪 80 年代中期以后，人均粮食直接消费量开始下降，动物性食物消费量开始快速增长。进入 21 世纪以来，粮食消费量的下降幅度日趋减缓，人均热量、蛋白质和脂肪的日均摄入量持续改善，居民的食物消费需求从满足生存向吃饱、吃好、吃得安全转变。[①]2016 年，城镇居民人均消费食用植物油 10.6 公斤、牛羊肉 4.3 公斤、鲜奶 16.5 公斤，分别比 2001 年增长 30.9%、34.4%、38.7%；农村居民人均消费猪肉 18.7 公斤、蛋及制品 8.5 公斤、奶及制品 6.6 公斤、水产品 7.5 公斤，分别比 2001 年增长 39.6%、80.9%、450%、82.9%。[②] 居民在外用餐次数增多，消费额增加。近年来城镇居民外出用餐增速放缓，则是由于叫外卖的多起来了。

（三）衣着消费

穿衣问题是与吃饭问题同步解决的。1982 年，70 年代“四三方案”引进的 4 套化纤项目全部投产，大量的涤纶、腈纶等合成纤维纺织品和塑料制品解决了中国的服装、鞋帽供应问题，以往的“新三年、旧三年、缝缝补补又三年”的穿衣习惯彻底改变了，因此也才有了 1984 年布票等票证的取消。人们的穿着越来越丰富，色彩也从单一的蓝色灰色变得五颜六色。90 年代，成衣消费上升[③]，面料消费下降，人们的衣着开始向个性化、成衣化、高档化发展。进入 21 世纪以来，各种品牌专卖店、加

---

① 李哲敏:《近 50 年中国居民食物消费与营养发展的变化特点》,《资源科学》2007 年第 1 期。

② 2016 年的原始数据出自国家统计局:《中国统计年鉴（2017）》,《表 6–9 城镇居民人均主要食品消费量》,《表 6–14 农村居民人均主要食品消费量》; 2001 年的原始数据出自国家统计局数据库。

③ 成衣商品率随着人民生活水平的变化而变化。一般来说，在温饱型消费阶段，成衣商品率在 20%至 30%，小康型消费阶段在 56%至 60%。

盟店、服装专营店都进驻商场，服装材质、款式、风格种类不断被细化，出现了正装、晚装、礼服、唐装、休闲装、运动装、家居服等若干门类，橱窗里的复古风、职业风、民族风、日韩风等各类风格服装令人眼花缭乱。近年来，服装消费的升级换代很快，经过接近 20 年的品牌化之后，消费者已经形成较为成熟的服装消费理念，购买衣服时关注品牌、潮流趋势和性价比等因素，而且不仅仅在意商品，更注重整个消费的体验感。至于服装消费支出在居民家庭消费支出中的比重，40 年来则经历了一个先缓慢上升又缓慢下降的过程，城镇居民从 1990 年的 13.36%，逐步下降到 2000 年的 10.01% 和 2016 年的 9.01%；农村居民从 1990 年的 7.77%，下降到 2010 年的 6.03% 和 2016 年的 5.68%。①

（四）住房保障

20 世纪 70 年代末中国城镇居民人均居住面积甚至不及 50 年代②，公有住房占七成以上。改革开放伊始，国家开始试售住房，允许私人建房、购房、拥有自己的住房。其后，从 1986 年开始试行提租补贴，1991 年开始试行以售代租，从 1994 年开始全面推进住房商品化、社会化（相应建立起了住房公积金制度）。进入 21 世纪以来，经过若干年的房地产市场调控实践，中国政府增强了加快建立和完善住房保障体系的迫切性，逐步明确了政府的责任和宏观调控的主攻方向。2007 年发出《国务院关于解决城市低收入家庭住房困难的若干意见》，标志着从“重市场、轻保障”向着 1998 年房改政策“市场、保障并重”的正确方向回归，从“重买房、轻租赁”向着“租、售并举”的合理模式的回归。“十二五”时期，进一步加大了城镇棚户区和农村危旧房改造力度，有效改善了困难群众的住房条件。2016 年全国居民人均住房建筑面积为 40.8 平方米，其中，城镇居民人均住房建筑面积为 36.6 平方米，农村居民人均住房建筑面积

① 原始数据出自国家统计局:《中国统计年鉴（2017）》,《表 6–6 城镇居民人均收支情况》,《表 6–11 农村居民人均收支情况》。

② 1977 年全国城市人均居住面积仅 3.6 平方米，而 1950 年为 4.5 平方米。参见陈杰《中国住房公积金制度的历史回顾与改革思路》,《公共行政评论》2010 年第 3 期。

为 45.8 平方米。[①] 但是从总体来看，自有住房超过九成，保障性住房并不宽裕，房价收入比居高不下，还有相当数量的低收入者的住房需求得不到满足。

（五）耐用品消费

用的方面，改革开放以来现代化家庭设备及用品成倍增长，而且不断升级换代，从 20 世纪 80 年代的自行车、缝纫机、手表“老三件”到 90 年代的彩电、冰箱、洗衣机的“新三件”，再到 21 世纪以来的移动电话、电脑和家用汽车的“新新三件”。近年来，在耐用品消费的升级换代方面，农村正在快速跟进城镇。以家用交通工具为例，2016 年与 2013 年比，平均每百户年末家用汽车拥有量城镇居民从 22.3 辆增长到 35.5 辆，农村居民从 9.9 辆增长到 17.4 辆，分别增长 59.2% 和 75.8%；摩托车拥有量城镇略有增长，农村基本保持不变，但电动助力车拥有量则是农村高于城镇，农村从 40.3 辆增长到 57.7 辆，城镇从 39 辆增长到 49.7 辆。其他如空调、计算机、热水器、电冰箱、移动电话、洗衣机等的增长率都是农村明显快于城镇，农村分别为 59.7%、39.5%、36.9%、22.8%、20.7%、18%，城镇分别为 21.0%、11.9%、10.5%、8.1%、12.3%、6.6%。[②]

（六）日常出行

改革开放以来，中国居民的交通工具和出行方式发生了翻天覆地的变化。从交通工具上看，改革开放初期，中国还是十足的自行车王国，自行车是主要的交通工具，其地位无异于现在的私家车。从 20 世纪 90 年代开始，摩托车作为一种时髦代步工具开进寻常百姓家，人们的出行方式被大大改变了。但是很快，1995 年以后，在北京及深圳、广州、温州等沿海经济发达城市，合资生产的桑塔纳、捷达、富康，引进技术生产的天津夏利、长安奥拓以及易货贸易进口的小型车，开始逐步进入居

① 骆云飞：《统计局：2016 年全国居民人均住房建筑面积 40.8 平方米》，人民网，2017 年 7 月 6 日。

② 原始数据出自国家统计局：《中国统计年鉴（2017）》，《表 6–10 城镇居民平均每百户年末主要耐用消费品拥有量》，《表 6–15 农村居民平均每百户年末主要耐用消费品拥有量》。

民家庭。21世纪前后，随着居民生活水平的不断提高，很多人具备了汽车消费的能力，不少市民告别了自行车、电动车、摩托车，将私家车作为日常生活出行的交通工具。私家车的大量出现，改变的不仅是出行方式和效率，也改变了市民的生活方式和理念。如今，私家车在城市接近饱和，已经越来越多地开进了农村。从出行方式上看，目前自驾已是国人出行的第一选择，然后是公路客运（巴士），然后依次是铁路、民航和水上客运，而这一切都是以交通运输的通达性为基础的。改革开放以来，中国交通运输经历了一个飞跃性的发展历程，全国“五纵五横”综合运输大通道基本贯通，高铁覆盖65%以上的百万人口城市，高速公路覆盖97%的20万人口城市及地级行政中心，二级及以上公路通达96.7%的县，高铁、高速公路、城市轨道交通运营里程和港口深水泊位数量均居世界第一，民航运输机场服务覆盖全国88.5%的地市、76.5%的县，全国约99.2%的乡镇和98.3%的建制村通上了沥青路、水泥路。[①]一个走向现代化的综合交通运输体系正展现在世界面前。

（七）服务性消费

随着经济的发展、收入的增长和社会的进步，居民消费结构从以衣食为主的生存型向发展型、享受型转变，教育文化、交通通信、医疗保健、住宅和旅游等方面的消费需求明显增加。文教娱乐消费在家庭总消费中的比重，城镇居民从1990年的8.78%增长到2000年的13.40%、2016年的13.67%，农村居民从1990年的5.37%增长到2010年的8.37%、2016年的10.57%。同一时期，交通通信消费比重城镇居民从3.17%增长到8.54%、16.42%，农村居民从1.44%增长到10.52%、13.42%；医疗保健消费比重城镇居民从2.01%增长到6.36%、6.73%，农村居民从3.52%增长到7.44%、9.17%；居住消费比重城镇居民从4.76%增长到11.31%再降低到9.39%，农村居民从17.34%增长到19.06%、21.20%。从总体上看，在居民家庭日常消费中，食物

① 交通运输部：《“五纵五横”贯通　公路总里程五年增长53.4万公里》，交通运输部官网，2017年12月25日。

和衣着所占比重呈缓慢降低态势，分城乡居民而言，分别从1990年的67.61%、66.57%下降到2016年的43.38%、37.92%，同一时期其他以发展和享受为主的消费分别上升24.23和28.65个百分点。[①]近年来可以说居民人均消费增长主要是靠服务性消费增长拉动的，2012—2016年，全国居民人均交通通信支出、教育文化娱乐支出、医疗保健支出三项年均增速为11.7%、9.1%、12.6%，分别快于全国居民人均消费支出年均增速4.3、1.7、5.2个百分点。[②]

此外，改革开放以来居民消费领域的巨大变化还体现在消费方式和消费业态等多个方面，从改革开放初期的柜台服务，到超市出现后的自由选购，再到大型购物中心和各种品牌专卖店、便利店出现后的品质消费，再到“互联网+”时代的线上线下有机结合的个性消费，无不反映着居民消费的逐步升级和生活质量的不断提高。当然还有以支付宝支付和微信支付引领世界潮流的支付方式的飞跃性变化，等等。

三、民生保障和扶贫开发成效卓著

就业、教育、健康、社会保障、扶贫等，都是人民群众最关心、最直接、最现实的利益问题。改革开放以来，正是由于解决好了这些基本的公共品供给，人民群众的生活改善才有了坚实的保障。

（一）民生保障

20世纪70年代末80年代初，我国解放思想，积极应对知青返城激化了的城镇劳动力供求矛盾，允许劳动者自谋职业，从而给僵化的计划经济体制打开了一个缺口；80年代中后期，通过推行劳动合同制，用市场导向的就业机制逐步取代了统包统配的劳动就业制度；90年代中期以

---

① 原始数据出自国家统计局：《中国统计年鉴（2001）》，《表10–4 城镇居民家庭基本情况》，《表10–15 农村居民家庭基本情况》；《中国统计年鉴（2017）》，《表6–6 城镇居民人均收支情况》，《表6–11 农村居民人均收支情况》。

② 国家统计局：《居民收入较快增长 生活质量不断提高——党的十八大以来经济社会发展成就系列之五》，国家统计局官网，2017年7月28日。

来，实行再就业工程，增强了国有企业的活力；进入21世纪，实行积极就业政策，确立了相应的就业促进制度保障，妥善应对经济下行压力，有效缓解了就业高峰带来的冲击。40年来，全国就业人员总量从1978年的40152万人增长到2017年的77640万人，增长93.4%，年均增加961.2万人。其中，城镇就业人员从9514万人增长到42462万人，增长346.3%，年均增加844.8万人，城镇新增就业2013—2017年连续5年保持在1300万人以上，城镇登记失业率保持在4%左右。[①]改革开放以来，农民工已成为产业工人的主体，2017年全国农民工总量达28652万人[②]，以农民工为主体的庞大的流动人口数量彰显着我国快速的工业化和城镇化进程。1978至2017年，全社会劳动力三次产业就业结构由70.5：17.3：12.2变化为27：28.1：44.9，城乡就业比重由23.69：76.31变化为54.7：45.3。[③]

1977 年恢复高考制度，不仅改变了几代人的命运，更是为我国在新时期及其后的发展和腾飞奠定了人才基础，同时也体现了拨乱反正后国家领导人对发展教育事业的高度重视。教育事业的改革与发展极大地改善了我国的人口素质。中央财经大学中国人力资本与劳动经济研究中心《中国人力资本报告 2017》[④] 测算的数据显示，1985—2015 年间，全国劳动力人口 [⑤] 的平均受教育年限从 6.2 年上升到了 10.1 年；其中，农村从 5.6 年上升到了 8.6 年，城市从 8.1 年上升到了 11.3 年。全国劳动力人口中高中及以上受教育程度人口占比从 13.49% 上升到了 37.17%；其中，农村的占比从 8.04% 上升到了 13.90%，城市的占比从 29.77% 上升到了 54.13%。全国劳动力人口中大专及以上受教育程度人口占比从 1.49% 上升到了 16.40%；其中，农村的占比从 0.22% 上升到了 2.94%，城市的占比从 5.28% 上升到了 26.20%。另据人力资源与社会保障部统计，2017 年全国专业技术人才总量约有 7700 万之众，结构进一步优化。[⑥]

---

① 国家统计局数据库。实际的城镇调查失业率比公布的登记失业率大约高出 1—2 个百分点。

② 国家统计局：《2017 年农民工监测调查报告》，国家统计局官网，2018 年 4 月 27 日。

③ 国家统计局数据库。

④《中国人力资本指数报告 2017 摘要》，中国人力资本与劳动经济研究中心网站。

⑤ 报告中的劳动力人口指：男性，16—59 岁的所有人口；女性，16—54 岁的所有人口。

⑥ 赵兵：《我国专业技术人才约 7700 万》，《人民日报》2017 年 7 月 30 日。

健康事业的发展给人民群众带来实实在在的健康福祉。据国务院新闻办公室2017年9月29日发表的《中国健康事业的发展与人权进步》白皮书披露：改革开放以来，中国居民人均预期寿命从1981年的67.9岁提高到2016年的76.5岁，孕产妇死亡率从1990年的88.9/10万下降到2016年的19.9/10万，婴儿死亡率从1981年的34.7‰下降到2016年的7.5‰，居民的主要健康指标总体上优于中高收入国家平均水平，提前实现联合国千年发展目标。[①]白皮书还显示，进入21世纪以来，深化医改效果持续彰显，在较短时间内织起了全世界最大的全民基本医疗保障网；重大传染病得到有力控制，建成了全球最大的法定传染病疫情和突发公共卫生事件网络直报系统；医疗卫生服务体系建设取得重大进展，基本建成了覆盖城乡的基层医疗卫生服务网络。[②]2017年，各级各类医疗卫生机构99.5万个，卫生技术人员891万人，卫生机构床位数785万张。[③]

建立健全社会保障体系，是调节社会分化、维护公平正义的重要途径和制度安排。改革开放以来，伴随着经济体制的改革，社会保障体系经历了一个重建的过程。到20世纪90年代中后期，为了适应国有企业改革的需要，社会保险制度的改革明显加速，以养老、医疗、失业三大保险为主体的企业职工社会保险基本框架的“雏形”初步搭建完毕。进入21世纪，覆盖全民的社会保障事业快速发展，初步建成了以社会保险、社会救助、社会福利为基础，以基本养老、基本医疗、最低生活保障制度为重点，以慈善事业、商业保险为补充的社会保障体系框架。截至2017年底，全国参加城镇职工基本养老保险、城乡居民基本养老保险、基本医疗保险、失业保险、工伤保险、生育保险人数分别达到40199万人、51255万人、117664万人、18784万人、22726万人、19240万人，社会保障待遇水平稳步提高；全国共有1264万人享受城市

---

① 国务院新闻办公室：《中国健康事业的发展与人权进步》，2017年9月。

② 国家统计局：《居民生活水平不断提高　消费质量明显改善——改革开放40年经济社会发展成就系列报告之四》，国家统计局官网，2018年8月31日。

③ 国家统计局：《中华人民共和国2017年国民经济和社会发展统计公报》，国家统计局官网，2018年2月28日。

居民最低生活保障，4047 万人享受农村居民最低生活保障，467 万人享受农村特困人员救助供养；全年资助 5203 万人参加基本医疗保险，医疗救助 3536 万人次；国家抚恤、补助各类优抚对象 859 万人。[①]

（二）扶贫开发

改革开放以来，中国在减少贫困人口方面的成就堪称世界楷模，受到国际社会的一致肯定和高度评价。

改革开放初期，中国还是一个贫困人口众多的国家，1978 年，按照世界银行的标准，76% 的农村人口和 55% 的城镇人口仍然生活在贫困线以下[②]；按照中国自己的标准[③]，30.7% 的农村人口（大约 2.5 亿人）为贫困人口[④]。经济体制改革迅速释放了农村经济的活力，从 1978 年到 1985 年，农村人均粮食产量增长 14%，农民人均纯收入增长了 2.6 倍，没有解决温饱的贫困人口减少到 1.25 亿人，占农村人口的比例下降到 14.8%。1986 年在全国范围内开启有计划、有组织和大规模的开发式扶贫，经过 8 年的不懈努力，到 1993 年底，农村贫困人口减少到 8000 万人，占农村总人口的比重下降到 8.7%。[⑤]1994 年推出《国家八七扶贫攻坚计划》，明确要集中人力、物力、财力，动员社会各界力量，力争用七年左右的时间，到 2000 年底基本解决农村 8000 万贫困人口的温饱问题。到 2000 年底，这一目标基本实现，农村尚未解决温饱问题的贫困人口减少到 3209 万人，按照当年贫困标准农村贫困发生率从 7.6%

---

① 国家统计局：《中华人民共和国 2017 年国民经济和社会发展统计公报》，国家统计局官网，2018 年 2 月 28 日。

② Martin Ravallion and Shaohua Chen，“China’s（Uneven）Progress against Poverty”，*Journal of Development Economics*，2007，82（1），pp.1–42.

③ 贫困标准是逐年提高的，如 1978 年为 100 元，1985 年为 206 元，1990 年为 300 元，2000 年为 625 元。参见国家统计局农村社会经济调查司编《中国农村住户调查年鉴》，中国统计出版社，相应年份版。这个贫困标准是绝对贫困线，同时自 1998 年起还有一个相对贫困线即低收入线，1998 年和 2000 年的低收入线分别为 880 元和 865 元。2008 年绝对贫困标准和低收入标准合一，统一使用 1067 元作为国家扶贫标准。

④ 国务院新闻办公室：《中国的农村扶贫开发》，2001 年 10 月。

⑤ 国务院新闻办公室：《中国的农村扶贫开发》，2001 年 10 月。

下降到 3.5%。[①]2001 年开始实施《中国农村扶贫开发纲要（2001—2010 年）》，贫困人口集中的中西部革命老区、少数民族地区、边疆地区和特困地区得到重点扶持。这一时期，国家根据经济社会发展水平的提高和物价指数的变化，将全国农村扶贫标准从 2000 年的 865 元逐步提高到 2010 年的 1274 元。以此标准衡量的农村贫困人口数量从 2000 年底的 9422 万人减少到 2010 年底的 2688 万人，农村贫困人口占农村总人口的比重从 10.2% 下降到 2.8%。[②]2011 年开始实施的《中国农村扶贫开发纲要（2011—2020 年）》，进一步提出坚持开发式扶贫方针、实行扶贫开发和农村最低生活保障制度有效衔接的工作方针。随后自 2011 年起，大幅度提高农村贫困线，将农民人均纯收入 2300 元（2010 年不变价)作为新的国家扶贫标准。[③] 改革了目标瞄准方法，根据贫困人口分布的变化，由“整村推进”改为集中连片开发。2013 年 11 月习近平总书记在考察湖南湘西时首次提出“精准扶贫”的构想后，精准扶贫很快成为打赢脱贫攻坚的战略方针。“十二五”期间农村扶贫开发取得了明显成效，现行标准下的贫困人口从 2010 年的 16566 万人减少到 2015 年的 5575 万人左右，贫困发生率由 17.27% 降至 5.70%。[④]2015 年底，中共中央、国务院发布关于打赢脱贫攻坚战的决定，提出了“十三五”（2016—2020 年）脱贫攻坚的总体目标：到 2020 年，稳定实现农村贫困人口不愁吃、不愁穿，义务教育、基本医疗和住房安全有保障；实现贫困地区农民人均可支配收入增长幅度高于全国平均水平，基本公共服务主要领域指标接近全国平均水平；确保现行标准下农村贫困人口实现脱贫，贫困县全部摘帽，解决区域性整体贫困。[⑤]2016 年“十三五”规划纲要和“十三五”脱贫攻坚专项规划发布，对全力实施脱贫攻坚总体目标作出具体部署。国家以前所未有的力度推进脱贫攻坚，2013—2017

① 左常升主编：《中国扶贫开发政策的演变（2001—2015 年）》，社会科学文献出版社 2016 年版，第 5 页。

② 国务院新闻办公室：《中国农村扶贫开发的新进展》，2011 年 11 月 16 日。

③ 按照年人均纯收入 2300 元（2010 年不变价）的农村扶贫标准，2011 年末农村扶贫对象为 1.28 亿人，占农村户籍人口比例约为 13.4%。

④ 国务院新闻办公室：《中国的减贫行动与人权进步》，2016 年 10 月。

⑤ 国务院新闻办公室：《中共中央、国务院关于打赢脱贫攻坚战的决定》，2015 年 11 月 29 日。

年累计减少贫困人口6853万人，年均减少1370万人以上。[①]至此，改革开放40年来，7亿多贫困人口摆脱贫困，农村贫困人口减少到2017年的3046万人，贫困发生率下降到3.1%。[②]联合国《2015年千年发展目标报告》显示，中国极端贫困人口比例从1990年的61%，下降到2002年的30%以下，率先实现比例减半，2014年又下降到4.2%，中国对全球减贫的贡献率超过70%。[③]中国成为世界上减贫人口最多的国家，也是世界上率先完成联合国千年发展目标的国家，为全球减贫事业作出了重大贡献。

除了上述几个方面以外，安全保障也是民生保障的重要环节。看看战乱频仍、恐怖袭击不断的中东和非洲的一些地区，以及出境旅游时旅行社有针对性地发出的一些旅行警告，国民的幸福感油然而生，一定会倍加珍惜当下的和平与安定。当然安全保障除了惯常所指的政治局势和社会治安状况以外，还包括食品安全、药品安全、交通安全、生产安全以及环境安全、信息安全等，牵涉面很广，限于篇幅这里就不展开了。中国的改革开放有一条重要经验，就是一定要处理好改革、发展、稳定之间的关系。

四、改革开放以来民生福祉增进的阶段性特征

改革开放以来，伴随着生产力的发展、经济实力的增强和社会建设的不断推进，民生福祉增进经历了数量满足型、品质追求型、均衡发展型三个前后递进的阶段，还将向更高的文明提升型阶段升级。

（一）数量满足型阶段

计划经济时期，由于长期奉行农业积累支持下的重工业优先发展战略，我国生活必需品和日常消费品长期处于短缺状态。从1949年到

---

① 国家统计局：《2017年全国农村贫困人口明显减少 贫困地区农村居民收入加快增长》，2018年2月1日。

② 《2017年末农村贫困人口减至3046万人》，《人民日报》（海外版）2018年2月2日。

③ 国务院新闻办公室：《中国的减贫行动与人权进步》，2016年10月17日。

1978年，我国重工业增长了90.6倍，轻工业只增长了19.8倍，农业只增长了2.4倍。[①]直到改革开放以前仍有大批的农民吃不饱肚子，全国居民的恩格尔系数甚至低于1957年。20世纪70年代末80年代初以来，随着改革开放，物资增多，商品市场趋于活跃，国家逐步缩小了消费品定量配给的范围。到1983年，由国家统一限量供应的只有粮食和食用油两种。1984年，出现了此前难得一遇的“卖粮难”。80年代下半期至90年代初期，先是城镇居民然后是农村居民开始出现口粮、蔬菜消费下降趋势，肉类、蛋类、水产品和酒的消费相应呈增长趋势，表明居民吃饱问题已基本解决，膳食结构开始改善。粮食消费日益间接化，特别是饲料用粮迅速增加。在城镇，居民的主食日益依赖市场供应。这样的趋势保持了若干年以后，政府确信粮食供应紧张时期已经结束，终于在1993年宣布取消粮油凭票供应，有“第二货币”之称的粮票正式退出历史舞台。此前，1985年取消粮食统派购制度，1992年陆续放开粮食及其他产品价格，实行购销同价。同一时期，对消费品工业采取“六个优先”的原则，轻重工业结构得到调整，重积累轻消费的现象明显改观。特别是1992年开启市场化改革以来，受市场需求引导的消费品生产迅猛发展，城市里的各类商场如雨后春笋般涌现，商品种类、档次日渐丰富，价格竞争日趋激烈。90年代中期以后，国内消费品市场进入一个生产相对过剩、需求相对不足的时期，有支付能力的普及型、温饱型需求基本饱和，而新的较高水平的购买能力还有待形成。1998年，我国正式宣布国内消费品市场同生产资料市场一起实现了由卖方市场向买方市场的转变。这是一个历史性的转变，是民生福祉增进结束了数量满足型阶段的标志，是以建立社会主义市场经济体制为指向的体制改革带来的第一项重大成果。两年后，即2000年，中国宣布总体进入小康社会，表明人民生活提高到了这样一个水平——用改革开放总设计师邓小平的话说，就是“还不富裕，但日子好过”了。

（二）品质追求型阶段

温饱问题解决以后，特别是消费品市场由卖方市场转变为买方市场

---

① 宋季文：《关于调整生产资料和生活资料的比例关系问题》，《经济管理》1979年第12期。

以后，我国居民对消费品的关注逐渐从数量转向质量，消费态度变得越来越挑剔起来。以食品消费为例。2003 年 3 月 7 日《中国食品报》的一篇报道称：新阶段居民的食物消费量增长巨大，且开始转向对质量的注重，对肉蛋奶的需求量增长很快，对营养和科学膳食开始讲究，更加注重饮食质量的提高。[①]而恰恰从这个时期开始食品安全问题凸显，诸如 2003 年发生于安徽阜阳的大头奶粉事件、2004 年的苏丹红事件、2006 年发生在上海的瘦肉精猪肉事件、2008 年发生的三鹿奶粉掺三聚氰胺事件、2011 年上海的染色馒头事件等，被媒体披露后引起全社会的强烈关注。其实，食品安全问题是个老问题，改革开放以前未经处理的污水大都直接用于灌溉农田，五六十年代粮食生产广泛使用滴滴涕和六六六等多种剧毒农药，那个时候为什么就没有关于镉污染和农业中毒事件的报道呢？可能是因为那个时候我们还不具备相关的知识，而且能吃饱肚子就不错了。而到 21 世纪，居民的食物消费已经上升到了一个新的档次，即在满足数量增长的同时更加注重质量的保证。政府显然已经意识到了这一点，早在 2001 年农业部就积极推行“无公害食品行动计划”。食品安全问题的社会关注度显著上升以后，2007 年，国务院发布了《关于加强食品等产品安全监督管理的特别规定》；2009 年《食品安全法》颁布施行，传承多年的“食品卫生”概念被“食品安全”取代。与此同时，国务院食品安全委员会、食品安全风险评估专家委员会、食品安全标准评审委员会等高层次议事协调机构陆续建立，更新了应对食品安全问题的法律机制、协调机制和科学评估机制。卫生部等六部委组织的药品安全专项整治工作也收到明显成效，药品安全责任体系也逐步得到落实。

食品安全问题只是这个阶段重大民生问题中的一个有代表性的例子，我们还可以从就业、教育、医疗卫生、社会保障、环境治理、扶贫开发等多个领域找到大量类似的现象。2003 年的“非典事件”是一个重要的节点。正是由于正确总结吸取了治理“非典”的经验教训，才有了此后

---

① 引自唐爱慧：《基于媒体报道的食品安全史研究（1978—2015）》，中国农业大学博士研究生学位论文，2016 年，第 22 页。

围绕民生保障的立法和举措的密集出台，社会建设开始受到前所未有的重视，由此居民的生活质量提高到了一个新水平。

（三）均衡发展型阶段和文明提升型阶段

2017年中共十九大宣示中国特色社会主义进入新时代，社会主要矛盾已经转化为人民日益增长的美好生活需要和不平衡不充分的发展之间的矛盾。这一转化标志着中国的民生福祉增进进入均衡发展型阶段。十九大规划了2035年基本实现现代化、2050年全面实现现代化的新目标，作为前提，就是一定要如期实现2020年全面进入小康社会的既定目标。全面实现小康社会，关键在于如何实现“全面”，为此十九大和“十三五”规划做出了今后3年要重点抓好决胜全面建成小康社会的防范化解重大风险、精准脱贫、污染防治三大攻坚战的部署。“打好三大攻坚战，说到底是为了实现高质量发展，更是为了满足人民日益增长的美好生活需要。”2020年实现全面小康以后，再奋斗15年，争取实现“人民生活更为宽裕，中等收入群体比例明显提高，城乡区域发展差距和居民生活水平差距显著缩小，基本公共服务均等化基本实现，全体人民共同富裕迈出坚实步伐。”这是为基本现代化设定的民生福祉增进目标。由此不难看出，这个阶段的民生福祉增进重在缩小居民、城乡、地区三大差别，补上污染防治的短板，努力实现经济、政治、文化、社会、生态文明“五位一体”的均衡发展、全面发展，所以可以把这个阶段称为均衡发展型阶段。

2035年均衡发展型阶段的目标达成后，在基本实现现代化的基础上，再奋斗15年，把我国建成富强、民主、文明、和谐、美丽的社会主义现代化强国。“到那时，我国物质文明、政治文明、精神文明、社会文明、生态文明将全面提升，实现国家治理体系和治理能力现代化，成为综合国力和国际影响力领先的国家，全体人民共同富裕基本实现，我国人民将享有更加幸福安康的生活，中华民族将以更加昂扬的姿态屹立于世界民族之林。”这是中共十九大提出的下一步战略目标。笔者认为，届时民生福祉增进将进入一个新的阶段，在那个阶段，已经进入后城市化、后工业化阶段，居民的物质需求已经在更高水平上饱和，居民自我发展需求显著增强，向发达国家看齐，提升居民素质和全社会文明程度会凸显为第一位的民生追求，故可将这个新的民生福祉增进阶段称为文明提升型阶段。

［原载《广东社会科学》2019 年第 1 期］

新中国70年社会建设和民生改善的成就与启示

从1949年到2019年，新中国走过了70年的光辉历程。这70年里，在中国共产党的领导下，亿万人民团结一心、奋发图强、艰苦奋斗，实现了社会全面进步，人民生活实现了从贫困到温饱再到总体小康、即将实现全面小康的历史性跨越。“以史为鉴，可以知兴替”。回顾新中国70年的社会建设和民生改善历程，对全面把握新中国的历史发展轨迹，科学总结社会建设和社会发展规律，推动全面建成小康社会、实现中华民族伟大复兴，具有重要意义。

一、新中国成立以来社会建设和民生改善的主要成就

中华人民共和国成立伊始，我们党和政府通过清除匪患、镇压反革命运动、民主建政保障和维护人民群众当家作主的地位和权利，通过恢复经济、稳定物价、解决就业、社会救济等手段积极改善民生，通过扫除文盲、宣传引导、移风易俗净化社会风气、培养新人。人民群众不仅获得了和平、安宁的生活环境，而且生活水平的提高和公共服务的改善也让老百姓真切体验到了新中国、新社会的美好和优越。党和政府又领导完成了向社会主义的过渡，开启了大规模的工业化建设，在计划经济体制下进行了社会主义建设的探索与实践。尽管有挫折与失误，但成就是举世瞩目的，保障了全体人民的基本民生需要，在此基础上艰苦奋斗，

发挥集中力量办大事的优势优先发展重工业，逐步建立起独立的比较完整的工业体系和国民经济体系，维护了国家的安全和独立。教育、科技、文化、卫生、体育事业有很大发展，尤其是城乡人民的健康水平和文化素质显著提高。

以党的十一届三中全会的胜利召开为标志，中国实现了伟大的历史性转折，实现了全党工作重心向经济建设的转移，开启了改革开放新征程。以家庭联产承包责任制为主要内容的农村改革逐步深化，不但解放了生产力，同时也深刻地改变着农村的社会结构和社会生活；而城市推行的劳动者自主就业、自谋职业、扩大企业自主权，以及设立经济特区和对外开放的改革，增强了经济发展的活力；高考制度的恢复不但促进了教育事业的发展和人力资源的开发，同时也为新时期的社会流动开辟了新的途径。在进行计划与市场相结合的改革过程中，得出了我国仍处于并将长期处于社会主义初级阶段的基本判断，形成了“一个中心、两个基本点”的基本路线，实现了对“什么是社会主义”和“怎样建设社会主义”认识上的飞跃，提出了从“翻两番”到“三步走”的社会发展战略以及从先富到共富的发展策略。居民收入提高，产品供应增加，很快就解决了人民群众的温饱问题并向小康迈进；计划生育和环境保护成为基本国策，社会事业有了较快的发展；城市户籍制和单位制逐渐松动，“乡政村治”格局初步形成；农村剩余劳动力转移加快，小城镇发展迅速，社会开始分化，新的社会阶层得到发育和成长。在以建立社会主义市场经济体制为目标的创新性改革过程中，经济体制全面转型，改革开放步伐加快。实施了科教兴国、可持续发展、西部大开发等一系列重大发展战略，加入世界贸易组织，经受住了异常复杂的国内外环境考验，提前实现“翻两番”的发展目标，消费品供应出现历史性增长，人民生活总体达到小康水平。与此同时，经济的繁荣发展引发了整体性的社会发展与变迁：人口增长实现根本转型，社会结构发生深刻变化；社会保障体制改革加快，教育、医疗等领域也相应进行了市场化探索；人口流动和社会分化加剧，城镇化提速，“三农”问题凸显，社会建设滞后于经济建设的矛盾逐渐暴露出来。在完善市场经济体制、加快进行民生建设的系统化改革过程中，陆续提出转变发展方式、全面建设小康社会的发展目标和以人为本的科学发展观，提出增强党的执政能力建设和构建社会主义和谐社会的战略要求，把社会建设纳入中国特色社会主义事业的总体布局；民生立法显著加快，民生政策密集出台；人民得到了更多的实惠，生活质量显著改善；针对社会结构的深刻变化和快速转型，党和政府把加强和创新社会管理作为重要课题来抓，不断健全社会管理格局，建设以公共财政为基础的服务型政府和公共服务体系，基本公共品供给能力得到有效提高。但是，社会建设不能满足民众需求的矛盾依然突出，而且社会转型尚未完成，社会矛盾复杂多样，社会上存在一定程度的心理失衡和信仰危机，与社会主义市场经济体制相适应的社会关系和诚信体系构建任重道远。

党的十八大以来，以习近平同志为核心的党中央以巨大的政治勇气和强烈的责任担当，进行伟大斗争、建设伟大工程、推进伟大事业、实现伟大梦想，取得了全方位、开创性成就，实现了深层次、根本性变革，推动中国特色社会主义进入新时代。随着社会主要矛盾的转变，我国的社会建设也迎来了新的发展机遇。坚持统筹推进“五位一体”总体布局、协调推进“四个全面”战略布局，贯彻创新、协调、绿色、开放、共享的发展理念，坚持以人民为中心的发展思想，强化顶层设计，全面深化改革，不断完善和发展中国特色社会主义制度，推进国家治理体系和治理能力现代化，着力增强改革系统性、整体性、协同性，着力抓好重大制度创新，着力提升人民群众获得感、幸福感、安全感，改革呈现全面发力、多点突破、蹄疾步稳、纵深推进的局面。重点是在“补短板”上下功夫，着力推进供给侧结构性改革，民生需求对产业升级和产品创新的导向作用日渐突出。实施精准扶贫、精准脱贫，全面打响了脱贫攻坚战，工作力度之大、规模之广、影响之深前所未有，扶贫工作取得了决定性进展，绝对贫困问题有望得到历史性解决，这也是我国对全球减贫事业作出的巨大贡献。将生态文明建设作为统筹推进“五位一体”总体布局和协调推进“四个全面”战略布局的重要内容，坚持绿水青山就是金山银山的绿色发展理念，环境保护扎实推进，生态状况逐步改善，生态文明理念日益深入人心。坚持在发展中保障和改善民生，全面推进幼有所育、学有所教、劳有所得、病有所医、老有所养、住有所居、弱有所扶，不断增进人民福祉。

二、70 年来社会建设和民生改善的历史启示

总结新中国 70 年的社会建设和民生改善进程与历史经验，可以得出以下启示：

（一）坚持以经济建设为中心

新中国是在“一穷二白”的基础上发展起来的，国家富强、民族振兴、人民幸福，是近代以来中华儿女的共同愿望；新中国是在一个半殖民地半封建社会的基础上建立起社会主义的，从那时起直到未来相当长一段时期将一直处在社会主义初级阶段，很长时间里，人民的物质文化需要同落后的社会生产之间的矛盾是社会主要矛盾。实现人民群众的共同愿望、解决社会主要矛盾，都需要始终以经济建设为中心，不断发展生产力，加快构建社会物质文化基础。邓小平同志将不断发展生产力当作社会主义的本质要求和社会主义制度的优越性来加以强调。1978 年，他在听取工作汇报时指出：“我们是社会主义国家，社会主义制度优越性的根本表现，就是能够允许社会生产力以旧社会所没有的速度迅速发展，使人民不断增长的物质文化生活需要能够逐步得到满足。”[①] 他在五届全国人大二次会议上指出：“批资本主义、封建主义，就要看社会主义有什么优越性。共产主义是‘各尽所能，按需分配’，要物质极大丰富，满足整个社会需要而有余。社会主义同资本主义怎么比较？是比生产力的发展。”[②] 基于上述认识，改革开放以来，中国共产党把“一个中心、两个基本点”确立为社会主义初级阶段的基本路线，“一个中心”就是指以经济建设为中心。邓小平同志指出，“基本路线要管 100 年，动摇不得”[③]；江泽民同志强调，“坚持党的基本路线不动摇，关键是坚持以经济建设为中

① 《邓小平文选》第 2 卷，人民出版社 1994 年版，第 128 页。

② 中共中央文献研究室编：《邓小平思想年编（1975—1997）》，中央文献出版社 2011 年版，第 246 页。

③ 《邓小平文选》第 3 卷，人民出版社 1993 年版，第 370—371 页。

心不动摇”[1]；胡锦涛同志提出，“以经济建设为中心是兴国之要，是我们党、我们国家兴旺发达、长治久安的根本要求。……今后，我们必须继续牢牢坚持发展是硬道理的战略思想，牢牢扭住经济建设这个中心，决不能有丝毫动摇”[2]；习近平总书记强调，“全党要牢牢把握社会主义初级阶段这个基本国情，牢牢立足社会主义初级阶段这个最大实际，牢牢坚持党的基本路线这个党和国家的生命线、人民的幸福线，领导和团结全国各族人民，以经济建设为中心，坚持四项基本原则，坚持改革开放，自力更生，艰苦创业，为把我国建设成为富强民主文明和谐美丽的社会主义现代化强国而奋斗”。[3]这样的认识不是凭空而来，而是我们党在实践中积累的历史经验的结晶。

（二）坚持人民至上的价值取向

发展的目的是满足人民群众的物质文化需要和对美好生活的向往。所以，经济建设一定要与基本民生需求相适应，执政党须臾不可忽视广大群众的利益。对此，1978 年，邓小平同志指出：“干社会主义，要有具体体现，生产要真正发展起来，相应的全国人民的生活水平能够逐步提高，这才能表现社会主义制度的优越性。”[4]1985 年，邓小平同志在会见外宾时深刻强调：“社会主义的首要任务是发展生产力，逐步提高人民的物质和文化生活水平。从一九五八年到一九七八年这二十年的经验告诉我们：贫穷不是社会主义，社会主义要消灭贫穷。不发展生产力，不提高人民的生活水平，不能说是符合社会主义要求的。”[5]古人云：“为政之道，以顺民心为本，以厚民生为本。”[6]1979 年 10 月，《人民日报》刊发《要真正弄清社会主义生产的目的》一文，批评了“为生产而生产”

① 《江泽民文选》第 3 卷，人民出版社 2006 年版，第 214 页。

② 《十七大以来重要文献选编》（下），中央文献出版社 2013 年版，第 444—445 页。

③ 习近平：《决胜全面建成小康社会　夺取新时代中国特色社会主义伟大胜利——在中国共产党第十九次全国代表大会上的报告》，人民出版社 2017 年版，第 12 页。

④ 中共中央文献研究室编：《邓小平思想年编（1975—1997）》，中央文献出版社 2011 年版，第 108 页。

⑤ 《邓小平文选》第 3 卷，人民出版社 1993 年版，第 116 页。

⑥ 程颢、程颐：《二程集·河南程氏遗书》卷第十一。

的理论，主张生产要满足社会需要。1980 年还召开了社会主义生产目的理论讨论会，会上多数人对上述主张形成共识。这一认识在改革开放 40 多年中得到了很好的贯彻，“一心一意谋发展，聚精会神搞建设”，人民群众也从中得到了越来越多的实惠，并转化为改革开放事业的强大动力。党的十八大以来，以习近平同志为核心的党中央进一步将其上升为以人民为中心的发展思想，反映了坚持人民主体地位的内在要求，彰显了人民至上的价值取向，确立了新发展理念必须始终坚持的基本原则。坚持以人民为中心就是把实现人民的愿望、满足人民的需要、维护人民的利益作为一切工作的出发点和落脚点，始终做到一切为了人民，一切依靠人民，发展成果由人民共享。习近平总书记指出，“人民对美好生活的向往，就是我们的奋斗目标”①。我们党干革命、搞建设、抓改革，都是为人民谋利益，让人民过上好日子。党的执政水平和执政成效不是由自己说了算，必须而且只能由人民来评判，最终都要看人民是否真正得到了实惠，人民生活是否真正得到了改善，人民权益是否真正得到了保障。

（三）坚持经济社会协调发展

促进经济社会协调发展，是建设中国特色社会主义的必然要求，也是全面建设小康社会的必然要求。我们讲发展是党执政兴国的第一要务，这里的发展绝不只是指经济增长，而是要坚持以经济建设为中心，在经济发展的基础上实现社会全面发展。因此，在促进发展的进程中，我们不仅要关注经济指标，而且要关注人文指标、资源指标和环境指标；不仅要增加促进经济增长的投入，而且要增加促进社会发展的投入，增加保护资源和环境的投入。还要注意的是，经济的发展和繁荣并不能必然地解决现存的社会矛盾问题，而是要更多地依靠加快社会建设来解决。改革开放以来，中国经济快速发展，相形之下，社会建设仍比较滞后。这就要求在发展经济的同时投入更多的精力和资源做好教育、就业、社会保障、医疗和公共卫生、环境保护等工作，解决人民最关心、

---

① 《十八大以来重要文献选编》（上），中央文献出版社 2014 年版，第 71 页。

最直接、最现实的利益问题，让全体人民共享发展成果。党的十八大以来，以习近平同志为核心的党中央进一步把协调发展放在发展全局的重要位置，坚持统筹兼顾、综合平衡，正确处理发展中的重大关系，补齐短板、缩小差距，努力推动形成各区域各领域欣欣向荣、全面发展的景象。坚持协调发展，很重要的一点就是要实现经济建设与社会建设同步发展。党的十九大报告指出，中国特色社会主义进入新时代，我国社会主要矛盾已经转化为人民日益增长的美好生活需要和不平衡不充分的发展之间的矛盾。也就是说，今后要突出解决不平衡不充分问题，“不平衡”是最大的不协调（比如区域发展的不平衡、领域发展的不平衡和群体发展的不平衡），“不充分”则意味着还是要继续“做大蛋糕”，与此同时还要“分好蛋糕”，促进社会公平正义，努力做到发展的成果由人民共享，让实现全体人民共同富裕在广大人民现实生活中更加充分地展示出来。

（四）坚持把加强党的领导贯穿于社会建设和民生改善全过程和各方面

70 年来，新中国的社会建设之所以取得如此突出的成就，离不开中国共产党的领导。中国共产党之所以能够长期得到人民的拥护，就是因为始终以全心全意为人民服务为宗旨，以最广大人民根本利益为一切工作的最高标准，而这一切最终都体现在民生愿望的不断实现和满足之上。中国共产党是中国特色社会主义事业的领导核心，推进社会建设和民生改善过程中，必须不断加强和改善党的领导，充分发挥党总揽全局、协调各方的领导核心作用。保障和改善民生没有终点，只要我们坚持中国共产党的领导，充分发挥人民群众的主体作用，始终从人民群众关心的事情做起，从让人民群众满意的事情做起，就一定能够带领人民不断创造美好生活，在推动社会建设和民生改善方面不断取得新的辉煌成就。

［原载《光明日报》2019 年 12 月 25 日］

新中国70年社会治理取得显著成就的制度优势

鉴于一国的经济发展并不必然带来社会进步，联合国开发计划署1990年开始提出由健康、教育和收入三个维度构成的综合评价指标即人类发展指数（Human Development Index，简称HDI），来全面衡量不同经济体的社会发展水平。这一视角对我们评价中国经验的国际意义很有启发，因为它验证了新中国在推动社会进步方面具有独特的制度优势。这里举两个例子做点说明。

一、新中国前30年在经济基础非常薄弱的条件下取得显著的社会进步

从国际上看，通常一国社会发展水平与其经济发展水平大致对应，但计划经济时期的中国却是一个突出的例外，其社会发展的世界排名远远超过其经济水平的世界排名，而且是世界上两者名次差别最大的国家。在改革开放前夕，中国按人均收入排在世界最贫穷国家之列，人口的过快增长稀释了经济发展的成果，但其人文发展却接近中等发达国家的水平。以1980年为例。据推算，这一年按124个国家或地区排名，中国的人类发展指数排在比较低的第92位。进一步观察发现，在中国的人类发展指数构成中，教育指数排在第73位，健康指数排在更靠前的第52位，跻身中等以上的位置；而中国的收入指数只排在第122位，倒数第3名，

可见中国人类发展指数构成成分的表现存在强烈反差，社会发展表现优异。[①]1960年至1980年间，世界上从低人类发展水平上升到中等水平的国家不过十几个，中国就是其中之一。更突出的是，在这十几个国家中，中国取得的进步最显著，位次上升的幅度最大，取得了绝大多数发展中国家难以企及的社会进步。

中国改革开放前能够在落后的经济条件下获得领先发展中国家的社会发展成就，归因于这一时期中国共产党基于国家政权的性质和社会主义制度，实施的面向大众的基础教育和医疗卫生工作方针。

新中国成立以前，广大工农群众及其子女几乎没有受教育的权利，学龄儿童入学率只有20%，全国人口80%以上是文盲和半文盲。新中国成立不久就召开了第一次全国教育工作会议，明确了教育必须为国家建设服务、学校必须向工农开门的总方针。人民政府要求中小学广泛招收工农子女，开设工农速成中学、工农干部补习班和技术培训班，同时开展扫盲运动。1951年开始对学制进行改革，工人、农民的干部学校和各种训练班、补习学校取得了应有的地位；小学实行五年修业一贯制，有利于劳动人民子女能够受到完全的初等教育；各种为培养国家建设人才所急需的技术学校被列入正规的学校教育系统之内，并建立了必要的制度；各种学校教育在整个教育系统中都能够互相衔接。扫盲运动也在1956年掀起高潮，到1957年上半年，已有2200万人脱离文盲状态，并已有160万人达到高小和初中毕业文化程度。[②]“大跃进”时期，全民大办文化、教育事业，为在劳动人民中普及文化知识、丰富文化生活、提高文化水平作出了新的探索。“文化大革命”时期，学校成为社会动乱的重灾区，但后期在普及中小学教育方面还是取得了一定成果。1975年、1976年全国小学在校学生数，是新中国成立以来最高的。到1978年，已经基本普及小学教育，学龄儿童入学率达到95.5%；1982年第三次人口普查时文盲率已降至22.8%。[③]

---

① 根据联合国开发计划署网站数据计算。

② 郝和国：《新中国扫除文盲运动》，《党的文献》2001年第2期。

③ 国家统计局综合司：《沧桑巨变七十载　民族复兴铸辉煌——新中国成立70周年经济社会发展成就系列报告之一》，国家统计局官网，2019年7月1日。

新中国成立以前，城乡居民普遍缺医少药、疫病流行，加上长期战乱频仍、社会局势动荡不安，人口预期寿命只有35岁，中国人长期被贬称为“东亚病夫”。新中国成立后，社会局势趋于安定，政府陆续面向公职人员、大专院校学生和国营企业职工建立起医疗保障制度。1950年、1952年和1953年，卫生部先后三次主持召开全国卫生工作会议，分析卫生工作的形势、任务，并逐步确立了“面向工农兵，预防为主，团结中西医，卫生工作与群众运动相结合”的卫生工作方针。本着这一精神，一方面发动群众广泛开展爱国卫生运动，预防和控制传染病的流行；另一方面积极组建各级医疗卫生组织，面向基层开展巡回医疗，培养医疗卫生人才，并在农村推广新法接生。农业合作化、农村人民公社化以后，农村合作医疗逐步发展起来。特别是1965年毛泽东发出指示要求“把医疗卫生工作的重点放到农村去”以后，城市卫生人员到农村开展巡回医疗制度化，农村合作医疗制度得到大力推广，到1977年全国90%以上的生产大队实行了合作医疗，赤脚医生队伍达到180多万人，卫生员、接生员共有420多万人。[①]1978年世界卫生组织和联合国儿童基金会主持的国际初级卫生保健会议对中国的成就给予充分肯定，赞誉中国用占世界1%的卫生投入解决了占世界22%人口的医疗卫生问题。世界银行经济考察团1980年对中国进行考察后发表的报告称，1950—1980年间，在人均预期寿命方面中国的进步远远大于其他发展中国家（预期寿命增加28岁，低收入国家只增加15岁），并且，中国人的预期寿命还远远超过中等收入国家的平均数，要比相同收入水平的国家高出16岁。同期，中国婴儿死亡率和孕产妇死亡率也大幅下降，1980年中国5岁以下儿童死亡率为37.6‰，是同期世界平均水平的47%，是中国1950年水平的27.2%。专家们一致认为，这一成就的取得，很大程度上归功于中国当时所拥有的独一无二的医疗保障体系，“中国农村实行的合作医疗制度，是发展中国家群体解决卫生保障的唯一范例”。[②]

教育和健康是人力资本投资的两个最重要的方面。改革开放之前，

---

① 卫生部写作组：《全面贯彻执行毛主席的革命卫生路线》，《人民日报》1977年6月26日。

② 国家财政部外事财务司编：《中国：社会主义经济的发展——世界银行经济考察团对中国经济的考察报告》，中国财政经济出版社1982年版。

中国在人均收入较低的情况下，取得了较好的健康和教育成果，这一成就的取得是与新政权成立后基于为人民服务的宗旨所采取的工作方针分不开的。

二、改革开放以来在经济快速发展的同时扶贫事业取得突出成就

社会平等状况是社会进步的重要变量。有鉴于此，近年来联合国开发计划署对相关指标体系做了改进，对各个经济体的人类发展指数进行了调整。调整后中国的人类发展指数排名比调整前下降了几位，表明中国改革开放以来随着市场化的推进社会不平等趋于扩大。但同一时期，中国在扶贫事业方面付出的努力显然有助于发展权平等的保障和社会公平的改善。

改革开放初期，中国还是一个贫困人口众多的国家，1978 年，按当年政府确定的贫困标准衡量，农村贫困人口为 2.5 亿人，占农村总人口的 30.7%；若以现行农村贫困标准衡量，农村贫困人口为 7.7 亿人，农村贫困发生率高达 97.5%，接近百分之百。农村经济体制改革迅速释放了农村经济的活力，到 1985 年没有解决温饱的贫困人口减少到 1.25 亿人（现行标准 6.6 亿人），占农村人口的比例下降到 14.8%（现行标准 78.3%）。20 世纪 80 年代中期，中国在全国范围内开启有计划、有组织和大规模的开发式扶贫（即由救济式扶贫转变为开发式扶贫）。1994 年至 2012 年，先后实施了“八七扶贫攻坚计划”和两个为期 10 年的“中国农村扶贫开发纲要”，农村贫困程度进一步减轻，贫困人口继续大幅减少。以现行农村贫困标准衡量，2012 年末我国农村贫困人口比 1985 年末下降 85.0%，农村贫困发生率下降 68.1%。中共十八大以来，中国的扶贫开发进入精准扶贫新阶段。中共中央把脱贫攻坚作为全面建成小康社会的底线任务和标志性指标，作出一系列重大部署。2015 年底，中共中央、国务院发布《关于打赢脱贫攻坚战的决定》，提出了“十三五”（2016—2020 年）脱贫攻坚的总体目标：到 2020 年，稳定实现农村贫困人口不愁吃、不愁穿，义务教育、基本医疗和住房安全有保障；实现贫

困地区农民人均可支配收入增长幅度高于全国平均水平，基本公共服务主要领域指标接近全国平均水平；确保现行标准下农村贫困人口实现脱贫，贫困县全部摘帽，解决区域性整体贫困。2016年“十三五”规划纲要和“十三五”脱贫攻坚专项规划发布，对全力实施脱贫攻坚总体目标做出战略部署。中共十九大后，更是把打好精准脱贫攻坚战作为全面建成小康社会的三大攻坚战之一，脱贫攻坚力度之大、规模之广、影响之深前所未有。经过几年的努力，扶贫工作取得了决定性进展。按现行农村贫困标准，2013—2018年6年累计减贫8239万人，年均减贫1373万人，农村贫困发生率也从2012年末的10.2%下降到2018年末的1.7%，其中，10个省份的农村贫困发生率已降至1.0%以下，中华民族千百年来的绝对贫困问题有望得到历史性解决。[①]联合国《2015年千年发展目标报告》指出，中国对全球减贫的贡献率超过70%，成为世界上减贫人口最多的国家，也是世界上率先完成联合国千年发展目标的国家，为全球减贫事业作出了重大贡献，得到了国际社会的广泛赞誉。世界银行2018年发布的《中国系统性国别诊断》报告称：“中国在快速经济增长和减少贫困方面取得了‘史无前例的成就’”。时任联合国秘书长古特雷斯在向“2017减贫与发展高层论坛”发的贺信中盛赞中国减贫方略，称：“精准减贫方略是帮助最贫困人口、实现2030年可持续发展议程宏伟目标的唯一途径。中国已实现数亿人脱贫，中国的经验可以为其他发展中国家提供有益借鉴”。[②]中国的扶贫事业有一条重要经验，就是坚持立足基本国情，充分发挥制度优势，通过“党的领导、政府主导、社会参与”的工作机制，形成跨地区、跨部门、跨行业、全社会共同参与多元主体的社会扶贫体系。多年来，中国的扶贫不是仅仅针对贫困人口的温饱问题，而是要统筹解决困扰贫困群众的行路难、饮水难、用电难、通讯难、教育难、就医难等问题，这就要求将专项扶贫和行业扶贫、社会扶贫相结合，充分发挥各行业部门职责，动员和组织社会各界通过多种方式支持

---

① 国家统计局综合司：《扶贫开发持续强力推进　脱贫攻坚取得历史性重大成就——新中国成立70周年经济社会发展成就系列报告之十五》，国家统计局官网，2019年8月12日。

② 国家统计局综合司：《扶贫开发持续强力推进　脱贫攻坚取得历史性重大成就——新中国成立70周年经济社会发展成就系列报告之十五》，国家统计局官网，2019年8月12日。

贫困地区开发建设。诸如党政机关和企事业单位定点扶贫、东西扶贫协作、军队和武警部队支援、社会各界参与，都是中国特有的社会扶贫方式，充分体现了中国的社会动员能力。特别是近年来的精准扶贫、精准脱贫，全国累计选派300多万县级以上机关、国有企事业单位干部参加驻村帮扶，一线扶贫力量明显加强，基层治理能力显著提高。

扶贫工作越往后越艰巨，余下的贫困户主要是特殊困难群体，按照建档立卡的数据，当前贫困户中因病、因残致贫比例分别超过40%、14%，65岁以上的老年人比例超过16%。特殊群体贫困程度深，减贫成本高，脱贫难度大。有鉴于此，中共中央、国务院2018年下发《关于打赢脱贫攻坚战三年行动的指导意见》(以下简称"《指导意见》")，要求对于农村这些特殊贫困群体从以开发式扶贫为主向坚持开发式和保障性扶贫相统筹转变。为了做好综合性保障扶贫工作，《指导意见》提出了一系列的政策举措，包括加强养老保障、深入实施健康扶贫工程、保障住房安全、推进农村低保和扶贫开发两项制度衔接、保障义务教育等。《指导意见》同时提出要多措并举防止返贫，集中力量解决虚假脱贫。① 中国承诺到2020年实现现行标准农村贫困人口全部脱贫，既是全面建成小康社会的必要条件，也是落实联合国《2030年可持续发展议程》的重要一步，体现了中国作为负责任大国的历史担当。

以上改革开放前后的两个例子足以说明，中国的制度优势能够保障社会进步的优先发展和同步发展。中国在推动社会进步方面取得的成就和经验，为全球人类发展事业贡献了中国智慧和中国方案。

[原载《中国党政干部论坛》2019年第12期]

---

① 黄俊毅：《提高脱贫质量　杜绝虚假脱贫——〈中共中央国务院关于打赢脱贫攻坚战三年行动的指导意见〉解读》，《经济日报》2018年8月21日。

人口与社会变迁研究

人口与经济的可持续发展：中国面临的最大课题

——写在约翰内斯堡地球峰会召开之际

2002年8月26日到9月4日关于可持续发展的世界首脑会议在南非约翰内斯堡再次举行。会议讨论了如何使环境保护与发展并行不悖的问题，发展中国家的发展问题成为最重要的议题之一。因为老牌发达国家早年依靠对外掠夺和殖民性移民已为自己赢得了一个相对宽松的发展环境，对它们来说，今天面临的只是一个发展方式的转型问题；而对广大发展中国家来说，首先需要解决的是一个生存问题，其次便是在一个有限的生存空间如何克服人口爆炸、资源耗竭、环境恶化这三大难题谋求可持续发展的难题。由于历史的原因，也是鉴于发达国家至今仍是环境污染的最大源头，发达国家理应对全球环境改善和缓解发展中国家的贫困承担更大的责任；发展中国家也需要增强全球管理意识，转变发展战略实现人口与经济的可持续发展。中国是最大的发展中国家，中国在这方面的举动对“全球管理”具有举足轻重的意义。然而，理论落后于实践的现实，也许会严重制约包括中国在内的各国在采取可持续发展战略上的协调行动，理论上的反思和转型是总结以往经验教训、准确把握各国在人口与经济可持续发展方面所面临的诸多问题的重要前提。

一

这里有必要先澄清生存与发展、经济增长与经济发展这样几个概念问题。生存是人类一种最基本的需求，只有在这样的需求得到了满足之后才谈得上发展。亦即“当基本需要有了改善，经济进步使得国家以及这个国家中的个人有了较强的自尊意识，物质进步扩大了个人的选择范围，这时才是有了发展。”[①] 同样道理，经济增长与经济发展也是同生存与发展类似的两个概念，如果以某一时点为基点的经济增长并没有导致人均福利水平的提高，那么就可以说是只有增长而没有发展。比如一块 10 公斤重的蛋糕 10 个人分 1 个人可得 1 公斤，后来蛋糕做大到了 20 公斤重但却是 20 个人来分，1 个人还是只能分得 1 公斤，虽然总量扩大了 1 倍但人均占有量并没有增长。这个例子还启发我们，谈论发展不能不考虑人口规模。而且人口的作用是长期的，它还会通过其结构和质量的变动对经济发展构成深远的影响，对于这些影响现代经济学特别是人口经济学已经作了全面的研究。

在马尔萨斯之前，主流的观点一直将发展与人口的增长相联系，以为人口数量的增长意味着劳动力丰富，生产的物质财富和上交国家的税收增多，从而国富兵强。工业革命发生后，随着机器大工业的推广和物质资本地位的上升，人口作为劳动力的作用相对下降，而作为消费者的作用开始凸现出来。于是物质资料的增长能否满足人口增长带来的消费需求就成了理论界关注的重点。应运而生的马尔萨斯主义对此给出了悲观的看法，并把饥饿、失业等社会矛盾的尖锐化归因于人口的增长。这一观点虽受到了马克思主义者的批判，但第二次世界大战结束后又被其继承者作了重新论证，仍然错误地用于说明战争的根源和发展中国家的不发达现象。

---

① ［英］A·P·瑟尔瓦尔：《增长与发展》，金碚、李扬等编译，中国人民大学出版社 1992 年版，第 10 页。瑟尔瓦尔在作这一阐释时借用了古莱特（Goulet）的发展概念，但是在古莱特那里，生存（life-sustenance）与自尊（self-esteem）、自由（freedom）一起构成了发展（development）的三种基本要素或核心价值，也就是说生存不是与发展并列的概念，而是一个从属于发展的子概念。参见 D. Goulet，*The Cruel Choice*：*A New Concept on the Theory of Development*，New York：Athenaeum，1971.

不过由福格特（William Vogt）、汤普森（W. S. Thompson）、赫茨勒（J. H. Hertzler）和埃利奇（P. R. Ehrlich）等新马尔萨斯主义者提出的“人口压力”（population pressure）说和“人口爆炸”（population explosion）说也为科学的“适度人口”（optimum population）论补充了新的营养，不仅如此，他们还将视野延伸到了人口增长对自然资源的影响。此后当人们认识到已经完成了人口转变的发达国家同样面临资源和环境问题时，争论的焦点由人口增长转向了经济增长本身。20 世纪 70 年代初曾经兴起了一场关于要不要经济增长的大辩论，以同为美国麻省理工学院管理学教授的福雷斯特（Jay W. Forrester）和梅多斯（D. H. Meadows）及其他罗马俱乐部成员为代表的一方提出了增长极限论，认为如果维持现有的人口增长率和资源耗费率不变的话，由于粮食短缺、资源耗竭、环境污染加重，世界人口和工业生产能力将可能发生非常突然和无法控制的崩溃。他们提出的药方是通过实现人口和工业投资的零增长来达到“全球性的均衡”。以美国伊利诺里大学经济学和工商管理学教授西蒙（J. L. Simon）和美国赫德森研究所所长康恩（H. Kahn）及该所其他研究人员为代表的一方对增长极限论提出针锋相对的反驳，认为从长期来看，随着经济和技术的发展，可供人类使用的能源和资源会越来越多，食物的增长也总是超过人口的增长，经济增长不仅是必要的，而且具有无限的空间。[①]这场争论的最大收获便是激起了人们对传统增长方式的反思和对新的增长方式的探索，从而突破了以往将增长与资源环境对立起来的认识。

早在 1972 年联合国就在瑞典首都斯德哥尔摩组织召开了人类环境会议，会议通过的宣言强调人既是环境的产物，又是环境的塑造者，人类在计划行动时必须审视造成的环境影响，提出“合乎环境要求的发展”“无破坏的发展”“连续的和可持续的发展”等概念。20 世纪 80 年代后可持续发展的概念逐步流行开来，1981 年世界自然保护联盟将这一概念的含义明确表述为“改进人类的生活质量，同时不要超过支持发展的生态系统的负荷能力。”[②]将资源承载力和生态系统负荷能力纳入发展的概念中

---

① 参见彭松建编著《西方人口经济学概论》，北京大学出版社 1987 年版。

② C. S. Smith and G. T. McDonald，1998，Assessing the sustainability at the planning stage. *Journal of Environmental Management*，52：15.

来，意味着发展从一个代内的问题扩展到了代际的问题。1987 年由挪威前首相布伦特兰夫人（G. H. Brundland）主持的联合国世界环境与发展委员会在《我们共同的未来》（Our Common Future）报告中，从发展的公平性、持续性、共同性“三原则”出发，对可持续发展做出带有定义性的解释：既满足当代人的需求，又不对后代人满足其需求的能力构成危害。[①] 这一解释得到广泛认同，对后来的发展产生了很大影响。终于，到 1992 年有 183 个国家和地区代表参加的联合国环境与发展大会在巴西的里约热内卢召开，会议通过的《里约热内卢环境与发展宣言》（Rio Declaration）、《21 世纪议程》（Agenda 21）、《联合国气候变化框架公约》（United Nations Framework Convention on Climate Change）、《生物多样性公约》（Convention on Biological Diversity）、《关于森林问题的原则声明》（Statement of Principle on Forests）等重要文件，否定了工业革命以来高投入、高生产、高消费、高污染的传统发展模式，使可持续发展战略以与会者宣言的形式确定下来。两年后在埃及首都开罗召开的国际人口与发展会议通过的《关于国际人口与发展的行动纲领》（Programme of Action of the International Conference on Population and Development）强调了人口因素在可持续发展中的地位和作用，提出“可持续发展问题的中心是人”的观点，对《里约宣言》和《21 世纪议程》作了重要的补正。

综上所述，可持续发展的思想是在人们对人口与经济、资源和环境关系的认识不断深化的基础上逐步形成的，最后的落脚点还是回到了人本身，因为发展的主体是人，发展的目的是不断改进人类的生活质量。正如联合国开发计划署（UNDP）在宣传《我们共同的未来》主旨的报告中所指出的那样：如今发展面临政策、市场和来自自然科学的三大危机，故而必须重新定义发展的内涵，亦即要通过社会资本的有效组织，扩展人类的选择机会和能力，以期尽可能平等地满足当代人的需要，同时不损害后代人的需要。[②] 学者们强调的维持或提高地球生命支持系统的完整性[③]，其目的

---

① 世界环境与发展委员会：《我们共同的未来》，王之佳等译，世界知识出版社 1989 年版。

② J. Dales，1998，*New Directions for Sustainable development*，UNDP.

③ M. Munasingha and W. Shearer，1996，An introduction to the defining and measuring sustainability. *The Biogeochemical Foundations*，New York，19–56.

也正是为了在能够保证当代人的福利增加时也不会使后代人的福利减少[①]。并且，在经济体系和生命系统的动态作用下，人类生命可以无限延续，人类个体可以充分发展，人类文化得以传承繁荣。[②]概括起来说就是：就可持续的发展观而言，一部分人的生存和发展不能以另一部分人的无法生存和发展为代价，这一代人的生存和发展不能以后代人的无法生存和发展为代价，以及人类的生存和发展不能以非人类的无法生存和发展为代价，因此生存和发展的普遍性和可持续性一同构成了新的发展观的重要内容。

二

自 1992 年联合国环发大会以来，可持续发展的精神及其已经明确了的相关原则已成为各国相约遵守的行动纲领和发展战略。新近在约翰内斯堡召开的地球峰会汇总和充实各国自主实施的计划内容，将进一步增进各国和国际组织以及非政府组织之间的合作。但是真正贯彻实施这一战略目前还面临两个难以逾越的障碍。

一个障碍是理论落后于实践，缺乏成熟的理论作指导。首先，虽然经济学家们循着庇古（A. C. Pigou）的思路对众多的外部性经济问题进行了深入的研究[③]，并正确地将这些问题的存在归因于市场机制的缺陷，然

---

① ［英］戴维·皮尔斯、［英］杰瑞米·沃福德：《世界无末日》，张世秋等译，中国财政经济出版社 1996 年版。

② M. Munasinghe and J. Mcneely, 1995, *Key concepts and technology of sustainable development,* The United Nations University and The World Bank.

③ 在西奇威克和马歇尔的开创性研究之后，庇古提出了静态技术外部性的基本理论；科斯解释了最初权利怎样以各种途径分配；阿罗解释怎样通过创造附加市场使外部性内在化；斯塔雷特曾指出经济非凸性的有关问题；麦肯齐提出了关于存在一个具有外部经济效应的均衡的第一个理论；沙普利和舒贝克研究了具有外部性的核心。参见 Sidgwick，H.，1887，*Principles of Political Economy*. 2nd end，London：Macmillan; Marshall，A.，1890，*Principles of Welfare*. London：Macmillan; Coase，R.H.，1960，The problem of social cost. *Journal of Law and Economics* 3. 1–44; Arrow，K.，1969，*The organization of economic activity*：*issues pertinent to the choice of market versus non-market allocation.* In Joint Economic Committee，*The Analysis and Evaluation of public Expenditures*：*the PPB System.* Washington，DC：Government Printing Office，47–64; Starrett，D.，1972，Fundamental non-convexities in the theory of externalities. *Journal of Economic Theory* 4，180–199; Shapley. L. and Shubik，M.，1969，On the core of an economic system With externalities，*American Economic Review* 59，687–689.

而迄今为止的各种解说和内在化思路并未从根本上动摇传统的微观经济学的理论基础；其次，像人口经济学、生态经济学、环境经济学这些新兴的经济学分支学科虽然分别从不同的角度揭示了可持续发展的部分原理，但尚未整合成一个利他主义或利己与利他相结合的理论体系来取代主流的利己主义经济学，因而指导经济建设的理论与可持续发展的实践存在着内在的冲突；再次，沿用至今的以 GDP 为核心的国民经济核算体系（SNA）并不反映环境成本和资源耗减，而联合国倡导的环境—经济综合核算体系（SEEA）尚未建立起来，这就使可持续发展的实践缺乏可操作的指标体系和评价方法。

另一个障碍是可持续发展所需要的全球范围内的协调行动比较困难。经济发展的外部性不仅存在于不同的微观的经济主体之间，而且存在于不同的地区和国家之间；不仅体现为当代人的环境污染，也体现为后代人将会面对的生态灾难。所以可持续发展本质上要求个体利益与集体利益、眼前利益与长远利益相结合，但经济活动的分散性和经济主体利益的独立性使得彼此间的合作机制难以确立，“搭便车”的行为难以避免。如何摆脱“囚徒困境”，需要一种利他与利己相结合的制度创新。目前在克服南北对立方面已经有了一些成功的尝试。由于先进工业国是大气污染物的主要排放者，过去 100 年中占世界人口 20%的工业国制造了全球 60%促使气候变暖的碳氧化合物，1900—1999 年仅美国排放的碳氧化合物就占了全球总量的 30%[①]，以美国为首的发达国家理应在大气环境治理方面承担起主要责任，因此《联合国气候变化框架公约》和其后制定的《京都议定书》（Kyoto Protocol）对发达国家和发展中国家的义务以及履行义务的程序作了不同的规定。2001 年 7 月的波恩会议上，尽管遭到了美国的抵制，与会各方还是达成妥协就落实《京都议定书》的具体措施形成了一项政治协议，从而使各国携手解决共同面临的环境问题有了一个良好的开端。

深刻理解外部性问题是理论界思考这方面制度创新的突破口。研究

---

① 世界资源研究所：《美国、发展中国家和保护气候：领导还是僵局？》，转引自陈明等编著《可持续发展概论》，冶金工业出版社 2008 年版，第 17 页。

表明，对付外部性问题不能完全依靠市场，而是要让政府更多地承担起责任。还是以控制能源消费造成的温室气体排放为例。首先，政府应当改弦更张，取消对矿物燃料庞大而又隐蔽的补贴，那些先进的工业国应当率先将“碳税”引入本国的能源消费领域，并严格禁止将污染工业向发展中国家转移，短期内可考虑通过碳交易的方式加大对发展中国家的能源技术援助。其次，政府必须发出明确的信号，加大对清洁能源、可再生能源的研究、开发和利用的资金和政策支持，吸引民间投资，推动相关技术的产业化进程；政府要引入绿色国民生产总值的概念，制定并实施可持续发展战略，说服企业和民众“不能仅仅因为房子还未被烧毁，就说买保险纯属浪费”。要想使可持续发展战略变成各国企业和民众的自觉行动，就得使全球管理意识通过宣传和引导深入人心。

三

中国政府为推行可持续发展战略付出了不懈的努力。早在 1994 年中国政府就率先推出了《中国 21 世纪议程——中国 21 世纪人口、环境与发展白皮书》(以下简称“《议程》”)。《议程》共 20 章，可归纳为总体可持续发展、人口和社会可持续发展、经济可持续发展、资源合理利用、环境保护 5 个组成部分，70 多个行动方案领域。同年 7 月，来自 20 多个国家、13 个联合国机构、20 多个外国有影响企业的 170 多位代表在北京聚会，制定了“中国 21 世纪议程优先项目计划”，用实际行动推进可持续发展战略的实施。此后，中国又将《议程》的基本指导思想和内容纳入了国民经济和社会发展“九五”计划和 2010 年远景目标纲要，在 2001 年通过的“十五”计划中将实施可持续发展战略放在了更为突出的位置，这说明中国在实施可持续发展战略方面走在了世界的前列。但是，中国是世界第一人口大国，尚处在工业化加速发展阶段，与发达国家相比，今后在人口与经济的协调发展方面面临的困难更为艰巨，适应可持续发展的需要进行理论创新和制度创新具有更加突出的意义。

讨论人口与经济的可持续发展首先要回答这样两个问题：一个是现有的资源条件究竟能够维持多少人口的生存？一个是现有的资源条件究

竟能够保障多少人口的发展？就第一个问题而言，重点需要说明的是人口增长与食物供应的平衡问题。研究表明：地球上的潜在可耕地已经非常有限，现有的耕地生态环境趋于恶化，水资源短缺的矛盾日渐突出，因而未来粮食生产的增速将会有所放慢，但是总体上看食物供应的增长仍会超过人口的增长；只要人口增长和耕地减少处于可控制的状态，只要确立起公平合理的农产品贸易机制，只要发展中国家保持政治稳定并且为农业生产提供一个良好的国内环境，那么由人口增长与谷物增长在地区上的不对称引致的局部人口的营养不良现象也能够得到有效的缓解。作为一个人口大国，中国的食物保障问题备受人们的关注。人多地少是我国的基本国情，目前我国是在用世界 7%的耕地资源和水资源养活世界 21%的人口，而从目前国内农产品市场的供求形势和未来可能的粮食进口量来判断，对我国的食物保障前景依然可以得出比较乐观的结论。不过粮食毕竟是关系国计民生的特殊商品和战略物资，立足国内实现粮食基本自给、确保食物安全，是我国必须长期坚持的战略方针。同时还要立足国内国际两个市场，按照比较优势原则发展自己的农业。就第二个问题而言，尽管经济适度人口仍然是一个难以准确计量的抽象概念，但适度的人口规模一定是经济社会发展的理想境界。只是这种境界只能是社会选择的结果，而不是个人选择的结果。从中国推行计划生育政策的实践来看，发展中国家在经济尚不发达的条件下，同样能够有效地控制人口过快增长的势头，缓解人口增长给资源和环境带来的压力，并使现有的人口能够分享到越来越多的经济增长果实。但是，一方面，人口增长有很强的惯性；另一方面，在控制人口增长方面城市与乡村之间、地区与地区之间并不平衡，包括中国在内的发展中国家实现适度人口规模的理想境界还需要付出很长一段时期的努力。

传统观念认为“人多力量大”，以为人口多，劳动力数量就多，从而生产总量就会相应扩大。殊不知，只有与资本相匹配的劳动力资源才能形成实际的生产力，而资本不足恰恰是中国今后经济发展所面临的最大难题。对未来中国的劳动力供求形势进行的预测表明，中国就业岗位不足、劳动力供大于求的状况将长期存在，劳动生产率增长缓慢，显性的、隐性的失业人口数量巨大，而且由于经济体制的快速转型和人口总量的惯性增长，这一现象在若干年内会变得越发严重起来。应对这种形势，政府一要建立一个完善的社会保障网，以使这些失业人口不致对社会的稳定构成威胁；二要确保国民经济继续保持较高的增长速度，创造更多的就业岗位以满足新增的就业需求。从趋势上看，未来可行的扩大和深化就业的途径大致有这样几个方面：（1）大力发展第三产业，积极疏导非正规就业部门，拓展服务业就业领域；（2）调整产业结构，推动民间投资，大力扶持和发展中小企业特别是劳动密集型企业；（3）调整农业产业结构，发展和利用生物技术，尽可能地消化农村隐性失业人口；（4）以加入世界贸易组织为契机，发挥劳动力资源丰富的优势，大力发展劳动密集型出口产业；（5）开放劳动力市场，加快城市化进程，促进农村剩余劳动力转移；（6）加强学校教育和从业人员的在职培训，建立职业介绍信息网络，强化公共就业服务。以上途径多管齐下，可望将失业率控制在尽量低的水平。不过从国外的实践来看，失业率并不是越低越好，特别是忌讳通过减少就业市场的刚性来解决就业问题，因为由此实现的比较高的就业率可能会牺牲工作质量。有许多理由要求逐步改善职工的劳动标准，至少应通过大幅度提高失业人员和城镇贫困人口的补助金标准，来确保现有的已经显得过低的劳动者福利水平不致因越来越激烈的就业竞争而降低。

人口作为一种抽象，是生产者和消费者的统一。不过作为生产者是有条件的，即必须具有劳动能力、劳动愿望、就业岗位并符合法定的劳动条件；但人口作为消费者是无条件的，人们的消费能力也是与生俱来的，任何社会形态下都必须生产满足可供全体居民需要的消费资料，都必须使消费资料生产同生产资料生产保持一定的比例。研究表明，人口众多意味着巨大的市场消费潜力，单是这一点就可以为中国的经济增长提供足够的动力，国内市场需求的扩大是在发生世界性的经济衰退时中国能够一枝独秀的主要原因。但是中国居民的消费能力目前还受经济发展水平特别是居民收入水平的严重制约，过低的消费率使得在国内市场商品已经供大于求的情况下难以充分发挥消费对经济增长的拉动作用：第一是收入增长长期滞后于经济增长；第二是社会各阶层特别是城乡之间、地区之间居民收入差距拉大，居民收入基尼系数超出了国际警戒线；

第三是居民收支预期发生了变化，影响了收入在消费和储蓄间的分配；第四是消费品价格持续下跌和加入世贸组织后预期的供给面的变化，助长了居民持币观望的倾向；第五是消费环境欠佳，降低了居民的消费欲望或者限制了居民的消费；第六是人口基数不断扩大，制约着人均收入水平和消费水平的提高。消费和投资是一对矛盾，投资率过高会缩小消费在总收入中的比例，不利于消费水平的提高。而且在消费品市场已经明显供大于求的条件下，盲目的投资扩张无疑会造成更多的产品过剩，进一步激化市场的供求矛盾，甚至导致企业出现大面积的亏损、经济陷入萧条局面。然而投资增长率过低又势必影响景气的回升、居民的就业和收入水平的提高，可能导致消费和投资陷入恶性循环之中。有鉴于此，政府应当提高投资效率，拉动民间投资，引导投资流向有需求前景的地方。在消费方面，要因应居民消费呈台阶式增长的客观规律，摒除消费限制，改善消费环境，引导消费预期，推动消费升级。要在稳步提高居民收入水平的同时，在分配上进行调节，缩小收入差距。我国三分之二左右的居民生活在农村，但受收入水平的制约，这部分居民的消费能力在社会总消费中占的比重尚不足四成，增加农民收入、开拓农村市场，对扩大有效需求意义重大。为此，一是要适应市场需求，加快调整农业生产结构；二是要继续大力发展乡镇企业，引导农民从非农产业获取收入；三是要加快农村城市化进程，推进农村剩余劳动力的转移；四是要切实减轻农民负担，通过适当的政策给予农业必要的扶持和保护。总之，作为一个人口众多的发展中国家，把经济增长的立足点长期放在扩大国内需求上，是我们应对全球化时代复杂多变的世界局势的最有效措施，而在买方市场条件下，扩大国内需求的重点在于以消费带动投资的增长。当然，至此为止我们讨论的消费还仅限于生活消费本身，这对讨论可持续发展问题来说是远远不够的，还应涉及与此相关的副产品、负效应，并且将话题由生活消费延伸到生产消费领域，因为生产领域在贡献了消费品的同时也消费了大量的能源、消耗着资源并带来了环境污染。着眼于人类的长远发展，从现在起就必须选择那些既有益于人类健康又不影响资源永续利用的生产方式和消费模式。

在一个社会中，消费者的数量总会超过生产者的数量，人口学将尚未进入或已经退出生产领域的那部分人口称作从属年龄人口。很显然，这部分人口的比重越大，社会负担水平越高，越是不利于经济的发展和国民福利水平的提高。由于人口增长率降低、死亡率下降、人口预期寿命延长，未来人口年龄结构变动的总的趋势是少儿人口比重降低、老年人口比重上升，以致社会抚养比的变动也主要体现为老年人口负担系数不断提高。中国在20世纪末就进入了老龄化社会，而且与发达国家相比，中国的人口老龄化的特点：一是速度快，从成年型结构到老年型结构的转变，西方发达国家大约用了50—100年的时间，而中国完成这一转变仅用了20—30年的时间；二是呈加速推进之势，2010年后老年人口增加的速度会越来越快；三是达到的水平高，1995—2050年人口年龄中位数中国比世界平均水平从高出2岁会扩大到高出近6岁；四是绝对量大，未来半个世纪中国将一直是世界上老龄人口数量最大的国家；五是城市快于乡村，东部快于西部。总之，中国正面临着一个高收入国家遇到的人口老龄化问题，而其所拥有的资金只及一个中等收入国家，如何配置好资源创造性地建立起适合自身国情的养老保障体系将是一个巨大的难题。何况就连西方发达国家也都在为如何避免退休金制度陷于崩溃而大伤脑筋，为了摆脱财政困难，也是为了改善本国的国际竞争力，以欧洲为主的发达国家，包括拉美国家，20世纪80年代就掀起了一场全球性的养老金改革风潮，这些国家的经验和教训值得我们借鉴。目前中国正在建立社会统筹与个人账户相结合的养老保障模式，但是新体制的顺利推开还有待于政府切实解决转轨资金缺口问题，从而使个人账户名副其实。同时还需要开源节流相结合，真正做到低水平、广覆盖、可持续。“开源”就是要寻求新的筹资渠道不断充实社保基金，还需要以企业和私人养老金计划、家庭养老和老年人自养等多种养老方式作补充；“节流”就是要因应人口预期寿命的不断延长，适当提高职工退休年龄。

如果说中国的人口类型转变是用二三十年走完了发达国家逾百年的历史的话，中国人口就业结构的转换却严重滞后于产业结构的变动，并表现为人口城乡结构较之产业结构和发展水平相近的国家落后了十几年至几十年之久。近年来的研究表明，按GDP水平衡量，中国的城市化水平在人均GDP水平较低时与国际标准模式基本处在同一水平，此后与国际标准模式的走势出现了一定的差距，但差距并不大；若按工业化水平衡量，中国的工业化水平和城市化水平同国际标准模式在工业化初期也是比较接近的，但是此后随着工业化速度的加快，城市化的走势与国际标准模式出现了较大的背离，即与工业化水平相对应的城市化水平同国际标准模式拉开了越来越大的差距。究其原因：首先，中国是在经济发展水平还很低的条件下迅速推进工业化的，工业比重的提高与人均收入水平的上升相分离；其次，中国全力推动以重工业为主导的工业化战略，第三产业不发达，而第二产业产值比重的上升并未带来该领域就业比重的同步提高；第三，计划经济体制下的户籍管理制度和城乡二元结构造成城乡劳动力市场的分割，限制了人口由农村向城市的流动。产业结构、就业结构、人口城乡结构之间，就业结构是个中介环节。就业结构随着产业结构发生变化，人口城乡分布就比较合理；就业结构不能随着产业结构的变动而变动，人口的城乡分布就会陷于一种失衡的状态。在中国，城市化滞后是以重工业为主导的工业化战略导致就业结构发生扭曲的必然结果，反过来，它也会通过以下途径作用于产业结构和就业结构，使这个发展中的社会由二元结构向一元结构转化异常困难，并直接影响到该经济的可持续能力：一方面，第一产业会因冗员过多而劳动生产率得不到提高，进而农民受比较利益低下的制约收入增长困难，农村市场贡献的能力也会因此而降低，而且农村社区的生态环境还会在日益增大的人口压力的作用下不断恶化；另一方面，第三产业因缺乏载体而长期得不到发展，直接影响全社会的现代化水平和信息化水平。城市发展是社会进步的一个重要标志，在正常情况下，城市化水平的不断提高是经济发展特别是工业化推进的必然结果。但以往中国的工业化进程是以资金密集型的重工业为主导，因而工业化推动城市化的国际经验在中国并没有得到有力印证。改革开放以来中国的城市化进程明显加快，一方面是由于产业结构趋向合理，劳动密集型产业获得了迅速的发展；另一方面是由于已经进入工业化中期的城市化加速推进阶段，预计这一趋势会一直保持到 21 世纪中叶。目前一个有争议的话题是我国的城市化究竟是应该走以大城市为主导的路子，还是走以中小城市为主导的路子。力主以大城市为主导的观点强调城市的规模效益、集聚效应和我国人多地少的基本国情，相反的主张则强调城市化的成本和所谓“大城市病”。事实上城市规模的扩张很少是人为选择的结果，各种规模的城市都有其存在和发展的理由。从中国人多地少、城市化水平低、转移农村剩余人口的任务特别重的现实出发，有必要在积极发展大中城市的同时，合理规划小城镇，力争形成一个大中小城市和小城镇协调发展的完善的集约化的全国城镇体系。

城市化是改善人力资本的一条重要途径。我们即将进入知识经济时代。从人口与经济的关系上说，传统的农业经济和工业经济时代关注的重点是人口的数量和结构，知识经济时代关注的重点将转向人口的质量，可以说，未来一个国家的综合国力将取决于这个国家的劳动生产率和科技创新能力，而后者又完全是由该国的人力资本条件所决定的。中国虽然是世界第一人口大国，但中国的劳动力素质与先进国家相比还有较大的差距，严重制约了增长方式的转换和劳动生产率的提高：中国至今仍有 8500 万文盲人口，这个数字相当于一个中等国家的人口规模；每年仍有 100 多万适龄儿童不能够入学，中等教育入学率略高于世界平均水平、但远低于发达国家的水平，高等教育入学率不及世界平均水平的 1/3，人口预期受教育年限平均只有 10.4 年，农村不到 7 年；拥有大专以上文化程度的劳动者只占不到 4%（1997 年），企业职工的技术等级相对较低，而且知识面窄、技术单一，用人不当、浪费人才的现象也普遍存在，劳动者工作积极性普遍不高；农村的形势更为严峻，农业比较效益越低越是向外排挤那些素质相对较高的劳动者。大量的经验证明人口文化程度具有生产率效应，劳动者文化程度高，其劳动技能就强，对新技术的反应也就更加敏感；而且文化水平的高低还直接影响到劳动者获取信息、处理信息从而走向成功的能力。中国人口素质低下不但影响了劳动生产率的提高和经济增长的质量，而且还制约着国民科学素养的改善、科技人才的数量进而科技创新能力的提高：中国公众具备基本科学素养的比例只有 1.4%，与发达国家相比存在巨大鸿沟；中国科技人才奇货可居，而且像其他发展中国家一样，就是这有限的人才资源也面临着向发达国家不断流失的威胁；中国高新技术产业的发展主要是由国外的投资和产品来驱动的，技术进步一直以引进和跟踪模仿为主，原始性科技创新能力严重不足，而原始性科技创新能力的强弱直接关系到企业的生存能力和国家在世界科技竞争中的地位。可见，中国在未来的发展中人力资源是一大瓶颈，而克服人力资源束缚的关键在于加大人力资本投资：第一是要加大资金投入，大力发展基础教育；第二是要深化高教体制改革，推动高教大众化进程；第三是要推行素质教育，倡导终身教育，发展职业教育；第四是要通过观念更新和体制创新，吸引人才，留住人才，在人才流动中化被动为主动；第五是要发展医疗卫生事业，投资营养健康，改善全民的身体素质。总之，未来的社会将是一个知识型社会，世界范围的经济竞争、综合国力竞争，实质上将是人力资源的竞争，只要我们的人口具备了与新时代的需求相适应的身体素质和科学素养，我们的国家就一定能抓住机遇实现跨越式发展，在信息时代的全球激烈竞争中立于不败之地。

以上便是中国未来发展中所要面对的一些主要问题，尝试运用可持续发展的理论和观点对这些问题做出论证和说明是时代赋予我们的共同责任，也是中国理论界对可持续发展理论的应有贡献。

［原载《浙江学刊》2002 年第 6 期］

陈云、马寅初与中国20世纪50年代的计划生育
——兼谈毛泽东的人口观

20世纪50年代，中国曾有一场关于计划生育问题的争论，并极大地影响了此后的经济社会发展。陈云与这场计划生育的争论也有着密切的关系，但近年来学术界对陈云生平和思想的研究大都集中在经济建设和党的建设两个方面，本文拟集中探讨陈云在新中国成立初期对计划生育的认识，并探析当时毛泽东的人口观。

一、陈云坚决支持马寅初提出的节制生育主张

世界各国在第二次世界大战之后都经历了一个人口大爆炸时期，中国也不例外，只是晚了几年（因为战争结束较晚）。新中国成立时有多少人口？当时没有明确的统计，中共领导人说的“四万万七千五百万”[①]，是个概数。这个数量是多了还是少了，很少有人去认真思考，从当时政府对人工流产和节育的态度[②]看，多半是认为战争年代损失巨大，这时的人口不算多。尽管著名民主人士、政务委员邵力子在新中国成立第二年就

---

① 参见《周恩来选集》上卷，人民出版社2004年版，第326页；《毛泽东文集》第5卷，人民出版社1996年版，第345页。

② 当时，政府严格限制人工流产，对绝育的限制更加苛刻，如1952年公布实施的《限制节育及人工流产暂行办法》。由此不难看出，这个时期实际实行的是鼓励人口增长的生育政策。

提出了节制生育、控制人口增长的主张[①]，但并未引起人们的重视。

1953年公布了第一次人口普查的结果，当年6月30日24时全国拥有的人口数量为58260万人，不到4年，就比新中国成立时的“四万万七千五百万”多出1亿多，人口自然增长率高达20‰。这一数字引起了一些党和国家领导人的忧虑。8月，邓小平率先对卫生部反对节育的政策提出异议，要求抓紧下发《避孕及人工流产办法》。[②]9月29日，周恩来在一次报告中说：“我们大致算了一下，我国人口大概每年平均要增加一千万，那么十年就是一万万。中国农民对生儿育女的事情是很高兴的，喜欢多生几个孩子。但是，这样一个增长率的供应问题，却是我们的一个大负担。”“人多，这是我们的一个优点。但是，优点中也带来了困难，这样多的人口，要满足他们的需要，就是一个很大的负担。”[③]而在时任北京大学校长的马寅初看来，人口普查显示的20‰的人口自然增长率还只是一个静态的记录，综合考虑结婚人数增加、婴儿成活率提高、死亡率下降、人口寿命延长、社会环境和人民生活改善、政府对生育的鼓励、出家人还俗和妓女解放等多方面的因素，今后的人口自然增长率将会达到30‰以上，如此下去50年后中国的人口将达到26亿，后果极为严重。[④]马寅初通过调查研究，结合古今中外的历史经验和中国的具体实际，就中国的人口增长趋势及其对国民经济的影响进行了深入的分析，1955年形成

---

① 邵力子早在1921年任《民国日报》主编的时候，就积极提倡节制生育，把节制生育与妇女解放问题结合在一起宣传。1950年初，邵力子同当时的卫生部部长有过一次促膝长谈，表示对“光荣妈妈”这样的号召深感忧虑，他说：“中国的生产落后，而人口的发展太快，是一个很突出的矛盾，如不防患于未然，采取计划措施加以控制的话，则不仅影响建设，同时也影响民生，成为社会发展的阻力。”在1953年冬天召开的政务院会议上，他进一步明确提出计划生育的观点（参见吴跃农《邵力子与马寅初的〈新人口论〉》，《文史春秋》2004年第5期）。1954年9月，邵力子又在第一届全国人民代表大会第一次会议上的发言中提出要节制生育和传播避孕知识。同月18日，《人民日报》刊登了他的发言。

② 杨魁孚等主编：《中国人口与计划生育大事要览》，中国人口出版社2001年版，第5页。参见《中央卫生部党组关于节制生育问题向党中央的报告》，载《建国以来重要文献选编》第6册，中央文献出版社1993年版，第58页。

③《周恩来经济文选》，中央文献出版社1993年版，第167页。

④ 马寅初：《我国人口问题与发展生产力的关系》，《大公报》1957年5月9日；《新人口论——在第一届全国人民代表大会第四次会议上的书面发言》，《人民日报》1957年7月5日。

一篇关于控制人口与科学研究的学术论文。初稿完成后，马寅初于出席一届人大二次会议期间在浙江小组人大代表中征求意见，未得到多数人的认可。马寅初认为大家是善意的，就将此文收回，“静待时机成熟再在大会上提出来”。[①]

马寅初与陈云是至交。1949年中央财政经济委员会（以下简称“中财委”）成立后，陈云任主任，马寅初是副主任之一，彼此有很好的合作，建立了深厚的友谊。1954年中财委撤销后，马寅初撰写的一些重要论文，发表前仍大都送呈陈云征求意见。陈云也总是在百忙中抽出时间认真仔细地审阅文稿，并提出自己的修改意见或建议，马寅初对陈云的意见一般都虚心采纳。这篇关于控制人口与科学研究的论文草就后，照例送请陈云过目。1955年上半年，陈云“阅读马寅初的《控制人口与科学研究》一文后，约马寅初谈话，说：我完全同意你在文章中的观点，人口对国家经济的压力实在太大了。当然，你的意见可能不会一下子被所有人接受，任何新生事物的出现都会有阻力的，要有充分的思想准备，事先把困难设想得多些有好处。中央几位领导那里我会替你去吹吹风。只要有机会，一定为你做些解释工作。推行任何一种政策，舆论准备都是不可少的。你的人口理论为国家和民族立了功，我衷心祝贺它成功。如果出现什么问题，你可以随时找我，只要我力所能及，一定尽力帮助。”[②]一届人大二次会议期间，马寅初提出的人口理论受到了一些人的责难，陈云在一个便签纸上写下“气可鼓而不可泄”七个字，托人带给马寅初，马寅初深为感动。[③]

同一时期，大致从1954年底起，社会上关于节育问题的议论增多，在报纸上也有公开争论。1954年底，刘少奇主持召开了关于节制生育问题的座谈会，在广泛听取各方面意见的基础上，他代表中央对节制生育表示支持，并在会后成立了“节育问题研究小组”。[④]次年初，卫生部党组

---

① 马寅初:《新人口论——在第一届全国人民代表大会第四次会议上的书面发言》,《人民日报》1957年7月5日。

② 《陈云年谱》中卷，中央文献出版社2000年版，第256—257页。

③ 《陈云年谱》中卷，中央文献出版社2000年版，第258页。

④ 《文献与研究（1983）》，人民出版社1984年版，第149页。

向中共中央报送《关于节制生育问题向党中央的报告》(以下简称“《报告》”)。该《报告》认为，在中国今天的历史条件下，是应当适当地节制生育的。中国现在已有6亿以上的人口，每年要增加人口1200万到1500万。在目前条件下，人口增加过速，会使国家和家庭暂时均感困难。3月1日，中共中央批准了这个《报告》，并作出如下批示：“节制生育是关系广大人民生活的一项重大政策性的问题。在当前的历史条件下，为了国家、家庭和新生一代的利益，我们党是赞成适当地节制生育的。各地党委应在干部和人民群众中（少数民族地区除外），适当地宣传党的这项政策，使人民群众对节制生育问题有一个正确的认识”[①]。这一批示标志着中央开始把节制生育上升到党和国家重大决策的高度。同年9月，周恩来在《关于发展国民经济的第二个五年计划的建议的报告》中指出:“为了保护妇女和儿童，很好地教养后代，以利民族的健康和繁荣，我们赞成在生育方面加以适当的节制。卫生部应该协同有关方面对于节育问题进行适当的宣传，并且采取有效的措施”。[②] 10月12日，毛泽东在同南斯拉夫妇女代表团谈话时指出：“过去有些人批评我们提倡节育，但是现在赞成的人多起来了。夫妇之间应该订出一个家庭计划，规定一辈子生多少孩子。这种计划应该同国家的五年计划配合起来。目前中国的人口每年净增一千二百万到一千五百万。社会的生产已经计划化了，而人类本身的生产还是处在一种无政府和无计划的状态中。我们为什么不可以对人类本身的生产也实行计划化呢？我想是可以的。我们有一位民主人士叫邵力子，他就提倡节育。”[③] 显然，毛泽东也开始明确提出要计划生育。1957年2月27日，毛泽东在最高国务会议第十一次（扩大）会议上发表重要讲话，强调“要提倡节育，要有计划地生育”。[④] 就在这次会议上，3月1日，马寅初在发言中指出：“我们社会主义经济就是计划经济，如果不把人口列入计划之内，不能控制人口，不能实行计划生育，那就

---

① 《中央卫生部党组关于节制生育问题向党中央的报告》，载《建国以来重要文献选编》第6册，中央文献出版社1993年版，第56—62页。

② 《建国以来重要文献选编》第9册，中央文献出版社1994年版，第215页。

③ 《毛泽东文集》第7卷，人民出版社1999年版，第153页。

④ 彭珮云主编:《中国计划生育全书》，中国人口出版社1997年版，第131页。

不成其为计划经济。”[①] 毛泽东听后深以为然，插话说：“总而言之，人类要自己控制自己，有时候使他能够增加一点，有时候使他能够停顿一下，有时候减少一点，波浪式前进，实现有计划的生育。这一条马寅老今天讲得很好，我跟他是同志，从前他的意见没有放出来，有人反对，今天算是畅所欲言了。这个问题很值得研究，政府应该设机关，还要有一些办法。人民有没有这个要求？农民要求节育，人口太多的家庭要求节育，城市、农村都有这个要求，说没有要求是不适当的。”[②] 既然毛泽东建议设一个机构来专门负责这件事情，后来就真的成立了这样一个机构，负责人就是陈云。

1957年8月13至20日，国务院常务会议在北戴河召开。会议提出成立中央节育委员会，陈云任主任。20日，陈云在发言中阐述了他对节制生育问题的意见。他认为：“中国人多，必须提倡节制生育。这是有关经济建设的大问题。现在粮食、布匹、学校等紧张，都与人口多而且增长快有关系。”“节制生育的措施，要十年、二十年以后才能见效。中央和各省市都要成立专门委员会，来抓这件事情。”“在中国社会里，节育不大好讲，不但女同志怕羞，男同志也怕羞，不好意思去买避孕工具。所以，要广泛宣传，使大家不以为羞。可以号召共产党员不生第三个孩子。避孕药和工具还可以再降价，甚至可以白送。准备一年贴几千万。这样做是合理的。”[③]

然而，这个中央节育委员会的工作尚未铺开（甚至还没有形成正式文件）就遇到了阻力，原因与马寅初受到批判和毛泽东在人口问题上的不同表述有关。

有了中央的提倡，加上毛泽东正式提出发展我国科学文化事业的“双百”方针，1956年至1957年学术界掀起一场关于人口问题的大讨论，

---

① 马寅初：《我国人口问题与发展生产力的关系》，《大公报》1957年5月9日。

② 彭珮云主编：《中国计划生育全书》，中国人口出版社1997年版，第131页。毛泽东讲话时还特别注意到，积极倡导计划生育的邵力子就坐在马寅初身旁，似乎是在表示对马寅初的支持。他一语双关地笑着说：“邵先生咯：嘿，你们两人坐在一起了。”邵力子和马寅初听毛泽东这么一说，互相看了看，也开心地笑起来。还可参见王勇《马寅初“人口论”遭批判始末》，《文史月刊》2007年第12期。

③ 《陈云文选》第3卷，人民出版社1995年版，第68页。

特别是1957年上半年两会期间，一批知名学者和民主党派人士发表了一系列文章和言论，阐述关于人口问题的见解，多数人表示应当采取措施控制人口增长。正是在这样的背景下，马寅初鼓起勇气将自己写成的《新人口论》一文作为提案，提交一届人大四次会议讨论。[①]7月3日他在会上做了《新人口论》书面发言，7月5日全文在《人民日报》上发表。《新人口论》的发表将学术界关于人口问题的讨论推向高潮。遗憾的是，几乎就在同一时期，反右派斗争逐步席卷全国，刚刚发表的《新人口论》被一些人视为"配合右派向党进攻"，有人主张把马寅初定为"右派"。对此，周恩来表示反对。此前，周恩来曾与陈云商量过，陈云也认为，马寅初是热爱党和社会主义的，他的《新人口论》的基本观点是正确的，坚决反对把马寅初划为"右派"。由于周恩来、陈云的制止，马寅初才幸免于难。[②]然而，1958年，在"大跃进"的背景下，陈伯达和康生两位"党内理论权威"先后发难，打着毛主席主张"人多是好事"的大旗，把马寅初拉出来点名批判，随之在全国范围掀起一场批判马寅初的运动。这期间，敬重、关心和爱护马寅初的陈云，因提倡"包产到户"和反冒进与毛泽东的意见相左遭到批评，已无力仗义执言了。但陈云还是一如既往地关心马寅初的遭遇和处境，设法向毛泽东提出马寅初的人口理论有合理正确的一面，不应大张旗鼓地在全国范围内进行批判。1960年1月，马寅初被迫辞去北大校长职务，不久又被罢免了人大常委的职务，只保留了全国政协常委的名义，并被剥夺了发表文章的权利。3月31日，病中的陈云特意委托陈毅看望"辞官归第"的马寅初。陈毅对马寅初说：我和陈云都认为，你的人口理论是正确的。[③]

---

① 1957年4月27日马寅初在北京大学发表人口问题演讲。在可容纳几千师生的大饭厅里，他用大量的材料和生动的比喻，阐述了他在我国人口问题上的见解，主张必须实行计划生育，控制人口增长。这个演讲稿经过加工整理成为《新人口论》发言稿，于6月提交一届人大四次会议。参见张友仁《马寅初先生在北京大学》，《科学中国人》2001年第1期。

② 宪凯：《"理论权威"康生点名批评马寅初〈新人口论〉》，《联谊报》2006年6月29日。

③ 《陈云年谱》下卷，中央文献出版社2000年版，第30—31页。1979年秋，在陈云的努力下，中共中央充分肯定了马寅初的《新人口论》和综合平衡的经济理论都是正确的，推翻了强加于马寅初头上的一切不实之词，彻底平反恢复名誉，并任命马寅初为北京大学名誉校长。

二、毛泽东在计划生育问题上的态度变化

在当时，推行一项政策不管面临多大的阻力，毛泽东的态度往往是起决定性作用的因素。如前所述，毛泽东是赞同计划生育的，但他在这个问题上是非常慎重的。他对计划生育的看法有以下几个方面：

第一，计划生育可以提倡，也应该提倡，但这个问题不能一刀切，汉族人口多就应该实行，少数民族人口少就不一定实行；人口多的地区应该实行，人口少的地区就不一定实行。毛泽东曾在1956年的《论十大关系》中说："我们说中国地大物博，人口众多，实际上是汉族'人口众多'，少数民族'地大物博'"。[①]1957年10月9日他在中共八届三中全会的讲话中指出："计划生育，……少数民族地区不要去推广，人少的地方也不要去推广。"[②]

第二，这个问题不能太着急，要营造氛围，促进群众改变生育观念，自觉自愿地实行。毛泽东从一开始就强调，节制生育，"应当得到人民的自愿合作"。"就是在人口多的地方，也要进行试点，逐步推广，逐步达到普遍计划生育。计划生育，要公开作教育，无非也是来个大鸣大放、大辩论。人类在生育上头完全是无政府状态，自己不能控制自己。将来要做到完全有计划的生育，没有一个社会力量，不是大家同意，不是大家一起来做，那是不行的。"[③]他提出要搞一个十年计划，"三年试点，三年推广，四年普做"[④]。"计划生育也有希望做好。这件事也要经过大辩论，要几年试点，几年推广，几年普及。"[⑤]

第三，这个问题也不必太着急，我们固然要提倡计划生育，但是"人口问题，目前还不严重，可在达到八亿时再讲人口过多"[⑥]。这是毛泽

---

① 《毛泽东文集》第7卷，人民出版社1999年版，第33页。

② 《毛泽东文集》第7卷，人民出版社1999年版，第308页。

③ 《毛泽东文集》第7卷，人民出版社1999年版，第308页。

④ 《建国以来毛泽东文稿》第6册，中央文献出版社1992年版，第594页。

⑤ 《毛泽东选集》第5卷，人民出版社1977年版，第494页。

⑥ 转引自纪晓华：《毛泽东与计划生育》，《党的文献》2001年第1期。

东 1958 年 10 月 9 日与几位民主人士谈话时提出的看法。这一年 3 月 23 日，毛泽东在成都会议上陶鲁笳发言时插话说："要破除迷信，'人多了不得了，地少了不得了'，多年来认为耕地太少，其实每人二亩五分地就够了，宣传人多，造成悲观空气，不对。应看到人多是好事，实际人口七亿五到八亿时再控制。现在还是人少，难叫农民节育……"[①] 这是毛泽东的真实想法。但也要注意这个时期的"大跃进"背景。

出于"鼓足干劲"的需要，1958 年毛泽东更强调"众人拾柴火焰高"的优势。1 月 28 日，毛泽东在最高国务会议上指出："现在人多一些，气势旺盛一些"，"我是不怕的，再多两亿人口，我看问题就解决了。"[②] 之后，《红旗》杂志创刊号上又发表了毛泽东 4 月 15 日写的《介绍一个合作社》，文中指出："除了党的领导之外，六亿人口是一个决定的因素。人多议论多，热气高，干劲大。"[③] 与此同时，"大跃进"的氛围和愈刮愈烈的"高产风"也助长了毛泽东的乐观情绪，这年的年底，他在《对〈关于人民公社若干问题的决议〉稿的批语和修改》中指出："过去人们经常忧愁我们的人口多，耕地少。但是一九五八年农业大丰产的事实，把这种论断推翻了。只要认真推广深耕细作、分层施肥、合理密植而获得极其大量的高额丰产的经验，耕地就不是少了，而是多了，人口就不是多了，而是感到劳动力不足了。这将是一个极大的变化。"[④]

实际上，从 1957 年毛泽东修改《关于正确处理人民内部矛盾的问题》这篇讲话稿的过程中，也可以看出毛泽东当时在要不要节制生育和是否从现在起就提倡计划生育的问题上是犹豫的。

1957 年 2 月 27 日，毛泽东在最高国务会议第十一次（扩大）会议上做了《关于正确处理人民内部矛盾问题》的讲话，其中关于人口问题是这样讲的：我们这个国家有这么多的人，这一点是世界各国都没有的。它有这么多的人，六亿人口！这里头要提倡节育，少生一点就好了。要有计划地生产。……这个政府可能要设个部门，设一个生育计划部好不

---

① 转引自纪晓华：《毛泽东与计划生育》，《党的文献》2001 年第 1 期。

② 转引自纪晓华：《毛泽东与计划生育》，《党的文献》2001 年第 1 期。

③ 《建国以来毛泽东文稿》第 7 册，中央文献出版社 1992 年版，第 177 页。

④ 《建国以来毛泽东文稿》第 7 册，中央文献出版社 1992 年版，第 571 页。

好？或者设一个委员会吧，节育委员会，作为政府的机关。人民团体也可以组织一个，组织各人民团体来提倡。[①]他还谈到解决失业的问题、适龄儿童的入学问题、毕业学生的就业问题等，认为这些都需要统筹兼顾，适当安排。这篇讲话的全文就是后来的《关于正确处理人民内部矛盾的问题》的基础，后来一共修改了两个多月才正式发表。关于人口问题的阐述是讲话第七节的一部分，毛泽东对这一部分的反复修改，充分体现了其关于人口问题的认识轮廓和变化轨迹[②]。

《关于正确处理人民内部矛盾的问题》正式发表前共修改了十三稿。讲话的第七节最初的标题是“关于六亿人口的统筹兼顾，适当安排”，第一个修改稿将其修改为“从六亿人口出发”，内容上也作了大大压缩，着重阐述“统筹兼顾、适当安排”这一方针：“我国有六亿人口，这是一个客观存在，这是我们的本钱。我们做计划，办事，想问题，就要从这一点出发，千万不要忘记这一点。我国有六亿人口，好处在这里，困难也在这里。困难就是矛盾，矛盾总得去解决，也总是可以解决的。我们的方针是统筹兼顾，适当安排。”第二个修改稿讲这一方针时，增写了一段话：“不可以嫌人多，嫌人落后，嫌事情麻烦难办，推出门外了事。我这样说，是不是要把一切事都由政府包下来呢？当然不是。许多人，许多事，可以由社会想办法，社会是能够想出很多很好的办法来的。而这也就包括在统筹兼顾、适当安排的方针之内，我们应当指导社会这样做。”计划生育问题，这次修改继续保留着，改成这样：“我国人口增加很快，每年大约要增加一千二百万至一千五百万，这也是一个重要问题，近来社会上谈这个问题的人多起来了。对于这个问题，似乎可以研究有计划地生育的办法。如果这个办法可行的话，也只能在人口稠密的地方研究实行，只能逐步地推行，并且要得到人民的完全合作。”随后的第三个修改稿又增加和改写了一段：“为什么要提出这样一个问题，难道还有人

---

① 《毛泽东传（1949—1976）》（上），中央文献出版社 2003 年版，第 625 页，“他在会议结束语的提纲中写道：‘控制在六亿人口（控制一个时期少增长，以待条件具备，再作适当增长）。’”，参见《建国以来毛泽东文稿》第 6 册，中央文献出版社 1992 年版，第 362 页。同见《建国以来重要文献选编》第 10 册，中央文献出版社 1994 年版，第 106 页。

② 参见《毛泽东传（1949—1976）》（上），中央文献出版社 2003 年版，第 625—707 页。

不知道我国有六亿人口吗？知道是知道的，不过办起事来有些人就忘记了，似乎人越少越好，圈子紧缩得越小越好。抱有这种小圈子主义的人们，对于这样一种思想是抵触的：调动一切积极因素，团结一切可能团结的人，并且将一切消极因素转变为积极因素，为建设社会主义的伟大目标服务。我希望这些人扩大眼界，真正承认我国有六亿人口，承认这是一个客观存在，是我们的本钱。”看得出毛泽东这时对强调人口过多的观点开始有点不满了，所以接下来的两天形成的第四个修改稿干脆删掉了第七节中的计划生育问题，不提了，加了另外一句话：“我国人多是好事，当然也有困难”。这四个稿子是毛泽东自己一个人修改的，所以被他称作“自修稿”。第四个“自修稿”也就是第一个征求意见稿，等到半个月之后形成的第二个征求意见稿又恢复了关于人口问题的内容，但到后来正式发表时这部分内容还是删掉了。[①]这些变化虽然不能够说明毛泽东反对计划生育，但至少能够说明毛泽东在这个时候对计划生育的紧迫性是怀疑的。

毛泽东常说“中国的好处是人多，坏处也是人多。”毛泽东的观点是辩证的，他的发言往往因时因地制宜，带有一定的针对性。但是，他在表述上的不一致，却给陈伯达、康生之流的投机钻营者借题发挥留下了不小的余地。等毛泽东再次下决心节制生育，则已经进入三年困难时期了。[②]

三、余论

在现实中，每个人既是生产者，也是消费者。主抓财政经济的陈云在这方面感受最深，为什么要稳定物价，为什么要统购统销，为什么要

---

① 参见毛泽东《关于正确处理人民内部矛盾的问题》，《人民日报》1957年6月19日。

② 1960年4月，在全国人大二届二次会议上通过的、毛泽东主持制定的全国农业发展纲要中，保留了1957年10月修正草案中宣传和推广节制生育的条款，规定：“除了少数民族的地区以外，在一切人口稠密的地方，宣传和推广节制生育，提倡有计划地生育子女，使家庭避免过重的生活负担，使子女受到较好的教育，并且得到充分就业的机会。”（《建国以来重要文献选编》第10册，中央文献出版社1994年版，第652页）此后，毛泽东在这个问题上的认识逐渐积极起来，直到他去世前一年还在强调“人口非控制不行”（见国家计划委员会：《关于一九七五年国民经济计划的报告》，1975年1月25日）。

切实推动农业增产，为什么要认真抓好市场供应，为什么要发票证，为什么要动员城市人口返回农村，都是因为每个人作为生产者是有条件的，作为消费者则是无条件的。陈云对民生问题可谓殚精竭虑，“人多地少”是他经常挂在嘴边的口头禅。1956年11月19日，他在商业部扩大的部务会议上讲话时分析了当时商品供应紧张的原因，指出：“经济建设和人民生活必须兼顾，必须平衡。看来，在相当长的一段时间内，这种平衡大体上是个比较紧张的平衡”，“我们耕地只有这些，但人口多，吃穿都靠它。搞建设，增加就业，一部分农村人口转入城市，就要多吃、多穿、多用，社会购买力就要提高，商品供应就会紧张。”，“人是要吃饭的，不能天天靠吃马列主义过活”。[①]1957年9月11日和24日，陈云先后两次在会议上讲了农业增产和解决吃穿问题的主要办法。他说：“对农业增产这件事情，我是比较有兴趣的，因为这是吃饭穿衣问题。同志们知道我是管这一套的，哪里没有粮食、棉花，我就要管。解放后八年来我忙什么呢？主要就是忙吃饭穿衣这个事情。”[②]他进一步指出：“中国人口那么多，每年要出生一千二百万至一千五百万娃娃。汽车有解放牌的，‘解放牌’的娃娃（指新中国成立后出生的孩子——笔者）也特别多。这怎么照顾法呢？这些娃娃要吃饭，要上托儿所、小学、中学、大学，还要就业。根本问题是吃饭穿衣，这是个头痛的问题。由于一年比一年紧，第二个五年计划每个人粮食数量、布票数量绝不会比第一个五年计划多，所以说越搞会越困难。”[③]“目前粮食和布匹的供应是紧张的。第二个五年计划期间，每人平均供应量难于增加，而且有下降的趋势。主要原因：一是人口增加，现在一年要生一千二百万到一千五百万娃娃，这么多的人生下来就要吃饭穿衣。二是国家建设投资增加，因而职工增加，失业变为就业，农民变为工人，于是人民购买力就增加。但是，粮食和布匹等消费品的供应量，增加的速度慢。因此，每人平均供应量就难于增加。这是一个尖锐的矛盾。现在看来，农业已经成为建设中的弱点。”[④]陈云

---

① 《陈云文选》第3卷，人民出版社1995年版，第29—34页。

② 《陈云文集》第3卷，中央文献出版社2005年版，第201页。

③ 《陈云文集》第3卷，中央文献出版社2005年版，第202—203页。

④ 《陈云文选》第3卷，中央文献出版社2005年版，第78页。

从扩大化肥生产和搞好农田水利两方面分析了农业增产的潜力，同时强调指出：“要提高人民的生活水平，还要有一个重要条件，就是娃娃要少生一点。”[①] 按照陈云的设想，从这个时候切实抓好农业生产，大体上到“三五”计划的中期或末期就能基本解决吃饭穿衣问题。但是众所周知，这个目标一直推迟到改革开放以后才得以实现，除了受到体制上的束缚以外，没有节制生育是个非常重要的拖累。尽管三年困难时期造成大量人口的非正常死亡，但是伴随国民经济的好转，生育率快速反弹，1964年第二次人口普查人口已接近7亿，11年多出了1亿多。同期，人均粮食占有量从1953年的567.5斤下降到1964年的531.9斤。[②] 计划调控本来就是短缺的产物，人口增长过快不但造成有增长无发展的局面，而且当短缺加重时，还会使计划调控的手段变得更加严厉，并在一定程度上拖长计划经济的推行时间。

［原载《中共党史研究》2009年第5期］

① 《陈云文选》第3卷，中央文献出版社2005年版，第86页。

② 根据曾培炎主编《新中国经济50年》（中国计划出版社1999年版）中的附表2—4、2—15数据计算所得。

中国新时期的计划生育与改革开放

人类的生产活动从来都是物质再生产与人口再生产的统一，但是在国史学界的现有研究成果中，却鲜有讨论两种再生产的相互作用的，即便是经济史的研究也仅仅是以物质再生产为对象的。2008年是改革开放30周年，2009年是新中国成立60周年，理论界有各种各样的纪念活动，催生出了一大批颇有分量的文献、著作和论文，它们从不同的角度对新中国成立以来特别是改革开放以来的历史性成就做了总结和解读。但是，也许是笔者涉猎有限，在众多的学术成果里，提及人口政策对新时期经济和社会发展作出的巨大贡献的作品很少看到。笔者在有限的篇幅里不可能对近30年来的人口政策作出详细的评估，只是想通过简要回顾新时期这一政策发生的重要变化，粗略地点评一下由此产生的经济和社会效应，藉以引起学术界的关注。

一、新中国在人口政策上走过一段弯路

新中国是在基本结束了常年战乱的基础上诞生的。从规律上看，每逢战乱结束，伴随着社会的安定和经济的恢复，人口会出现一个爆炸性增长时期，“二战”后欧美国家出现的婴儿潮（Baby Boom）就是人口补偿性突增的一个例子。中国也不例外，只是晚了几年（因为战争结束较晚）。1949年中国的人口总量至今没有准确的统计数字，当时流行的说法是“四万万七千五百万”，后经推算当为5.4亿人。此后人口增长率不

断攀升，从1949年的16‰快速增加到50年代中期的23‰—24‰，年平均增加人数从1949年的1000万人增加到1957年的近1500万人，人口总规模也从1949年的5.4亿人迅速增加到1959年的6.7亿人，人口增长呈明显加速态势。1960—1962年的三年困难时期出现了人口负增长，然而困难时期一结束，人口复又高速增长起来，1963年的出生率和自然增长率达到了新中国成立以来的历史最高水平，分别为43.37‰和32.70‰，一年新增人口接近3000万人，此后一直到1971年人口出生率始终保持在30‰以上，一直到1973年人口自然增长率始终保持在20‰以上①。

新中国成立后面临的基本国情便是人多地少和低下的生产力水平，历史条件和社会制度决定了我们不能走西方国家经历过的殖民主义老路，为了快速推动工业化进程，一方面需要创新制度优势将有限的资源集中起来加以利用，另一方面也应该设法对人口规模加以控制。有鉴于此，新中国成立伊始一些有识之士就一再提出节制生育的倡议。早在1950年著名民主人士邵力子就提醒说："中国的生产落后，而人口的发展太快，是一个很突出的矛盾，如不防患于未然，采取计划措施加以控制的话，则不仅影响建设，同时也影响民生，成为社会发展的阻力。"②据笔者所知，邵力子是新中国最早提出计划生育的人士。此后马寅初也针对如何解决"生产落后"和"人口发展太快"这一矛盾提出了自己的人口主张。他的《新人口论》的基本观点是：我国人口增殖太快、资金积累得不够快，而我国今后的发展不但要积累资金而且要加速积累资金，因此从资金积累方面看非控制人口不可；从工业原料方面着想亦非控制人口不可；为促进科学研究亦非控制人口不可；就粮食而论亦非控制人口不可③。同一时期，在中央政府主抓财政经济工作的陈云分析当时商品供应紧张的原因时讲道："经济建设和人民生活必须兼顾，必须平衡，但在相当长的一段时间内，这种平衡大体上是个比较紧张的平衡……我们耕地只有这些，但人口多，吃穿都靠它。搞建设，增加就业，一部分农村人口转入城市，就要多吃、多穿、多用，社会购买力就要提高，商品供应

① 以上数字均出自历年《中国统计年鉴》，中国统计出版社相应年份出版。

② 吴跃农：《邵力子与马寅初的〈新人口论〉》，《文史春秋》2004年第5期。

③《新人口论——马寅初的书面发言》，《人民日报》1957年7月5日。

就会紧张。……人是要吃饭的，不能天天靠吃马列主义过活。”[①] 他进一步指出：“中国人口那么多，每年要出生一千二百万至一千五百万娃娃。汽车有解放牌的，‘解放牌’的娃娃（指新中国成立后出生的孩子——笔者）也特别多。这怎么照顾法呢？这些娃娃要吃饭，要上托儿所、小学、中学、大学，还要就业。根本问题是吃饭穿衣，这是个头痛的问题。由于一年比一年紧，第二个五年计划每个人粮食数量、布票数量绝不会比第一个五年计划多，所以说越搞会越困难。”[②] 所以，在他看来，除了千方百计扩大生产的潜力以外，“要提高人民的生活水平，还要有一个重要条件，就是娃娃要少生一点”[③]。遗憾的是，这些真知灼见未能主导当时的决策，反而长期受到压制。本来按照陈云的设想，从那个时候切实抓好农业生产同时对人口增长有所控制，大体上到“三五”计划的中期或末期就能基本解决吃饭穿衣问题。但是众所周知，这个目标一直推迟到改革开放以后才得以实现，除了受到体制上的束缚以外，没有节制生育、生了太多的娃娃是个非常重要的拖累。尽管三年困难时期造成大量人口非正常死亡，但是伴随国民经济好转生育率快速反弹，1964 年第二次普查人口已接近 7 亿，11 年多出了 1 亿多。同期，人均粮食占有量从 1953 年的 283.75 公斤下降到 1964 年的 265.95 公斤[④]。新中国的历史表明，计划调控本来就是短缺的产物，人口增长过快不但造成有增长无发展的局面，而且当短缺加重时，还会使计划调控的手段变得更加严厉，并在一定程度上拖长计划经济的推行时间。

20 世纪 50 年代是我国第一个人口增长高峰时期。1953 年第一次人口普查结果公布后，一度引发了一场是否需要节制生育的全国大讨论，1957 年马寅初发表《新人口论》将讨论推向高潮。作为回应，中央政府鼓励计划生育，并一度做出了成立中央节育委员会的决策。拟议中的中央节育委员会主任陈云正确地指出：“中国人多，必须提倡节制生育。这

---

① 《陈云文选》第 3 卷，人民出版社 1995 年版，第 29—34 页。

② 《陈云文集》第 3 卷，中央文献出版社 2005 年版，第 202—203 页。

③ 《陈云文选》第 3 卷，人民出版社 1995 年版，第 86 页。

④ 根据曾培炎主编《新中国经济 50 年》（中国计划出版社 1999 年版）中的附表 2—4、2—15 数据计算所得。

是有关经济建设的大问题。现在粮食、布匹、学校等紧张，都与人口多而且增长快有关系。”“节制生育的措施，要十年、二十年以后才能见效。中央和各省市都要成立专门委员会，来抓这件事情。”① 但是在旋即开展的反右派运动中，马寅初的人口理论受到批判，“大跃进”的需要和氛围改变了毛泽东对计划生育的支持态度。三年困难时期以后，虽然毛泽东不再对计划生育持反对态度，1964 年以后从中央到地方陆续成立了计划生育工作机构，但整个 60 年代计划生育总体上仍停留在提倡、鼓励和试点阶段。

社会上一直有“错批一人，多生三亿”的争论，尽管这一说法不够科学，但 20 世纪 50 年代和 60 年代，我们确实错过了解决人口问题的最佳时机。“当时很多人对人口规律并不了解，没有认识到人口控制是一项长期、复杂的工作。一般来说，人口增长具有积累性、周期性和惯性的特征。人口增长在起始阶段都是微量增加，并不引人注意，但持续微量的增加，积累到一定时期会愈积愈大，当增量人口达到育龄期后，必然要生育第二代、第三代，形成一个接一个人口高峰，高峰一旦出现，要经过两三代人才能逐步缓解。第一代增量出现时，就要考虑对第二、第三代增量的影响，这是人的生产和物的生产不同之处，必须瞻前顾后。没有抓住 50 年代后期控制人口的最佳时机，意味着我们在 20 年后必须面对第一次人口高峰和第二次人口高峰叠加的巨大压力。” ②

进入 70 年代以后，人口计划才被正式纳入国民经济发展计划，并从 1973 年起在国务院成立了计划生育工作领导小组，逐步明确了“晚、稀、少”的方针和相应的政策要求 ③。这一时期，计划生育工作取得一定进展，人口快速增长的势头初步得到遏制，1970 年到 1980 年全国总和生育率由 5.81 下降到 2.23，出生率由 33.43‰下降到 18.21‰，人口自然增长率由 25.83‰下降到 11.87‰，每年新增人口由 2321 万人减少到 1163 万人 ④。

---

① 《陈云文选》第 3 卷，人民出版社 1995 年版，第 68 页。

② 邬沧萍、谢楠：《合理控制人口是我国的必然选择》，《同舟共进》2009 年第 4 期。

③ 此前提出的口号是：“一个不少，两个正好，三个多了”。

④ 数字出自相应年份《中国统计年鉴》。

二、从调低挡速到急刹车：人口政策在新时期的重大变化

20世纪70年代末期，知青返城促成的允许自主创业、多种渠道解决城镇就业问题的相关政策的出台，和农村各种农业生产责任制对传统的人民公社体制下集体劳动方式的逐步取代，不但拉开了中国新时期改革开放的帷幕，也将被传统体制一定程度掩盖了的人口压力一下子释放出来。面对人口与资源、人口与就业、人口增长与经济发展的突出矛盾，党和政府被迫对"晚、稀、少"的工作方针做出改变。1978年3月经五届人大一次会议修改的《中华人民共和国宪法》第五十三条做出规定"国家提倡和推行计划生育"①。10月26日，中共中央批转《关于国务院计划生育领导小组第一次全体会议的报告》时提出：提倡一对夫妇生育子女最好1个，最多2个，生育间隔3年以上。②1979年，马寅初的人口理论得到平反，这一年的五届人大二次会议提出要"鼓励一对夫妇只生育一个孩子"③。3月23日，邓小平在中央工作会议上指出："人口增长要控制。在这方面，应该立些法，限制人口增长。"④

1980年在经过年初和上半年几次座谈征求意见后，9月正式出台了独生子女政策。8月30日至9月10日五届人大三次会议在京举行，中共中央主席、国务院总理华国锋在讲话中指出："国务院经过认真研究，认为在今后二三十年内，必须在人口问题上采取一个坚决的措施，就是除了在人口稀少的少数民族地区以外，要普遍提倡一对夫妇只生育一个孩子，以便把人口增长率尽快控制住，争取全国总人口在本世纪末不超过十二亿。"⑤会议通过的新《婚姻法》第十二条提出"夫妻双方都有实行

① 《当代中国》丛书编辑部：《当代中国的计划生育事业》，当代中国出版社1992年版，第37页。

② 《国务院计划生育领导小组关于国务院计划生育领导小组第一次会议的报告》，载彭珮云主编：《中国计划生育全书》，中国人口出版社1997年版，第14页。

③ 《当代中国》丛书编辑部：《当代中国的人口》，中国社会科学出版社1988年版，第422页。

④ 《邓小平思想年谱（1975—1997）》，中央文献出版社1998年版，第112页。

⑤ 华国锋：《在第五届全国人民代表大会第三次会议上的讲话》，《人民日报》1980年9月15日。

计划生育的义务”，此外还对最低结婚年龄和优生优育问题做了规定。[①]同月25日，中共中央、国务院发出了《关于控制我国人口增长问题致全体共产党员、共青团员的公开信》，从思想上、理论上阐述了计划生育的迫切性和重要性，号召全体共产党员、共青团员和全体干部带头实行计划生育，提倡一对夫妇只生育一个孩子。[②]在机构安排上，继1980年5月半官半民的计划生育协会组建后，1981年3月第五届全国人民代表大会常务委员会第十七次会议审议通过设立国家计划生育委员会的决议，将负责计划生育的机构作为国务院的一个部门正式独立出来。

1982年起计划生育政策开始被视为一项基本国策。这一年年初，中共中央、国务院发布了《关于进一步做好计划生育工作的指示》，具体规定：国家干部和职工、城镇居民，除特殊情况经过批准者外，一对夫妇只生育一个孩子；农村普遍提倡一对夫妇只生育一个孩子，某些群众确有实际困难要求生二胎的，经过审批可以有计划地安排。不论哪一种情况都不能生三胎；对于少数民族，也要提倡计划生育，在要求上，可适当放宽一些。计划生育工作要继续提倡晚婚、晚育、少生、优生。既要控制人口数量，又要提高人口素质。[③]9月，中共中央主席胡耀邦在中共十二大报告中强调指出：“在我国的经济和社会发展中，人口问题始终是极为重要的问题。实行计划生育，是我国的一项基本国策”[④]。同年10月，中共中央办公厅和国务院办公厅转发《全国计划生育工作会议纪要》（以下简称“《纪要》”）时指出，实行计划生育是我们国家的一项基本国策，是一项长期的战略任务。该《纪要》对生育政策做了具体的阐述：“普遍提倡一对夫妇只生育一个孩子，严格控制二胎，坚决杜绝多胎。”[⑤]12月

---

① 《当代中国》丛书编辑部：《当代中国的人口》，中国社会科学出版社1988年版，第422—423页。

② 《当代中国》丛书编辑部：《当代中国的人口》，中国社会科学出版社1988年版，第422—423页。

③ 《三中全会以来重要文献选编》（下），人民出版社1982年版，第1141页。

④ 《十二大以来重要文献选编》（上），人民出版社1986年版，第16页。

⑤ 《国家计划生育委员会党组关于全国计划生育工作会议纪要（1982年10月11日中共中央书记处召开第8次会议讨论通过）》，载彭珮云主编《中国计划生育全书》，中国人口出版社1997年版，第473页。

五届人大第五次会议通过的《中华人民共和国宪法》第二十五条规定："国家推行计划生育，使人口的增长同经济和社会发展计划相适应。"第四十九条规定："夫妻双方有实行计划生育的义务"。这一年，从中央到地方各级计划生育管理部门在政府机构改革中得到加强，建立了自上而下的强有力的组织机构，保证了生育政策的贯彻实施。

1982 年以后，为保证独生子女政策的顺利实施，结合各地实践经验，在具体规定上做了些必要调整，一是控制生育二胎的条件有所放宽（特别是农村），二是严格禁止计划外生育，三是对少数民族的计划生育要求也日趋明确，四是适时对流动人口计划生育工作和城市计划生育工作进行了改革。1991 年 5 月，中共中央、国务院发出《关于加强计划生育工作严格控制人口增长的决定》。这一年年底，针对流动人口生育问题不断涌现，国务院批准实施《流动人口计划生育管理办法》[①]。也是从这一年起，中央几乎每年都要召开专题汇报会或座谈会，研究部署人口和计划生育工作，强调党、政一把手对计划生育工作负总责、亲自抓，实行人口与计划生育目标管理责任制，总结出了坚持"三不变"（现行计划生育政策、既定的人口计划目标、党政一把手亲自抓负总责不变）、落实"三为主"（宣传教育、避孕、经常工作为主）、推行"三结合"（计划生育同发展经济、帮助农民勤劳致富、建立文明幸福家庭的三个结合）、实现"两个转变"（由仅就计划生育抓计划生育向与经济社会发展紧密结合、采取综合措施解决人口问题转变，由以社会制约为主向逐步建立利益导向和社会制约相结合，宣传教育、综合服务、科学管理相统一的机制转变）的工作思路。2000 年、2001 年、2007 年和 2009 年，中共中央、国务院又先后下发了《关于加强人口与计划生育工作稳定低生育水平的决定》《计划生育技术服务管理条例》《关于全面加强人口和计划生育工作统筹解决人口问题的决定》《流动人口计划生育工作条例》。特别是 2001 年《人口与计划生育法》的颁布实施，进一步以法律形式确定了计划生育基本国策的地位，结束了长期以来主要依据政策和地方法规开展人口与计划生育工作的历史，稳定了国家的现行生育政策，把计划生育全面

① 1998 年修订后改称《流动人口计划生育工作管理办法》。

纳入了法制化的轨道。

三、节制生育对新时期的经济社会发展功不可没

由上面的阐述不难看出，中国的独生子女政策实属不得已而为之。1982年《中共中央、国务院关于进一步做好计划生育工作的指示》在阐述计划生育工作的战略意义时指出，“如何使人口增长同国民经济的增长相适应，这是我国必须解决的一个重大问题，建国后相当一段时间内，由于我们对人口问题在认识上有片面性，强调人多好，致使我国人口增长过快，与生产的发展不相适应，人民在吃饭、穿衣、住房、交通、教育、就业、卫生等方面都遇到越来越大的困难，也是国家在短时间内难以改变贫穷落后面貌的一个重要原因”。因此，“摆在我们面前有两种可能：或者是严格地有效地控制人口的增长，使全体人民的生活水平逐步提高，国家建设逐年扩大；或者是控制不严，措施不力，听任人口继续大量增长，从而既不能改善人民生活，也不能很好地进行经济、文化、国防的建设。二者必居其一”。①

30年来计划生育政策获得了极大的成功。强制性地节制生育促进了生育水平的下降和人口出生率、自然增长率的降低，使我国人口再生产由“高出生、低死亡、高增长”迅速向“低出生、低死亡、低增长”转变，这是人类有史以来的一大奇迹。据估算，由于生育水平得到有效控制，近30年来我国总人口规模累计减少3亿人左右。多年来我国一直以人多著称，劳动力资源近乎无限供给。殊不知，只有与资本相匹配的劳动力资源才能形成实际的生产力，而资本不足恰恰是新中国成立后经济发展所面临的最大难题。改革开放以来，一方面由于我们引入了大量的外资，另一方面也是由于我们有效控制了人口出生和人口增长从而节省了巨额的人口投资，我国的资源匹配才得以显著优化，不但就业状况改善、居民收入增加、贫困人口大为减少，而且也有效缓解了全社会在生产资料、生活资料和公共品供给上的压力，缓解了环境紧张和资源短缺状况，为

① 《三中全会以来重要文献选编》（下），人民出版社1982年版，第1139页。

经济体制的转变赢得了时间。人口再生产类型的转变所引起的人口年龄结构变动，还使我国得以收获长达40余年的“人口红利”[①]，进入经济社会快速发展和社会保障体系建立健全的战略机遇期。

生育率的降低还促成了人口再生产由数量型向质量型的转变，极大地改善了人力资本投资，从而使以人为本的全面发展成为可能。显而易见的是，政府的独生子女政策强化了居民的优生优育观念，使20世纪80年代以来新生人口的营养水平、身体素质和文化教养伴随国民收入的增长有了实质性的飞跃。教育、营养和医疗卫生，是人力资本投资的几个主要途径。但是以往我们在讨论人力资本问题时对教育强调得较多，而没有把营养和医疗卫生放在同等重要的位置。事实上，教育、营养和医疗卫生相互促进，互为条件，教育形成人类的科学文化素质，营养和医疗卫生形成人类的身体健康素质，二者一起形成人类的生产能力；教育推动了营养知识的丰富和医疗卫生事业的发展，而后者又为前者提供了必要的基础和保障。改革开放以来人力资本投资的改善不仅体现在新生人口的身上，也体现在他（她）们的父母特别是母亲的身上，后者因为养育子女减少、工作和闲暇时间进而增加，无论身心健康还是自我发展能力都有了极大的提升，同时也间接带动了旅游业、文化产业和相关服务业的发展。

还应当指出，今天实行严格的人口政策是为了子孙后代能够生活在一个良好的、没有遭受严重资源掠夺的环境中，今天生育权利的抑制是为了下一代人生存权利的更好实现。持续稳定的计划生育政策和稳定的低生育水平对21世纪的人口规模控制创造了较佳的人口初始条件。同时，通过计划生育政策制定、改善、执行以及宣传和知识的传播也大大提高了民众的生态危机意识，为贯彻落实科学发展观，实现以人为本的全面、协调、可持续发展提供了很好的社会基础。

以上只是粗略地概括了一下人口政策在新时期经济和社会发展中的重要作用。毫无疑问，任何政策在发挥正效应的同时都会逐渐显示出某

---

① 所谓人口红利是指：生育率迅速下降使少儿抚养比例迅速降低，总人口中劳动适龄人口比重上升，在老年人口比例达到较高水平之前，将形成一个劳动力资源相对比较丰富、少儿与老年抚养负担均相对较轻、对经济发展十分有利的黄金时期。据估算，这样的一个时期在我国大致从20世纪90年代初开始，到21世纪30年代结束。

些负效应，独生子女政策也不例外。在我国，由于人口增长率降低、死亡率下降、人口预期寿命延长，未来人口年龄结构变动的总的趋势是少儿人口比重降低、老年人口比重上升，以致社会抚养比的变动也主要体现为老年人口负担系数不断提高。我国在 20 世纪末、21 世纪初就进入了老龄化社会，而且与发达国家相比，我国的人口老龄化呈现以下特征：一是速度快，从成年型结构到老年型结构的转变，西方发达国家大约用了 50—100 年的时间，而我国完成这一转变仅用了 20 年的时间；二是呈加速推进之势，2010 年后老年人口增加的速度会越来越快；三是达到的水平高，1995—2050 年人口年龄中位数我国比世界平均水平从高出 2 岁会扩大到高出近 6 岁；四是绝对量大，未来半个世纪我国将一直是世界上老龄人口数量最大的国家；五是城市快于乡村，东部快于西部。总之，我国正面临着一个高收入国家遇到的人口老龄化问题，而所拥有的资金只及一个中等收入国家，如何配置好资源创造性地建立起适合自身国情的养老保障体系将是一个巨大的难题。

新时期节制生育政策的另一个突出负效应是在一定程度上导致人口出生性别比严重失调。人口出生性别比是指某一总人口中某一时期（通常为一年）内出生的男婴总数与女婴总数的比值，用每 100 名出生女婴数相对应的出生男婴数表示，它的正常值通常在 102—107 之间波动。人口出生性别比是受居民生育意愿决定的。由于农村地区长期以来的重男轻女思想和社会保障欠缺，在强制性的计划生育政策和 B 超技术发展等多种因素的作用下，我国人口出生性别比出现了严重失衡的局面。2007 年 1 月 1 日人口与计划生育委员会发布的《国家人口发展战略研究报告》披露，我国人口出生性别比，2000 年第五次全国人口普查为 117，2003 年抽样调查为 119，个别省份超过 130；2005 年 1% 抽样调查为 118.58；城乡均出现异常，农村失调程度更为严重；到 2020 年，20—45 岁男性将比女性多 3000 万人左右。[①]2005 年以后，新进入婚育年龄人口男性明

---

① 1982 年第三次人口普查，全国的出生性别比为 108.5，1987 年 1% 人口抽样调查为 110.9，1990 年第四次人口普查为 111.3，1995 年 1% 抽样调查为 115.6，到了 2000 年变为 116.9。2007 年 7 月 6 日《人民日报》报道指出，我国已经成为世界上出生性别比失衡最为严重、持续时间最长的国家。

显多于女性，婚姻挤压问题凸现，低收入及低素质者结婚难，所导致的社会秩序混乱将成为影响社会稳定的严重隐患。

总之，计划生育政策的效果并不仅仅限于本文所考察的这 30 年，它的人口效果会更长、更深远，而且再好的政策也都会有正反两个方面的影响，因此，因势利导、未雨绸缪、趋利避害、适时调整，是我们应当采取的正确方针。

［原载《武陵学刊》2010 年第 5 期］

21 世纪以来中国人口和社会结构的趋势性变化

中国是世界上人口最多的巨型发展中经济体，这句话完整准确地概括出了进入 21 世纪以来的中国国情：

首先，中国是世界上人口最多的国家，人口总量增长率低但基数巨大，经济发达程度有限但老年人口规模巨大，城市化水平不高但流动人口规模巨大，这三个“巨大”是进入 21 世纪以来中国人口发展的主要态势。此外，还有令人头痛的出生性别比问题，既是难题，也是隐患。

其次，中国是一个发展中大国，这个“发展中”不但体现在经济上，也同样体现在社会上；这个“大国”不但体现在人口规模、国土面积和经济规模上，也体现在地区、城乡、阶层发展的差异和社会矛盾的复杂性上。进入 21 世纪以来，中国社会的分化和转型愈演愈烈。伴随着市场化改革、产权结构调整以及社会流动性的增强，阶级阶层重组，大量新社会阶层涌现。伴随着工业化、市场化的不断推进和经济结构、产业结构的迅速调整，劳动者的就业结构和就业方式发生深刻变化，分配要素多元化使全社会的贫富差距显著拉大。与之相伴随的还有城乡之间、区域之间的非均衡发展，相对贫困问题凸显。

一、人口和家庭的结构性变化

中国在 20 世纪 90 年代就已经实现了人口再生产类型的转变，从高出生率、低死亡率、高增长率的“两高一低”过渡型转变为接近发达经济体的低出生率、低死亡率、低增长率的现代型，总和生育率低于更替水平。进入 21 世纪以来，人口出生率降到了 11.9‰至 14.03‰的区间，人口自然增长率从 1998 年开始就一直在不断下降的个位数运行，呈平滑下降的惯性增长态势，每年新增人口 700 多万。年末人口数，2016 年为 13.83 亿人，比 2000 年增长 1.15 亿人。[①] 自 20 世纪 80 年代以来，人口增长水平的迅速降低在很大程度上缓减了新增人口对发展成果的稀释作用（包括对资源与环境的压力），尽管时至今日中国的经济总量已经“超日赶美”，但按人均水平衡量仍只能排在全球 70 名开外的相对靠后的位置。

中国 20 世纪 80 年代初推行的计划生育政策，在大大减少了新增人口规模的同时，迅速改善了人口年龄结构，由此节约下来的巨额人口抚养费用就部分地构成了所谓“人口红利”。2010 年 15—59 岁的人口有 9.4 亿人，占总人口的 70%，显示劳动年龄人口规模庞大，劳动力资源充足。但是，从人口年龄结构的演变趋势上看，在人口出生率、总和生育率下降的同时，是少儿抚养比的减小和老年抚养比的相对增大，虽然人口抚养比总体在减小。而且，伴随妇女总和生育率下降的是家庭户人口规模的不断缩小，2010 年第六次人口普查时的家庭户人口规模为 3.1 人，比 2000 年第五次人口普查时减少 0.34 人。从发达国家的经验来看，随着工业化和城市化水平的不断提高，人口流动性的增强，中国的家庭户人口规模未来会持续减小。而这种家庭小型化的趋向也使家庭的功能发生变化，特别是当面临人口老龄化时，传统的家庭养老功能大大削弱了。

随着人口出生率的降低和人均预期寿命[②]的不断延长，按国际通行标准[③]，中国早在 20 世纪末、21 世纪初就已经跨入老龄化社会的门槛，是发展中国家中较早进入老龄化社会的国家之一。由于人口基数大、预期

---

① 国家统计局数据库。

② 2017 年 9 月国务院新闻办公室 29 日发表的《中国健康事业的发展与人权进步》白皮书指出，中国人均预期寿命从 1981 年的 67.9 岁提高到 2016 年的 76.5 岁。

③ 按照联合国的传统标准是一个地区 60 岁以上老人达到总人口的 10%，新标准是 65 岁老人占总人口的 7%，该地区即可视为进入老龄化社会。中国第五次人口普查数据显示，2000 年，65 岁以上老年人口已达 8811 万人、占总人口 6.96%，60 岁以上人口达 1.3 亿人、占总人口 10.2%。

寿命较高、老龄化呈加速态势，中国很快就成为世界上老年人口最多的国家。据联合国预测[①]，1990—2020年，世界老龄人口年平均增长速度为2.5%，同期中国老龄人口的递增速度为3.3%，世界老龄人口占总人口的比重从1995年的6.6%上升至2020年的9.3%，同期中国由6.1%上升至11.5%，中国的老龄人口在增长速度和比重两方面都超过了世界平均水平。到2020年，中国65岁以上老龄人口将达1.67亿人，约占全世界6.98亿老龄人口的24%，也就是说，全世界4个老年人中就有1个是中国老年人。

在发展中国家，大多数老年人与自己的成年子女一起生活。这种情况在亚洲和非洲占60岁或以上老年人的3/4，在拉丁美洲占2/3，老年人独居的比率相对来说还比较低。中国自古就有"养儿防老"的传统，直到今天，农村仍有大约六成（含有子女外出打工的家庭）、城市接近半数的父母与子女相伴。也就是说，家庭养老一直是中国的主要养老方式和养老制度，在农村，因为没有正规的退休制度和社会保障机制，来自子女的供养更是绝大多数父母失去劳动能力后的主要寄托[②]。在中国，《宪法》规定，成年子女有赡养扶助父母的义务。《婚姻法》规定，父母对子女有抚养教育的义务；子女对父母有赡养扶助的义务。《老年人权益保障法》更是明确规定："老年人养老主要依靠家庭，家庭成员应当关心和照料老年人"，"赡养人应当履行对老年人经济上供养、生活上照料和精神上慰藉的义务，照顾老年人的特殊需要。"

但是，这种养老体制正在受到来自家庭小型化和人口老龄化两股潮流的日益严重的冲击。尤其是对独生子女户来说，他们面对的可能是一个"421"的家庭结构：父母4人，孩子1人，夹在中间的是不堪重负的夫妇2人。于是，越来越多的父母主动选择空巢或被动走向空巢。2000年，

---

① 联合国经济和社会事务部：《2007年世界经济与社会概览：老龄化世界的发展》，第13页。联合国网站。

② 上海财经大学新近披露的一项大型调查结果显示，尽管农村老人现代生活观念趋强，但"与子女同住"仍然是老人心中的期盼。四成多农村老人喜欢的养老方式是"与子女同住"。68.4%的农村老人依靠子女经济支持，大多数农村儿女对老人孝道犹存。参见《2014中国农村养老现状报告：近四成老人身边无子女养老》，中国经济网。

根据全国第五次人口普查，有 65 岁及以上老年人的家庭户占全国家庭户总数的 20.09%，其中空巢家庭户占 22.83%，空巢家庭户中单身老人户占 11.46%。这一次人口普查数据没有提供有 60 岁及以上老年人的家庭户的资料。据全国老龄办介绍[①]，2012 年，中国城市老年人“空巢家庭”比例近半（49.7%）；农村老年人“空巢家庭”比例也上升很快，达到了 38.3%。

出生人口性别比偏高是 20 世纪 80 年代以来中国人口自然结构出现的比较突出的问题，1980 年就突破正常值的上限达到 107.11，此后一路上扬，2000 年第五次人口普查时为 116.9，2008 年达到最高值 120.56。经过政府和社会各界的共同努力，从 2009 年开始出现掉头下行的走势，2010 年第六次人口普查时为 117.94，2016 年降到了 112.88。这 30 余年积累下来的男女性别比失调问题，将随着这批人口逐渐成年而显现出来。中国社会科学院发布的 2010 年社会蓝皮书指出，目前中国 19 岁以下年龄段的人口性别比严重失衡，到 2020 年，处于婚龄的男性人数将比女性多出 2400 万人。经测算，届时将有上千万适龄男性面临“娶妻难”。而且，“娶妻”的难易程度还依照着地区的贫富程度不同而变化。近年来，在某些靠近边境的地区，从邻近的国家娶妻（多数未办理合法手续）暂时缓解了这一难题。而随着网上征婚的流行和出境旅游的便利，内地男子“进口新娘”的现象也逐渐增多。与此同时，一些不法分子拐卖妇女儿童的犯罪活动也一直暗流涌动。

二、大规模的人口流动和人口迁移

改革开放以来，10 多亿中国人最突出的变化，莫过于空前的波澜壮阔的人口流动。由于中国正处在城市化加速发展时期，迄今国内人口流动的大趋势是从农村流向城市、由中西部地区流向东南沿海地区。依据 2005 年 1% 抽样调查资料，14735 万流动人口分布在全国所有的省（直辖市、自治区），几乎找不到没有流动人口的地方。在各个省（直辖市、

① 吴鹏：《城市老年空巢家庭近半》，《新京报》2011 年 2 月 14 日。前述上海财经大学的调查印证了同样的结果。

自治区）中，河南省是流入人口占当地总人口中比例最低的地区，尽管如此，流动人口在该省常住总人口中所占比例也达到 2.52%。部分城市和经济发达地区集中了大部分流动人口。上海、广东、北京、浙江、福建等省（市）接收的流动人口占当地常住总人口比例分别高达 34%、26%、23%、20% 和 19%。在这些省（市），平均每 5 个人甚至每 3 个人中就有 1 个流动人口。第六次人口普查的人口数据与第五次人口普查相比，广东在总人口中的比重从 6.83% 上升到 7.79%，人口过亿。北京的比重从 1.09% 上升到 1.46%，天津从 0.79% 上升到 0.97%，上海从 1.32% 上升到 1.72%，浙江从 3.69% 上升到 4.06%。流动人口的主力军是农民工。根据国家统计局抽样调查的数据推算，2005 年中国流动人口的规模是 1.47 亿人，占当时全国总人口的 11.3%；其中外出就业的农民工约为 1.2 亿人，占流动人口总量的八成左右。2012 年的流动人口数量为 2.36 亿人（相当于每 6 个中国人中有 1 个是流动人口），农民工总量达 2.63 亿人，其中外出农民工 1.63 亿人。2016 年的流动人口数量为 2.45 亿人，农民工总量 2.82 亿人，其中外出农民工 1.69 亿人。近年来跨省外出的农民工持续减少，但仍占流动人口总量的六成左右。

外出农民工八成是要流向城镇。在中国，城镇化已是大势所趋，1990 年到 2000 年城镇化率每年提高 1 个百分点，2000 年到 2010 年每年提高 1.36 个百分点，说明这 10 年城镇化率在加快，城镇人口在增加。2011 年人口城镇化率达到 51.27%，城镇人口历史性地超过农村人口。2011 年以来城镇化率依然每年提高 1.2 个百分点以上，到 2017 年已经超过了 58%，但是被统计进城镇人口总量的流动人口中很多还保留着农村户口，属于“被城市化”人口。中共十六大以来，逐渐形成发展新型城镇化的新思路，力图通过改革户籍制度有序地解决“被城市化”人口的市民化问题。不过，迈出这一步并不容易，因为在中国，户籍是城乡二元体制的核心所在，附着在上面的是一整套不平等的社会福利待遇，被纳入城镇常住人口统计的农民工及其家属在就业、教育、医疗卫生、保障性住房等方面，与城镇户籍居民相去甚远。取消户籍排斥，意味着对流动人口要实行属地化管理，实现基本公共服务均等化。考虑到流动人口的数量和各地的承受能力，为防止出现一些国家城市化过程中的“贫民窟”现象，这样的改革需要经历一个渐进的过程。根据 2014 年出台实施的《国家新型城镇化规划（2014—2020）》，计划到 2020 年以前促进 1 亿人农业转移人口落户城镇，引导 1 亿人在中西部地区就近城镇化，改造约 1 亿人居住的城市棚户区和城中村，这就是时下人们常说的“三个 1 亿人”城镇化方案。这“三个 1 亿人”，前两个“1 亿人”的主体都是农民工，后一个“1 亿人”的相当一部分也是农民工。

以农民工为主体的人口流动是一种由农村向城镇的单向流动，本质上属于农村剩余劳动力的转移，而且这些劳动力绝大多数是男性青壮年劳动力，这些青壮年人口的大量流出在很大程度上促成并加速了农村的空心化和人口老龄化、家庭空巢化。他们大多在城里无力购房，只能租房居住，而其在农村的大量住房却处于空置状态，留在乡下的是分别达数千万的老年人口、妇女和儿童。《农民日报》2012 年 3 月 31 日的一篇报道称，在农村人口中，留守儿童、留守老人、留守妇女分别达到 5000 万人、4000 万人、4700 万人。[①] 而全国妇联发布的《全国农村留守儿童、城乡流动儿童状况研究报告》则显示，根据 2010 年全国第六次人口普查资料推算，仅农村留守儿童就有 6102.6 万人，占所有农村儿童的比重达 37.7%，占全国儿童的比例为 21.9%。与 2005 年全国 1% 抽样调查估算数据相比，5 年间全国农村留守儿童增加约 242 万人，增幅为 4.1%。[②] 农村老年人的养老问题、农民工的家庭生活和妇女发展问题，以及留守儿童的抚养、教育和成长问题，同样是中国城市化进程中一道亟待破解的难题。值得指出的是，近年来伴随新型城镇化的有力推进，农村留守人口已在持续减少，据民政部摸底排查，2016 年农村留守儿童已经减少到 902 万人[③]。或许此前的估算水分很大，但是显然已经出现了显著的变化。

20 世纪 90 年代中后期，中国的人口流动开始涉足国外劳务市场。2001—2010 年，由国家专业公司和地方公司派出的对外承包工程人数共

① 刘强：《农村空心化难题待解》，《农民日报》2012 年 3 月 31 日。

② 全国妇联课题组：《全国农村留守儿童、城乡流动儿童状况研究报告》，《中国妇运》2013 年第 6 期。

③ 中商产业研究院：《2016 年全国农村留守儿童 902 万人中部省份占比 51%》，中国商情网，2016 年 11 月 10 日。

计190.16万人，对外劳务合作人数446.07万人，总计对外输出劳动力达636.23万人。[①]联合国2017年公布的一份调查报告显示，中国的海外务工人数可能将近1000万。外派劳工对国内的汇款总额达610亿美元（约人民币4000亿元），居全球第二。[②]前来中国投资、经商、留学、交流的外国人士也逐年增多。根据全国第六次人口普查的数据显示，截至2010年底，在我国境内短期和长期居留外籍人员已超过102万人，其中常住外籍人口将近60万。[③]最新的数据显示，截至2016年，中国常住外国人口达到80万人，滞留非法外国人数量超100万人，留学生数量44万人，获得中国“绿卡”外国人员1.1万人，外国人在部分城市已经形成聚居区。[④]

在国内，除了这些常态化的人口流动以外，还有大量的工程移民和生态移民。三峡工程的移民工作持续18年之久，至2010年宣告结束，共安置移民139.76万人。南水北调一期工程涉及搬迁人口约44万人，生产安置人口57万人。2012年9月湖北省丹江口水库18万移民搬迁安置工作全面完成，也标志着南水北调中线库区34万移民搬迁全部结束。据水利部统计，截至2011年，我国先后兴建了8.6万多座水库，其中大中型水库和水电站5000余座，享受后期扶持政策的移民2365万人，加上小水库移民，全国大约有4000多万库区移民。水库移民问题已成为事关水利水电事业可持续发展以及库区社会稳定的重大民生问题和社会问题。生态移民是帮助生态环境恶劣地区居民脱离贫困的重要途径，同时也是维护人口承载水平脆弱地区的生态环境可持续的重要手段。1983年的“三西吊庄移民”开了移民扶贫的先河。2001年，在内蒙古、贵州、云南、宁夏4省（自治区）开展易地扶贫搬迁试点，随后又陆续扩大到全国17个省（自治区、直辖市）。2003年，中国政府为保护三江源地区生态环境而实施的第一个生态移民工程——多县扎陵湖乡退牧还草生态移民工程开始在青海实行。此后，国家发展改革委设立了中央预算内投

① 《中国贸易外经统计年鉴（2011）》，中国统计出版社2011年版。转引自胡伟略《论中国劳动力人口对外输出问题》，《山东社会科学》2013年第4期。

② 《中国海外“打工仔”1年寄回国4千亿排名全球第二》，海外网，2017年6月21日。

③ 《中国放宽“绿卡”门槛：有利于人才及资本回流》，中国青年网，2013年1月17日。

④ 《每年有没有美国人移民中国？》，前沿解释网，2018年10月5日。

资专项支持易地扶贫搬迁，形成了稳定的投入渠道，资金支持总量和户均补助标准逐步增加。在国家易地扶贫搬迁工程的示范带动下，陕西、重庆等省市结合当地实际，统筹各方资源，实施生态移民、避灾搬迁等搬迁工程。如 2011 年，计划历时 10 年、投资逾千亿元，被称为新中国成立以来“搬迁之最”的“陕南地区移民搬迁安置”和“陕北白于山区扶贫移民搬迁”工程正式启动，分别涉及搬迁居民 240 万人和 39.2 万人，规模几乎两倍于三峡库区移民。① 2001 年至 2015 年，全国累计安排易地扶贫搬迁中央补助投资 363 亿元，支持地方搬迁贫困群众 680 多万人。下一步，计划再实施近千万人的贫困人口异地搬迁任务。②

同一时期，中国居民出国留学、移居海外的也越来越多。中国目前是世界上最大的留学生生源国，据教育部统计，改革开放 40 年来，各类出国留学人员累计已达 519 万人，学成回国 313 万人，目前有逾 145 万人正在国外进行相关阶段的学习和研究。同期中国在国际移民输出排行榜上同样位居前列，也是世界上接受侨汇最多的国家。根据中国社会科学院 2017 年发布的《全球政治与安全》报告显示，中国目前已成为世界上最大的移民输出国，海外侨胞的数量已超过 4500 万人，绝对数量稳居世界第一。

三、职业分类和阶层分化

（一）改革开放以来至新世纪初的职业细分

在开放的市场经济环境下，就业结构会随着产业结构的转换而不断调整。与此同时，科技进步和产业升级，以及市场化和社会化的相互促进，导致社会分工越来越细，人们的职业结构也会发生频繁的变动。这一点在改革开放以来的中国表现得非常突出。1999 年出台的《中华人民共和国职业分类大典》（以下简称“《大典》”）突破了过去以行业管理机构为主体，以归口部门、单位甚至用工形式来划分职业的传统模式，采用了以从业人员工作性质的同一性作为职业划分标准的新原则，首次对

① 王乐文：《陕西启动大规模生态移民工程》，《人民日报》2011 年 2 月 22 日。

② 国家发展改革委：《中国的易地扶贫搬迁政策》白皮书，2018 年 3 月。

全社会的职业进行了科学规范的划分和归类，全面反映了中国改革开放以来的社会职业结构。1999 年版《大典》把中国的职业划分为由大到小、由粗到细的大类（8 个）、中类（66 个）、小类（413 个）、细类（1838 个）四个层次。细类为最小类别，亦即职业。8 个大类分别是：

第一大类：国家机关、党群组织、企业、事业单位负责人，其中包括 5 个中类、16 个小类、25 个细类；

第二大类：专业技术人员，其中包括 14 个中类、115 个小类、379 个细类；

第三大类：办事人员和有关人员，其中包括 4 个中类、12 个小类、45 个细类；

第四大类：商业、服务业人员，其中包括 8 个中类、43 个小类、147 个细类；

第五大类：农、林、牧、渔、水利业生产人员，其中包括 6 个中类、30 个小类、121 个细类；

第六大类：生产、运输设备操作人员及有关人员，其中包括 27 个中类、195 个小类、1119 个细类；

第七大类：军人，其中包括 1 个中类，1 个小类、1 个细类；

第八大类：不便分类的其他从业人员，其中包括 1 个中类,1 个小类、1 个细类。

从职业结构看，1999 年版《大典》中的职业分布有三个特点：（1）技术型和技能型职业占主导。占实际职业总量的 60.88% 的职业分布在“生产、运输设备操作人员及有关人员”这一大类，分属工业生产的各个主要领域，工作内容以技术型和技能型操作为主。（2）第三产业职业比重较小，仅占实际职业总量的 8% 左右。三大产业中的职业分布，以第二产业的职业比重最大。（3）知识型与高新技术型职业较少。现有职业结构中，属于知识型与高新技术型的职业数量不超过总量的 3%。

事实上，新职业的诞生和增加在知识型和高新技术型的新兴产业中尤其明显。如介于传统的“白领”和“蓝领”之间，主要集中在信息产业、设计产业和汽车技术行业的“灰领”阶层，就从事着电子工程师、软件开发工程师、装饰设计工程师、绘图工程师、喷涂电镀工程师、电子商务员、多媒体作品制作员、计算机程序设计员、计算机网络技术人员、网页设计与制作员、数码影像技术人员、工业产品造型设计员、集成电路版图设计员、室内装饰设计员、首饰设计员、印前制作人员、汽车维修高级技师等为数众多的新兴先导性职业。有鉴于这一情况，自 2004 年以来，劳动和社会保障部[①]每年都会公布两三批新职业。截至 2007 年 4 月，中国共有职业 1989 个。[②]

（二）职业结构与社会分层

从总体上看，中国新时期职业变化的两个新的特点是非常明显的，一是更新换代加快，二是呈现不断细分的趋势。一些传统产业中的职业趋向萎缩，一些领域中的职业不知不觉中消失了，一些员工会因此失去就业岗位。一些职业的内涵发生了变化，如"保姆"变成了家政服务员，理发员变成了"美发师"，等等。一些职业则不断细化，如企业管理人员中的董事长、总经理、首席执行官（CEO）、部门经理、项目经理等。一些新兴产业则在不断衍生出新的职业，如上述复合型人才比较集中的岗位。从趋势上看，随着社会的进步，以服务业为主体的第三产业正在以社会需求为导向催生出越来越多的新职业。

职业结构是社会分层的基础性因素。上述职业结构的变迁，显示中国改革开放以来社会分层上最大的变化就体现在农民阶层和产业工人阶层此消彼长上面，这是产业结构相对比较均衡的条件下（有别于计划经济时期）工业化推进的正常结果。如表 1 所示，1982—2010 年，7 种主要职业群体中第 5 类的农林牧渔水利业人员比重从 71.98% 下降到 48.13%，减少 23.85 个百分点，第 6 类的生产、运输设备操作人员及有关人员从 15.99% 增加到 22.49%，提高 6.5 个百分点。第 6 类人员的比重上升速度远不及第 5 类人员的比重下降速度，这是因为同一时期第三产业有了较快的发展，相当数量的第 5 类人员和第 6 类人员中的下岗职工流向第 4 类职业，第 2 类和第 3 类职业所占的比重也有一定程度的增

---

① 2008 年后与人事部合并，改称人力资源和社会保障部。

② 叶紫：《中国又添 10 个新职业，职业总数达 1989 个》，《人民日报》（海外版）2007 年 4 月 26 日。

长，第 1 类和第 7 类人员的比重则变化不大。这一变化显示，在这一时期中国的城市化有了长足的进步，工业化进入了新的阶段。但如前所述，在现有的职业结构中，第 5 类职业就业的人数依然占去了接近一半的比重，并且在这个职业门类中九成以上是种植业生产人员，表明中国的农业现代化水平还很低，人口城镇化任重道远。同时，要注意到这个时期农村劳动力兼业化的特点以及年龄结构和性别结构上的变化[①]。

表 1　1982—2010 年中国各主要职业群体结构变化（单位：%）

职业	1982 年	1990 年	2000 年	2010 年
1. 国家机关、党群组织、企业、事业单位负责人	1.56	1.75	1.67	1.77
2. 专业技术人员	5.07	5.31	5.70	6.84
3. 办事人员和有关人员	1.30	1.74	3.10	4.32
4. 商业、服务业人员	4.01	5.41	9.18	16.17
5. 农、林、牧、渔、水利业生产人员	71.98	70.58	64.46	48.13
6. 生产、运输设备操作人员及有关人员	15.99	15.16	15.83	22.49
7. 不便分类的其他从业人员	0.09	0.04	0.07	0.10
总计	100	100	100	100

资料来源：根据第三、四、五、六次人口普查资料计算得出。

说到人口城镇化，前文已经指出，要是从户籍上看，中国城市里相当数量的产业工人和商业、服务业人员是带着农业户口的农民工（而且是以青壮年劳动力为主，男性居多），这也是改革开放前后最大的不同之一。改革开放之前城市里的职工几乎是清一色的市民（非农业户籍人员），改革开放以来先是农民发生了分化，“自从有了乡镇企业，就有了离土不离乡的农民工（农民身份的工人）。1992 年后，大量的农民涌进城市，他们是离土又离乡的农民工。据统计，2008 年，全国共有 2.25 亿农民工，其中在本乡镇以内就业的农民有 8500 万，离土不离乡的占 37.7%，在本乡镇以外就业、离土又离乡的农民共有 1.4 亿人，占 62.3%。整个 4 亿多从事第二、三产业的蓝领员工中，农民工已经占多数，在建筑、矿业、环保、纺织、服装、玩具、餐饮服务等行业中，农

① 李文：《改革以来农户的兼业化发展及其原因分析》，《当代中国史研究》2013 年第 2 期。

民工占大多数或绝大多数。”[①]需要特别指出的是，农民工是产业工人和商业、服务业就业人员中的一个特殊的社会阶层，他们不单是带着农业户口，而且大多数在同样的单位接受着有别于本地非农户口就业人员的薪酬和待遇。这一差别产生的效应在劳动密集型的行业和商业、服务业领域被成倍地放大，在那里他们变成了几乎可以无限供给的廉价劳动力，中国因此才成了所谓的“世界工厂”。

中国改革开放以来社会分层上另一个大的变化体现在涌现出一些新的社会阶层，包括民营科技企业的创业人员和技术人员、受聘于外资企业的管理技术人员、个体户、私营企业主、中介组织的从业人员和自由职业人员等。新社会阶层中许多人是从工人、农民、干部和知识分子中分离出来的，以知识分子居多，主要集中在非公有制领域，收入较高但职业和身份具有较大不稳定性。据中共中央统战部估计，21 世纪初，新社会阶层人数大约有 5000 万人，加上在相关行业的所有从业人员总人数约 1.5 亿人，他们掌握或管理着 10 万亿元左右的资本，使用着全国半数以上的技术专利，并直接或间接贡献近 1/3 的全国税收，每年吸纳着半数以上新增就业人员，已成为经济和社会发展的重要力量，并具有不断扩大的趋势。[②]

新社会阶层的崛起，壮大了以管理人员和知识分子为主体（即所谓“白领”）的中间阶层。但是从总体上看，中国的社会阶层结构还是一个底层过大、中层过小的现状，距离理想的两头小、中间大的橄榄形结构还相去甚远。尽管已经出现了下层缩小、中层扩大的趋势，但是由于户籍制度横亘其间，城乡基本是两个不同的社会分层体系，中间阶层主要在城市，农民工处于不城不乡的尴尬状态，中国要塑造一种全新的现代化的社会阶层结构还有很长的路要走。城市化和教育事业的发展是社会中间阶层成长壮大的助推器。2010 年，中国各职业受教育年限最高的是专业技术人员，约为 13.4 年，其次是办事人员和有关人员，为 12.5 年，其中受教育程度最低的是农林牧渔水利业生产人员，平均受教育年限仅

① 陆学艺：《中国社会阶级阶层结构变迁 60 年》，《北京工业大学学报》2010 年第 3 期。
② 《统战部副部长陈喜庆：新的社会阶层尚需健康发展》，《人民日报》2007 年 2 月 16 日。

为7.7年，还不到初中受教育水平。[①] 然而，由于城乡二元结构尚未破除，客观存在的城镇化困境和城乡教育分割造成个人发展机会不平等，阻滞了正常的社会流动，中国一定程度上存在阶层固化现象。[②]

（三）2015年新版《职业分类大典》显示的职业变动现状和趋势

如前所述，2005年后连续3年，有关部门对1999年版《中华人民共和国职业分类大典》进行了增补，但仍无法准确客观地反映当前职业领域的变化，相关部门、行业组织、劳动者对此反映强烈。针对这一情况，2010年底，人力资源与社会保障部会同国家质检总局、国家统计局牵头成立了国家职业分类大典修订工作委员会，启动修订工作，历时五年，七易其稿，形成新版《中华人民共和国职业分类大典》。新版《大典》充分考虑我国社会转型期社会分工的特点，将1999版单纯以“工作性质同一性”调整为以“工作性质相似性”为主，以“技能水平相似性”为辅进行分类。新版《大典》延续职业分类的大类、中类、小类和细类结构，细类是最基本的类别，即职业。调整后的职业分类结构为8个大类、75个中类、434个小类、1481个职业。与1999版相比，维持8个大类不变，增加9个中类、21个小类，减少547个职业（新增347个职业，取消894个职业）。新增职业包括“网络与信息安全管理员”“快递员”“文化经纪人”“动车组制修师”“风电机组制造工”等。取消职业包括“收购员”“平炉炼钢工”“凸版和凹版制版工”等。

2015年版《大典》对1999年版《大典》中各类别的内容进行了修订，一些类别的名称也做了更改，具体情况是：

1．第一大类名称修订为“党的机关、国家机关、群众团体和社会组织、企事业单位负责人”。修订后的第一大类包括6个中类、15个小类、

① 《8亿就业人口：农林牧渔仍为中国第一大职业》，《人民日报》2013年3月27日。

② 社会上越来越多的“官二代”“富二代”“穷二代”以及所谓“拼爹”现象就是阶层固化的客观反映。这方面的讨论可参见《社会底层人群向上流动面临困难》，《人民日报》2010年9月16日；《贫富差距日趋严重，“阶层固化”挑战中国》，《广州日报》2010年11月3日；《农村孩子为何不愿跃“龙门”》，《人民日报》2013年5月26日。

23 个职业。与 1999 年版相比，增加 1 个中类，减少 1 个小类、2 个职业，并对部分类别名称和职业描述进行了调整。

2. 第二大类名称为“专业技术人员”，维持原大类名称不变。修订后的第二大类包括 11 个中类、120 个小类、451 个职业。与 1999 年版相比，减少 3 个中类，增加 5 个小类、11 个职业。

3. 第三大类名称为“办事人员和有关人员”，维持原大类名称不变。修订后的第三大类包括 3 个中类、9 个小类、25 个职业。与 1999 年版相比，减少 1 个中类、3 个小类、28 个职业。

4. 第四大类名称修订为“社会生产服务和生活服务人员”，包括 15 个中类、93 个小类、278 个职业。与 1999 年版相比，增加 7 个中类、50 个小类、81 个职业。

5. 第五大类名称修订为“农、林、牧、渔业生产及辅助人员”，包括 6 个中类、24 个小类、52 个职业。与 1999 年版相比，中类维持不变，减少 6 个小类、83 个职业。

6. 第六大类名称修订为“生产制造及有关人员”，包括 32 个中类、171 个小类、650 个职业。与 1999 版相比，增加 5 个中类，减少 24 小类、526 个职业。

7. 第七大类和第八大类沿用 1999 年版《大典》做法，维持原大类名称及内容表述不变。

从上述修订情况看，第一个大类对具有决策和管理权的社会职业依组织类型、职责范围的层次和业务相似性、工作的复杂程度和所承担的职责大小等进行划分与归类，社会组织的地位有所凸显；第二个大类中的职业分类修订除遵循职业分类一般原则和技术规范外，还着重考量职业的专业化、社会化和国际化水平；第三个大类的职业分类修订主要依据我国公共管理与社会组织中从业者的实际业态进行，其公共管理、企事业管理等领域行政业务、行政事务属性得到重点强化；第四个大类做出的修订特别关照了新兴服务业的社会职业发展；第五个大类的修订体现了农、林、牧、渔业生产环境，生产技术和产业结构的变化，现代农业生产领域中生产技术应用、生产分工与合作的现状；第六个大类突出了工艺技术、工具设备、主要原材料、产品用途和服务与技能等级水平的相似性。上述这几个类别的变动表明，在全球新一轮科技革命和产业变革中，在我国加快推进新型工业化、信息化、城镇化和农业现代化的过程中，许多领域的职业技术正在发生并且将继续发生变化，社会职业结构也会随之而变，相应地人口的社会分层也会发生不断的变动。比如，今后一个时期，人工智能将会带来的就业情况和职业情况的变化就广受社会的关注，其也势将对社会分层造成极为深刻的影响。

四、收入分配与社会分化

进入 21 世纪以来，中国的社会分层现象在居民收入分配结构中可以得到很好的印证。以 2010 年城镇单位分行业就业人员平均工资水平的位次为例，受不同职业人力资本水平、劳动水平以及所在产业层次的影响，19 个行业的平均工资水平由高到低依次为：金融业，信息传输、计算机服务和软件业，科学研究、技术服务和地质勘查业，电力、燃气及水的生产和供应业，采矿业，文化、体育和娱乐业，交通运输、仓储和邮政业，卫生、社会保障和社会福利业，租赁和商务服务业，教育，公共管理和社会组织，房地产业，批发和零售业，制造业，居民服务和其他服务业，建筑业，水利、环境和公共设施管理业，住宿和餐饮业，农、林、牧、渔业。而且，进入门槛越低、市场竞争越充分、技术要求水平越低的行业，从业者的工资水平越低；反之，垄断性越强、进入门槛越高、要求技术水平越先进的行业，从业者的工资水平越高。排在第 1 位的金融业和排在第 2 位的信息传输、计算机服务和软件业的从业人员，其工资水平分别是平均水平（36539 元）的 1.92 倍和 1.76 倍，是排在末端的农、林、牧、渔业从业人员工资水平的 4.20 倍和 3.85 倍。2016 年信息传输、软件和信息技术服务业年平均工资水平首次超过金融业，排名在各行业门类首位，金融业工资水平则退居次席。从最近几年的统计数据看，随着创新驱动发展战略深入实施，一些新材料产业和装备制造业行业平均工资增长不仅高于全部行业的平均增幅，也超出本行业上年同期增幅。同时，随着现代服务业的蓬勃发展，相关行业工资增幅大多高于平均增幅。这些数据表明，中国当前的职业结构与社会分层（包括社会各阶层的经济地位）之间具有较高的吻合度。此外，不同职业工资上的差距还受生产资料所有制的影响，私营单位从业人员的工资水平总体上比较低，2012 年全国私营单位平均工资仅为非私营单位的 61.5%，2016 年是 63.3%。

当然，在中国，工资差异并不足以解释居民收入差距，因为工资性收入之外还有大量的非工资性收入，如经营性收入、财产性收入、转移性收入等。随着农民工规模的扩大和收入的提高，工资性收入在收入构成中的比重的总趋势是，城镇居民有所降低，农村居民逐步增加。如果将工资性收入和非工资性收入加在一起比较，这个时期城乡居民收入的差距至少在2010年以前仍在扩大，城镇居民可支配收入与农村居民纯收入之比从2002年的3.11：1扩大到了2009年的3.33：1，2010年以来逐渐有所降低，2016年降低到2.72：1，中国依然是世界上城乡居民收入差距最大的国家之一。[①]要知道，城镇居民可支配收入主要用于消费和储蓄，而农村居民纯收入部分地还要用于扩大再生产。

用于衡量居民收入差距的常用指标是基尼系数。国家统计局公布的2003年以来中国居民基尼系数显示，2004年最低为0.473，2008年和2009年最高分别为0.491和0.490，2012年回落到0.474，2016年是0.465，仍在国际警戒线之上徘徊。“接近0.5的基尼系数可以说是一个比较高的水平，世界上超过0.5的国家只有10%左右；主要发达国家的基尼系数一般都在0.24到0.36之间。”[②]按收入分等统计，高低收入组之间的居民收入差距较大。2010年，城镇居民家庭中20%高收入组的人均可支配收入与20%低收入组的收入之比达5.4：1；农村居民高、低收入组人均纯收入之比为7.5：1，表明高、低收入组之间的收入差距悬殊。2000—2014年，中国城镇居民家庭中20%高收入组的人均可支配收入与20%低收入组的收入差距，由3.6倍扩大到5.5倍，十几年间扩大了1.9倍；同期农村居民家庭中20%高收入组与20%低收入组的收入差也从6.47倍扩大到8.65倍，十几年间扩大了2.18倍。需要指出的是，中国是个大国，地区发展极不平

---

① 2005 年，国际劳工组织的数据显示，绝大多数国家的城乡人均收入比都小于 1.6，只有三个国家超过了 2，中国名列其中。而美、英等西方发达国家的城乡收入差距一般是在 1.5 左右。

② 冯华：《贫富差距到底有多大？》，《人民日报》2015 年 1 月 23 日。

衡，人均收入相差最大的莫过于拿东部的城镇居民收入水平与西部的农村居民收入水平相比。收入最高的人口大多集中在东部大城市中，收入最低的人口则主要生活在西部荒凉的农村里。

总之，中国虽然经济体量已经很大，位居世界第二，但是人均 GDP 仍低于世界平均水平，这一方面的最新排名美国是第 5 名，中国是第 70 名；从社会结构上看，中国仍处在现代化转型期。中国目前的发展水平大致相当于 20 世纪 70 年代的美国、80 年代的日本、90 年代后期的韩国。中共十九大设定了 2035 年基本实现现代化的阶段性目标，为此重点要解决发展不平衡不充分的问题，实现这一目标面临的难题还很多。未来几十年，社会建设的艰巨任务，社会结构的深刻调整，信息技术的广泛渗透，整个社会的快速转型，都对当代中国的社会治理构成新挑战，提出新要求。

［原载《江西社会科学》2015 年第 7 期，原题为《21 世纪以来中国社会结构演变的新趋势和新挑战》，本次收入有修订］

后　记

本书收入了我在中华人民共和国史领域的部分研究成果，其中，除了第二篇《城市化滞后的经济后果分析》，全都发表于我在当代中国研究所工作时期。

蒙恢复高考之福，我忝列“新三届”，于1979年考入南开大学历史系。那时候的南开大学历史系名师荟萃，蜚声全国，我在那里培养了史学兴趣，接受了正规的史学训练。出于自己中学时期的爱好，我还自学了高等数学，旁听了一些经济系的课程。1983年我考入中国社会科学院研究生院，有幸在孙毓棠、刘永成等诸位名师的点拨下深造中国经济史。硕士毕业被分配到中国社会科学杂志社经济室，由于工作关系受了十几年的经济学熏陶，在编辑稿件之余也出版了几本专著，在《中国社会科学》《经济研究》等知名刊物上发表了一些成果。1999年至2002年在著名人口学家田雪原先生的指导下，在职攻读了中国社会科学院研究生院的博士学位。2001年底在朱佳木副院长的力邀之下我调来当代中国研究所工作，研究重点重新回到经济史；2010年我受命担任社会史研究室主任，又把自己的研究方向转到了社会史，带领全室同志半路出家，虚心请教，经过几年的艰辛探索开出一片“国史中的社会史”的新天地，为丰富和发展国史研究和中国当代社会史研究做出了一份努力。

本书收入的成果体现了我在当代中国研究所工作以来的学术背景，覆盖了中国当代经济史和中国当代社会史两个方向。全书分“城市化与

‘三农’问题研究”“民生改善与社会进步研究”“人口与社会变迁研究”三个版块，每个版块的成果排列基本以发表先后为序，绝大多数作品都基本以全文发表时为准未做改动，不当之处敬请读者批评指正。

谨以此作祝贺当代中国研究所成立30周年！

李　文

2020年8月于旌勇里8号